FALTPLAN

»Schreiben Sie uns!

Wir hoffen, dass Ihnen dieser Reiseführer gefällt und er Ihnen ein guter Begleiter auf einer außergewöhnlichen und spannenden Reise ist.

Weil ein Reiseführer von Erfahrungen lebt, sind wir an Ihren Erlebnissen interessiert: Haben Sie im Buch ein Restaurant entdeckt, das es nicht mehr gibt, eine Sehenswürdigkeit, die wir noch nicht aufgeführt haben, oder eine falsche Adresse? Dann schreiben Sie uns!

Wir nehmen jeden Hinweis und jede Kritik ernst und arbeiten kontinuierlich daran, die Bücher aktuell zu halten und immer weiter zu verbessern. Auch wenn wir nicht jeden Wunsch erfüllen können, machen wir uns immer Gedanken über Ihre Anmerkungen.

Schreiben Sie an: info@reise-know-how.de oder Reise Know-How Verlag Peter Rump GmbH, Postfach 140666, 33626 Bielefeld

Wenn sich Ihre Infos direkt auf das Buch beziehen, bitten wir um die Angabe der Seitenzahl und der Auflagennummer bzw. des Erscheinungsjahres. Besonders hilfreiche Beiträge belohnen wir mit einem Sprachführer Ihrer Wahl aus unserer „Kauderwelsch"-Reihe.

Herzlichen Dank und gute Reisen
Ihr Reise Know-How Verlag

Diesem Buch wurde hier ein herausnehmbarer Faltplan beigefügt.
Sollte er beim Erwerb des Buches nicht mehr vorhanden sein, fragen Sie bitte

Liebe Leserin, lieber Leser,

ein unabhängiger Verlag für unabhängig Reisende – das sind wir, der Reise Know-How Verlag aus Bielefeld, eines der letzten Familienunternehmen in der Branche. Obwohl wir zu den größten Reiseführerverlagen Deutschlands gehören, ist der familiäre Umgang miteinander in allen Bereichen des Verlagslebens zu spüren: In der Geschäftsführung in zweiter Generation, in einer wertschätzenden Arbeitsatmosphäre, in der Nähe zu unseren frei arbeitenden Autorinnen und Autoren, im engen Austausch mit unseren Leserinnen und Lesern – und auch in der Zusammenarbeit mit Druckereien in Deutschland, in denen wir ausschließlich und regional unsere Bücher produzieren. Die sollen schließlich erst mit Ihnen auf große Reise gehen.

Alles, was wir in unsere Bücher und Landkarten stecken, soll Ihnen eines ermöglichen: Auf Ihre ganz eigene, individuelle Weise die Welt zu entdecken. Wir wünschen Ihnen viel Freude und unvergessliche Erlebnisse mit diesem Reiseführer.

Es grüßen herzlich
Peter Rump & Wayan Rump

Die Schöne am Tejo

Vor Lissabon, wo einst die portugiesischen Seefahrer zu ihren Entdeckungsreisen aufbrachen, zieht das Mündungsdelta des Tejo bis heute Zugvögel an. Auf Höhe der Torre de Belém schwammen im Pandemiejahr 2020 Delfine, aber nun teilen sie sich den Fluss wie vorher mit den Kreuzfahrtschiffen. Die Touristen kommen wieder zahlreich und genießen die quicklebendige Metropole nahe der Bade- und Surferstrände am Atlantik. Sie ist noch schöner geworden, u. a. mit der 2021 für 30 Millionen Euro verlängerten Tejo-Promenade Richtung Doca da Marinha (s. S. 131): eine Einladung, vom Hauptplatz in beide Richtungen zu flanieren. Das von portugiesischen Architekten restaurierte Terminal Sul Sueste, ursprünglich von 1932, informiert jetzt über die traditionelle Flussschifffahrt, die Gezeiten und die Fauna. Von hier starten auch historische Ausflugsboote.

Natürlich sind die Miradouros und Rooftop-Bars in der City für ihre herrliche Aussicht (s. S. 78) bekannt, doch fantastisch ist auch der Blick vom gegenüberliegenden Ufer in Cacilhas (s. S. 101).

Wer in stylisher Umgebung unter einem Dach shoppen und genießen möchte, ist im JNcQUOI Maison (s. S. 98) an der Prachtstraße Avenida de Liberdade richtig. Im Viertel Príncipe Real ist im neoarabischen Palácio Ribeiro da Cunha eine Galerie für portugiesische Produkte, Mode, Küche und Kunst zu Hause – das Embaixada (s. S. 96). Die LX Factory (s. S. 54) wiederum zieht ein alternatives Publikum an. Neben Shops und Bars gibt es dort Street-Art und einen sehenswerten Buchladen in einer ehemaligen Druckerei zu entdecken.

Viele weniger betuchte Kreative und Studenten sind inzwischen nach Marvila umgezogen, ein Viertel hinter dem Museo Nacional do Azulejo, nicht weit vom Kulturzentrum Fábrica Braço de Prata (s. S. 93).

Kulturell locken interessante Ausstellungen (s. S. 69) und die Konzerte der jungen Fado-Szene (s. S. 90). Authentisch und einheimisch geht es immer noch an den günstigen Kiosk-Pavillons (s. S. 76) zu. Besonders schön und erfrischend ist es im Sommer an dem Quiosque im Jardim da Estrela (s. S. 51).

Die Autorin

Petra Sparrer arbeitet als Journalistin, Verlagslektorin und Übersetzerin in Köln. Das ist zwar auch eine Stadt am Fluss, doch ihr Sehnsuchtsort ist Lissabon. Für diesen CityTrip erkundete sie wochenlang jeden Winkel der Tejo-Metropole, tauchte in die Fado-Szene ein, fotografierte unermüdlich und schloss Freundschaften. Für den Reise Know-How Verlag schrieb sie auch den CityTrip Porto sowie weitere Reiseführer zu Frankreich und Spanien.

158lb Abb.: ps

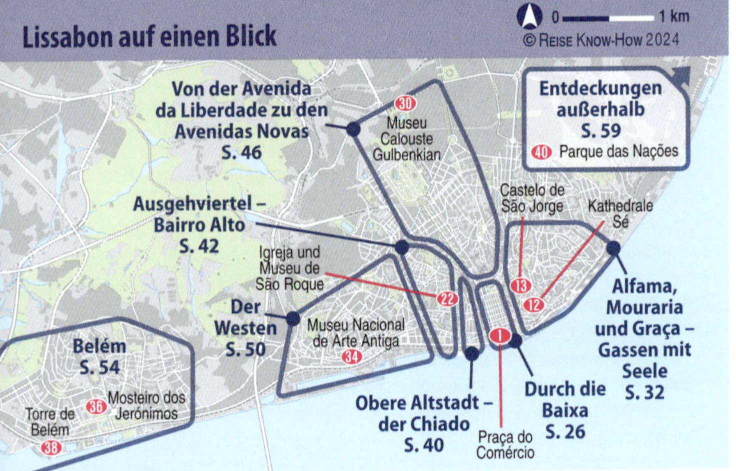
Lissabon auf einen Blick
0 1 km
© Reise Know-How 2024
Von der Avenida da Liberdade zu den Avenidas Novas S. 46
30 Museu Calouste Gulbenkian
Entdeckungen außerhalb S. 59
40 Parque das Nações
Ausgehviertel – Bairro Alto S. 42
Castelo de São Jorge
Kathedrale Sé
Igreja und Museu de São Roque
22
13
12
Alfama, Mouraria und Graça – Gassen mit Seele S. 32
Der Westen S. 50
Museu Nacional de Arte Antiga
34
1
Belém S. 54
Mosteiro dos Jerónimos
36
Torre de Belém
38
Obere Altstadt – der Chiado S. 40
Durch die Baixa S. 26
Praça do Comércio

Inhalt

Cleveres Nummernsystem

Die Sehenswürdigkeiten sind im Text und im Kartenmaterial mit derselben **magentafarbenen ovalen Nummer** ❶ markiert. Alle anderen Lokalitäten wie Geschäfte, Restaurants usw. tragen ein **Symbol und eine fortlaufende rote Nummer (1)**. Die Liste aller Orte und die Zeichenerklärung befinden sich im Anhang.

Der Schmetterling ...

... zeigt an, wo man Angebote im Bereich des nachhaltigen Tourismus findet.

Bewertung der Sehenswürdigkeiten

★★★ nicht verpassen
★★ besonders sehenswert
★ wichtig für speziell interessierte Besucher

Planquadrat im Kartenmaterial

[A1] Orte ohne diese Angabe liegen außerhalb unserer Karten. Ihre Lage kann aber wie die aller Ortsmarken mithilfe der begleitenden Web-App angezeigt werden (s. Anhang).

Vorwahlen
- **für Portugal:** 00351
- **für Lissabon:** ist Teil der jeweils im Buch angegebenen Nummer

Straßenbezeichnungen
- Av. = Avenida
- Cç. = Calçada
- Lg. = Largo
- Pr. = Praça
- R. = Rua
- Tv. = Travessa

Updates zum Buch
www.reise-know-how.de/citytrip/lissabon24

☒ Wind und Wellen: Segelschiff vor der Hängebrücke Ponte 25 de Abril (Foto: 001lb Abb.: ps)

NICHT VERPASSEN!

1 Praça do Comércio [W22]
Lissabons weitläufiger Prunkplatz am Tejo ist das alte und neue Herz der Hauptstadt (s. S. 26).

12 Kathedrale Sé [X21]
Die Kathedrale des Bischofssitzes besticht durch Schlichtheit. Sie hat ein romanisches Kirchenschiff und einen gotischen Chorumgang (s. S. 34).

13 Castelo de São Jorge [X20]
Lissabons Burg hoch über der Alfama bietet einen erstklassigen Panoramablick über die Stadt bis hin zum Tejo, u. a. zu sehen durch ein Periskop (s. S. 35).

22 Igreja und Museu de São Roque [U20]
Sakrale Kunst aus der Renaissance spiegelt in Kirche und Museum den Wohlstand des Goldenen Zeitalters der Seefahrt wider (s. S. 43).

30 Museu Calouste Gulbenkian [S13]
Die Sammlung des Ölmilliardärs ist ein Highlight für Kunstliebhaber. Zur Stiftung gehören ein gepflegter Park und ein Museum für moderne Kunst (s. S. 48).

34 Museu Nacional de Arte Antiga [Q23]
Lissabons Tempel für alte Kunst hat auch einen schönen Skulpturengarten zu bieten (s. S. 52).

36 Mosteiro dos Jerónimos [G25]
Der Kreuzgang des Hieronymus-Klosters ist ein Paradebeispiel für die einzigartige manuelinische Architektur (s. S. 54).

38 Torre de Belém [D26]
Der einstige Leuchtturm mit Audienzsälen und Gefängnis ist eines der unter Manuel I. entstandenen Wahrzeichen Lissabons (s. S. 57).

40 Parque das Nações [f4]
Das Viertel am Tejo mit moderner Architektur, Kasino, Messe, Aquarium und der Seilbahn entstand zur Weltausstellung im Jahr 1998 und lohnt einen Ausflug (s. S. 59).

130lb Abb.: ps

Willkommen in Lissabon

Es macht Spaß, sich in den Gassen der Tejo-Metropole mit ihren verwinkelten Treppen zu verlieren. Heillos verlaufen kann man sich nicht, denn irgendwo unten fließt als Orientierungshilfe immer der Fluss. Von der Mündung in den Atlantik im Westen über Belém bis zum Parque das Nações im Osten erstreckt sich die Stadt über ca. 25 km. Straßenbahnlinien, Busse, Standaufzüge und die Metro machen das Cityhopping – zumindest tagsüber – leicht. Das Metroticket gilt auch für die Fähren ans andere Tejo-Ufer und den Zug zu den Stränden von Estoril und Cascais (s. S. 62). Radfahren kann man am Tejo und im großen Stadtpark Monsanto am Stadtrand. Flaneure kommen ebenso auf ihre Kosten, allerdings nur mit bequemen Schuhen.

Das **dekorative Mosaikpflaster** Lissabons ist tückisch. Häufig fehlt das eine oder andere Steinchen – und das ist nicht nur auf High Heels eine Stolperfalle. Selbst mit guten Sohlen sind die weißen, von vielen Schritten glatt polierten Kalksteine rutschig. **Bergauf und bergab** kann es ratsam sein, auf dem trittfesteren Granit der Fahrbahn zu gehen, statt auf den Bürgersteigen. Wer mit Pumps in die Bars des Bairro Alto oder die Fado-Häuser der Alfama will, braucht Übung und ein wenig Leidensfähigkeit. Lissabon will erobert werden und verlangt modebewussten Frauen dabei besonders viel ab – so jedenfalls sieht es die Künstlerin Joana Vasconcelos. Mit Erfolg: Ihre Konstruktion eines überdimensionierten Schuhs mit spitzen, hohen Absätzen aus Stahlkochtöpfen wurde auf einer Londoner Auktion für 500.000 Pfund versteigert. Wer ihre 7 m hohe **Skulptur „Néctar"** aus Eisen und Glasflaschen vor dem Eingang des **Museu Berardo** (s. S. 65) in Belém sehen möchte, kann vom Cais do Sodré aus am Tejo entlang bequem **mit dem Fahrrad** dort hinfahren oder die Tram nehmen. Außer am Tejo, im **weitläufigen Belém** und im **Parque das Nações** 40 im Osten ist Lissabons City aber zum Radfahren eher ungeeignet. Und das nicht nur wegen der Hügel. Radwege gibt es wenige. Wenn eine Tram vorbeifährt, haben selbst Fußgänger kaum Platz. Oft wurden die Bürgersteige verkleinert, um die Fahrbahn zu verbreitern. Wer nicht laufen möchte, hat neben der **legendären Tram 28E** und anderen, weniger überfüllten öffentlichen Verkehrsmitteln noch mehr Alternativen: eine Fahrt mit der Pferdekutsche durch Belém, eine Hop-on-Hop-off-Tour im offenen Doppeldeckerbus oder eine Gokart-Fahrt mit Audioguide. Im Bairro Alto und in der Alfama warten Tuk-Tuks mit Elektroantrieb oder man düst bei einer Segway-Führung die steilen Gassen hoch (s. S. 130). Wie in anderen Städten stehen zahlreiche **E-Roller** bereit, die sich per App entsperren lassen.

Zum **Flanieren** auf weitgehend steigungsfreien Straßen ist die **Unterstadt (Baixa)** ideal. Hier erstrecken sich die **repräsentativen Plätze** Praça do Comércio 1, da Figueira 8, Rossio 6, dos Restauradores 7 und die elegante Avenida da Liberdade 26. Von der Fußgängerzone Rua Augusta 3 aus kann man die **schachbrettartigen Straßen** durchstreifen, in der Rua dos

◁ *Vorseite: Das MAAT (s. S. 67) der britischen Architektin Amanda Levete zeigt zeitgenössische Kunst am Tejo*

091lb Abb.: ps

Douradores auf den Spuren Fernando Pessoas wandeln und mit dem Aufzug Santa Justa 5 bequem in den Chiado hochfahren. **Verwinkelte, steigungsreiche Stadtviertel** wie die **Mouraria** oder die **Alfama** verlangen dem Fußgänger einiges an Energie ab.

Zu Fuß lässt sich sogar das Lissabonner Wasserversorgungssystem (s. S. 44) verstehen. Man kann oben über den **Aquädukt** spazieren und die Aussicht genießen, die Aussichtsplattform des Wasserreservoirs Mãe d'Água am Endpunkt des Aquädukts im Stadtteil Amoreiras besuchen oder sich vom Jardim do Príncipe Real aus durch einen unterirdischen Kanal in das Reservatório da Patriarcal 24 führen lassen.

Blick über die Rua Augusta, die Lebensader der Baixa, vom Triumphbogen 2 aus

Kurztrip nach Lissabon

Das einzigartige Ambiente der Tejo-Metropole erschließt sich schnell, auch bei einem Kurzbesuch: etwa bei einer **Fahrt mit der alten Straßenbahnlinie 12** um den Burgberg oder mit der **legendären Tram 28E**.

Wer ankommt, bummelt am besten zuerst durch die **Fußgängerzone Rua Augusta** 3 zum Platz **Praça do Comércio** 1. Die Stadt an der westlichsten Spitze Europas öffnet sich hier zum Wasser, zeigt dem Hinterland den Rücken und träumt von fernen Kontinenten. Auch König Dom José I. blickt von seinem Pferd in der Platzmitte Richtung Fluss. Auf den Treppen zu seinen Füßen oder am **Cais das Colunas** (Säulenkai) [W22] sitzen bei warmem Wetter immer Leute und genießen die Aussicht.

Lange Treppen am Fluss und grüne Wiesen entlang der Uferpromena-

007lb Abb.: ps

de an der Av. Ribeira das Naus [V22] bis zum Cais do Sodré [U22] laden zum Sonnen am Fluss ein.

Abends lohnt ein Besuch der **Time-Out-Markthalle im Mercado da Ribeira** (s. S. 96), um Weine und Spezialitäten zu probieren. Auch die Gassen zwischen den niedrigen Häusern des immer noch dörflich anmutenden **Bairro Alto** füllen sich mit Nachtschwärmern. Zwischen Rua da Rosa und Rua do Norte kann man sich von Bar zu Bar treiben lassen.

Erster Tag

Morgens

Mit der Tram oder zu Fuß geht es in Lissabons ältestes Stadtviertel unterhalb der Burg, die **Alfama.** Von den zinnenbewehrten Mauern der Festung **Castelo de São Jorge** 13 ist der Ausblick über die Stadt herrlich. Für das weitläufige Gelände braucht man ca. 2 bis 3 Stunden Zeit. Lissabons **Kathedrale Sé** 12 kann man auf dem Weg zum romantischen Aussichtspunkt **Miradouro de Santa Luzia** 14 besuchen. Von hier aus lohnen Streifzüge durch die engen Gassen der Alfama. Im Sommer werden Sardinen gegrillt, schon mittags erklingen Fado-Gitarren, Kinder spielen Ball. Früher hatte man hier bisweilen das Gefühl, in einem Bergdorf zu sein, doch inzwischen wurde umfassend saniert und das Viertel ist das touristischste der Stadt.

Mittags

Wer samstags seinen ersten Tag in Lissabon verbringt, darf sich den Besuch von Lissabons **Flohmarkt Feira da Ladra** (s. S. 96) nicht entgehen lassen. Günstige Gerichte gibt es in den einfachen Bar-Restaurants am unteren Ende der Straße Campo de Santa Clara. Gute Küche und eine exzellente Sicht über die Alfama bietet das Restaurant **Faz Figura** (s. S. 84).

Blick von der Burg São Jorge 13 *über Lissabon und den Tejo*

Manuelinik in der Kirche: im Inneren des Hieronymus-Klosters 36

Nachmittags

Die Sammlung europäischer Malerei des **Museu Nacional de Arte Antiga** 34 ist einer der bedeutendsten Touristenmagneten der Stadt. **Shoppen** kann man bis 20 Uhr in der Unterstadt **Baixa**, an der **Avenida da Liberdade** 26 oder im Altstadtviertel **Chiado.** Die Einkaufstour im Chiado lässt sich hervorragend mit einem Besuch der Kirchenruine **Convento do Carmo** 20 und einer Fahrt mit dem **Elevador de Santa Justa** 5 verbinden. Von der Plattform dieser Eisenkonstruktion eines Schülers von Gustave Eiffel bietet sich eine grandiose Aussicht über Lissabon.

Abends

Auf der Terrasse des Cafés A Brasileira (s. S. 77) kann man sich, neben dem bronzenen Ebenbild des Dichters Fernando Pessoa, auf den Abend einstimmen. Über die **Praça Luís de Camões** 18 geht es weiter zur steilen **Rua da Bica** [U21], ein Mikrokosmos für sich mit einigen Bars und Restaurants, die auch bei den Bewohnern des Viertels beliebt sind. Unterhalb schließt sich das **Ausgehviertel am Cais do Sodré** [U22] an. Ein Tipp ist das Pensão Amor (s. S. 88).

Wer **Fado in authentischem Ambiente** hören möchte, ist ab 21 Uhr im Clube de Fado (s. S. 90) oder im Mesa de Frades (s. S. 90) in der Alfama an der richtigen Adresse. In dieser ehemaligen Kapelle mit Kachelwänden beginnen die Fado-Konzerte nach dem Essen. Je später der Abend, desto spannender, denn viele Profi-„Fadistas" treffen sich nach ihrem eigentlichen „Arbeitsauftritt", weil sie Lust haben, gemeinsam Musik zu machen. Während des Konzerts ist die Tür angelehnt oder geschlossen, aber in der Pause werden Zuhörer eingelassen. Wer zu später Stunde Klänge vernimmt, sollte ruhig ein bisschen warten oder mal anklopfen – dann öffnet sich so manche Tür zu einzigartigen Fado-Erlebnissen.

Zweiter Tag

Morgens

Das weitläufige Stadtviertel **Belém** verzeichnet die höchste Museumsdichte der Stadt. Auch Meisterwerke manuelinischer Architektur wie das **Hieronymus-Kloster** (Mosteiro dos Jerónimos) 36 und den **Torre de Belém** 38 kann man nur hier besuchen. Am Tejo setzt das **MAAT** (s. S. 67) in Form einer weißen Welle ein innovatives Zeichen für zeitgenössische Kunst. Treppenstufen laden zum Sonnen ein.

078lb Abb.: ps

Das gibt es nur in Lissabon

- Von einem **Burgturm des Castelo de São Jorge** 13 aus en détail sehen, wie die Menschen auf der Praça do Comércio 1 gekleidet sind: Ein Periskop macht es möglich, wenn auch nur bei gutem Wetter.
- **Capilé,** ein Erfrischungsgetränk aus Sirup nach einem Rezept von 1870 mit Extrakten aus Frauenhaarfarn und Orangenblüten, erhältlich in Flaschen oder am Kiosk, z. B. an der Praça Luís de Camões 18.
- **Fado an so vielen verschiedenen Orten,** z. B. in den Gassen der Viertel bei den sommerlichen Festen, in der Audiodatenbank des Fado-Museums (s. S. 67), in den Fado-Tavernen der Alfama, ab und zu auf der Bühne der Zirkusschule Chapitô (s. S. 82) und in der Musikbar Povo (s. S. 91).
- Das ausgelassene **Fest zu Ehren des hl. Antonius von Padua** (s. S. 102), oder Santo António de Lisboa, wie die Portugiesen sagen, ist ein Highlight mit Umzügen, Kostümwettbewerb, Volkstänzen, Fado und Sardinengrillgelagen auf den Straßen. Für Bewohner und Besucher sind dies unvergessliche Festtage im Juni.

Eine zentrumsnahe Alternative ist das **Museu Calouste Gulbenkian** 30. Ein Abstecher in das östliche Lissabon führt Kachelliebhaber ins **Museu Nacional do Azulejo** (s. S. 68) in einem früheren Kloster.

Mittags

Wer wieder ins Zentrum zurückkehrt, kann Fisch und Meeresfrüchte im Sea me (s. S. 81) im Chiado probieren. Snacks bekommt man günstig an den **Kiosken,** etwa am Aussichtspunkt **Miradouro de Santa Catarina** (s. S. 101) mit traumhaftem Rundblick über den Tejo. Hier oder auf den Liegen im Garten weiter oben, vor dem Restaurant Chef Felicidade – Pharmacia (s. S. 82), lässt es sich optimal ausruhen. Im Chiado bieten sich gleich mehrere Restaurants an, darunter das Bairro do Avillez (s. S. 82).

Nachmittags

Highlights sakraler Kunst sind in der **Kirche** und dem **Museu de São Roque** 22 sowie im **Klostermuseum des Convento dos Cardaes** 23 zu sehen. Sonntags sind auch die Einkaufszentren geöffnet. Shoppen und Flanieren am Tejo lässt sich auf dem ehemaligen Expo-Gelände, dem **Parque das Nações** 40, kindgerecht miteinander verbinden. Hier gibt es Kinderspielplätze, ein Aquarium 41 mit Pinguin-Becken und eine **Seilbahn** direkt am Tejo-Ufer.

Abends

Mit etwas Glück kann man eine Vorstellung in Lissabons **Zirkusschule Chapitô** (s. S. 82) in der Alfama miterleben. Restaurant und Bar bieten eine außergewöhnlich schöne Aussicht.

Eine große Auswahl an Bars, Kneipen und Restaurants gibt es im Hafengebäude der **Docas de Santo Amaro** am Ufer des Tejo an der roten Brücke Ponte 25 de Abril. Brasilianisches Flair und regelmäßig Livemusik bietet das B. Leza (s. S. 91), Jazzfans zieht es in den Hot Clube de Portugal (s. S. 91).

Stadtspaziergänge

Spaziergang 1: Baixa, Tejo-Ufer und Chiado

- **Startpunkt:** Metro Restauradores [V19]
- **Endpunkt:** Elevador do Carmo [V20]
- **Dauer:** 2–3 Stunden (ohne Museumsbesuche)
- **Länge:** 4 km

Auf diesem Stadtspaziergang lernt man die flache Baixa kennen, das weitläufige Zentrum zwischen den Hügeln und dem Tejo. Ab dem Prunkplatz Praça do Comércio 1 geht es am Tejo-Ufer entlang zur Markthalle (s. S. 96). Der Ascensor da Bica katapultiert seine Passagiere in die Oberstadt mit dem Shoppingviertel Chiado, den Ausgehgassen des Bairro Alto und dem Largo do Carmo 19, wo 1974 Portugals Diktatur endete.

Startpunkt ist die **Praça Restauradores 7** am Südende der Avenida da Liberdade, einer der repräsentativen Plätze in der Baixa (Unterstadt) mit ihren im Schachbrettmuster angelegten Straßen aus der Zeit nach dem Großen Erdbeben von 1755. Auf dem weißen Kopfsteinpflaster des sich anschließenden **Rossio (Praça de Dom Pedro IV)** sind in Schwarz die Wellen des Atlantiks nachempfunden. Am Kopfende residiert das **Nationaltheater** (s. S. 93). Von seinem Säulenportal sind es nur ein paar Schritte zu der beliebten kleinen Bar **A Ginjinha** (s. S. 74) am **Largo São Domingos 9**, wo die Leute ab dem frühen Abend Schlange stehen, um Lissabons berühmten Sauerkirschlikör zu trinken. Über allem wacht in 23 m Höhe auf einer Säule mitten auf dem Rossio die Statue von König Pedro IV. Der Blick reicht bis zum Convento do Carmo 20 in der Oberstadt. Am Rossio kann man sich, um Leute und Ambiente zu beobachten, auf die Terrasse des alteingeses-

Erfrischende Brunnenfontänen am Rossio 6

125lb Abb.: ps

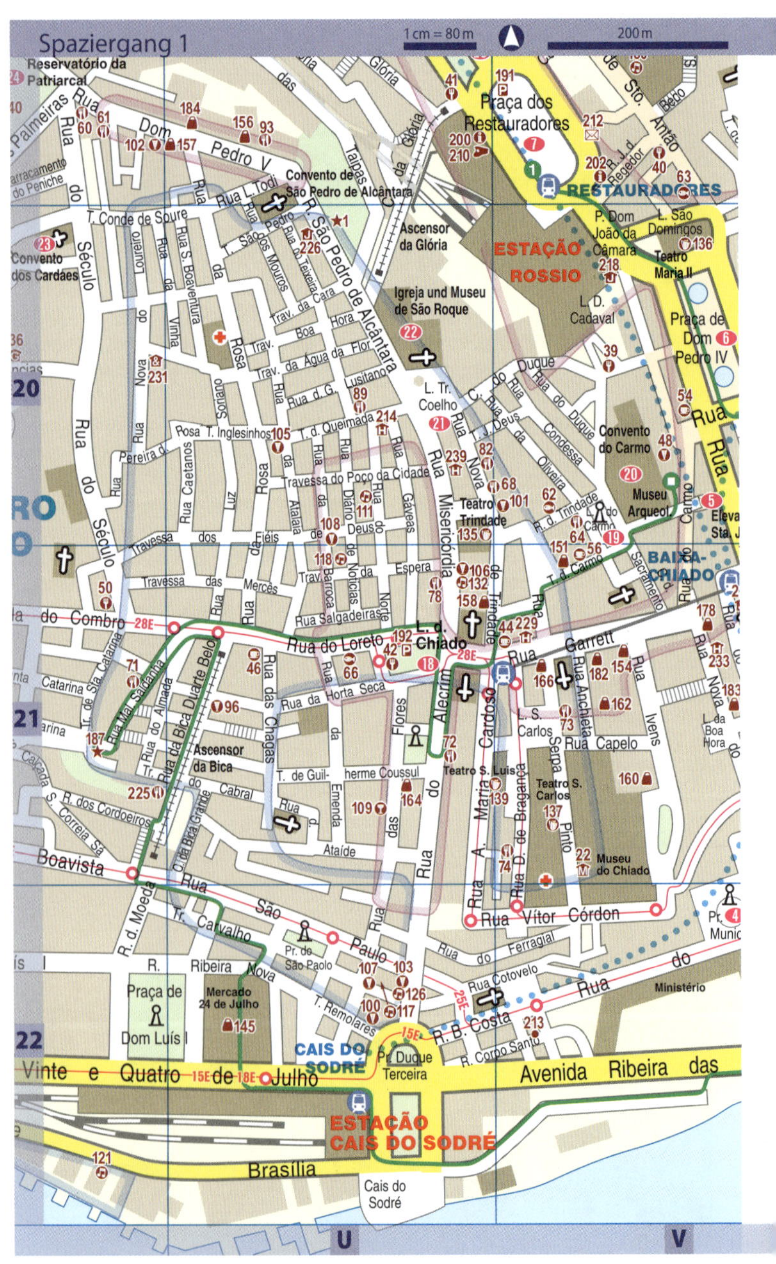
Spaziergang 1
1 cm = 80 m
200 m
Reservatório da Patriarcal
Rua Dom Pedro V
Convento de São Pedro de Alcântara
Rua São Pedro de Alcântara
Calçada da Glória
Ascensor da Glória
Praça dos Restauradores
RESTAURADORES
ESTAÇÃO ROSSIO
Teatro Maria II
Praça de Dom Pedro IV
Igreja und Museu de São Roque
Convento dos Cardães
Rua do Século
Rua da Rosa
Rua da Misericórdia
Convento do Carmo
Museu Arqueol.
Teatro Trindade
BAIXA-CHIADO
L. d. Chiado
Rua Garrett
Rua do Loreto
Calçada do Combro
Ascensor da Bica
Rua da Bica Duarte Belo
Rua das Chagas
Rua do Alecrim
Teatro S. Luis
Teatro S. Carlos
Museu do Chiado
Rua Vítor Córdon
Rua do Ferragial
Rua Capelo
Rua Ivens
Rua Serpa Pinto
Boavista
Rua São Paulo
Pr. de São Paulo
Mercado 24 de Julho
Praça de Dom Luís I
CAIS DO SODRÉ
Pr. Duque Terceira
ESTAÇÃO CAIS DO SODRÉ
Avenida Vinte e Quatro de Julho
Avenida Ribeira das Naus
Rua do Arsenal
Ministério
Brasília
Cais do Sodré
20
21
22
U
V

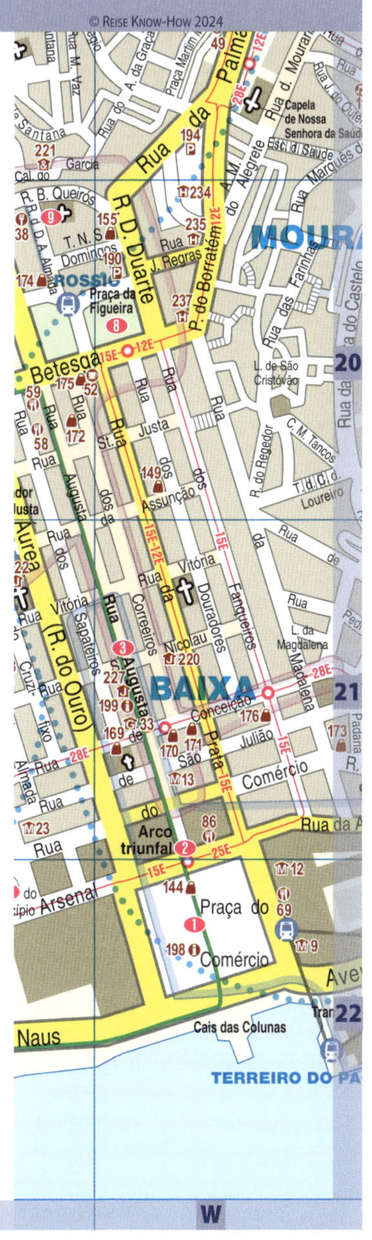

senen Cafés **Nicola** (s. S. 79) setzen, das bereits seit 1929 existiert. Oder man lässt die Eindrücke auf sich wirken, die man bei einem Streifzug über die Plätze im Herzen der Baixa gewinnt, z. B. auf der nahen **Praça da Figueira** 8. In der Platzmitte erinnert die Reiterstatue von Dom João I. von Portugal an den ersten portugiesischen König aus dem Hause Avis. Köstliches portugiesisches Gebäck verkauft die sehenswerte **Confeitaria Nacional** (s. S. 79).

Weiter geht es durch die Fußgängerzone **Rua Augusta** 3 Richtung **Arco triunfal (Triumphbogen)** 2. Dahinter öffnet sich die großzügige, an drei Seiten von Arkadengängen gesäumte **Praça do Comércio** 1 zum Tejo. Unter den Arkaden ist sonntags traditionell Kunsthandwerkermarkt. Der Platz dient als Bühne für Events, sportliche Wettkämpfe und Demonstrationen und die Treppen zu Füßen des Reiterdenkmals und hinunter zum Tejo sind beliebte Lissabonner Treffpunkte und Selfie-Spots. Zum Weiterflanieren am Tejo-Ufer lädt westlich die Avenida **Ribeira das Naus** [V22] mit Treppen zum Fluss, Snackbars und Kiosken ein. Sie erstreckt sich bis zum **Cais do Sodré** [U22], Verkehrsdrehkreuz für Metros und Fähren. Dahinter reihen sich Nightlife-Spots und Restaurantterrassen am Fluss.

Nächstes Ziel des Spaziergangs ist der **Mercado da Ribeira** (s. S. 96). In einer Hälfte der historischen Markthallen hat **Time Out** einen Foodcourt eingerichtet und renommierte Feinkost-, Weinhändler und Gastronomen eingeladen, Stände zu eröffnen. Bis in den späten Abend trifft sich hier ein genussorientiertes Publikum, um lokale Produkte zu probieren. In der oberen Etage arbeiten junge Kreative in einem Co-Working-Space. Hinter der Markthalle ist der Platz vor der barocken **Kirche São Paulo** das nächste Ziel. Linkerhand führt dann die Rua de São Paulo zum **Ascensor da Bica.** Dieser Aufzug befördert seine Passagiere über eine der steilsten Straßen der Altstadt. Oben führt ein Abstecher über die Rua Marechal-Saldanha zum **Miradouro de Santa Catarina** (s. S. 101) mit tollem Blick zur **Ponte 25 de Abril** (s. S. 109). Über die Calçada do Combro [T21] kommt man in das elegante Viertel **Chiado** (s. S. 40). Mittelpunkt ist die **Praça Luis de Camões** 18 mit der Statue des Nationaldichters und einer Haltestelle der Tram 28E. Oberhalb beginnen die Gassen des Ausgehviertels **Bairro Alto** (s. S. 42).

Gegenüber der Metrostation Baixa-Chiado sitzt Fernando Pessoa als Statue verewigt vor dem **Jugendstil-Café A Brasileira** (s. S. 77). Ein Abstecher durch die Rua do Alecrim führt zum **Palácio Chiado** (s. S. 82), einer ehemaligen Residenz des Marquês de Pombal, die heute mehrere Restaurants auf zwei sehenswerten Etagen beherbergt.

Vom Largo do Chiado 18 sieht man am Ende der Rua Garrett die **Armazéns do Chiado** (s. S. 100), ein Kaufhaus, das beim Wiederaufbau nach dem Brand von 1988 von Álvaro Siza Viera aus Porto gestaltet wurde. Man kann es im Obergeschoss betreten, einen Aufzug nehmen und es unten in der Baixa wieder verlassen. Der Spaziergang führt jedoch weiter über die Rua Nova da Trindade [U20–V21] und Rua d. Carmo [V21], wo sich für Genießer ein Gastro-Zwischenstopp im **Bairro do Avillez** (s. S. 82) lohnt. Dann geht es auf einen der gemütlichsten Plätze der Oberstadt, die **Largo do Carmo** 19 vor dem **Karmeliterkloster,** das seit dem Großen Erdbeben von 1755 eine Ruine ist und heute das **Archäologische Museum** 20 beherbergt. Hinter dem Kloster am Hang bieten gleich mehrere Terrassen einen weiten Blick auf die Baixa und den filigranen Elevador Santa Justa 5. Wer kostenlos in die Unterstadt möchte, biegt vor dem Aufzug links zur großen Terrasse des Topo (s. S. 78) ab, geht an den Liegestühlen eine Etage tiefer vorbei und nimmt am Ende der Terrasse den Aufzug (10–21 Uhr). Unten öffnet sich die Tür in einem kleinen Korkgeschäft in der Rua do Carmo, direkt gegenüber vom Elevador Santa Justa.

138lb Abb.: ps

Palácio Chiado (s. S. 82): Bar vor Wandfresken in einem ehemaligen Adelspalast

Spaziergang 2: Alfama und Burgberg

Die Alfama mit der Feira de Ladra, dem berühmten Markt der Diebinnen, vielen Fado-Häusern, Treppen, alten Stadttoren, Brunnen und schönen Aussichtspunkten zieht jede Menge Touristen an, verfügt aber immer noch über verschwiegene Gassen („becos") und lauschige kleine Plätze („largos"). Über allem thront der Burgberg. Vom Aussichtspunkt Miradouro da Graça lässt sich im Anschluss an diesen Spaziergang ein Bummel durch Graça und/oder ein Abstieg durch die Mouraria zur Praça Martim Moniz (Spaziergang 3, s. S. 19) anschließen.

Vom Traditionscafe **Martinho da Arcada** (s. S. 84) am oberen Ende der **Praça do Comércio** ❶ folgt man der Rua da Alfândega und biegt links in die Rua da Madalena [W21] ab. In Nr. 34 der Rua dos Bacalhoeiros reicht das Straßenpflaster in der über 90-jährigen Fischkonservenhandlung der **Conserveira de Lisboa** (s. S. 99) bis an die Holztheke. Nächste Station ist die **Casa dos Bicos** ❿, Sitz der Stiftung des Nobelpreisträgers José Saramago. Die kuriose Fassade, ein Relief aus Rauten, stammt aus dem 16. Jh. Lissabons Bewohner glaubten früher, darin seien die Diamanten des reichen ersten Besitzers versteckt. Links neben dem Haus führen Gassen und Treppen hinauf bis vor die **Kathedrale Sé** ⓬. Gegenüber steht die Kirche des heiligen Antonius (Igreja de Santo António ⓫). Den Gleisen der Tram bergan folgend, kommt man an einem über 800-jährigen Gummibaum vorbei zum **Miradouro de Santa Luzia** ⓮. Eine kleine Kirche, ein Garten mit Springbrunnen und Bougainvillea, Azulejos-Wände, ein Pergolagang mit Panoramablick über den Tejo – ein so fotogener Ort zieht jede Menge Touristen, Maler, Musiker und Verkäufer an.

Weitere Aussichtspunkte locken in Höhe des **Museu de Artes Decorati-**

126lb Abb.: ps

⊡ *Alfama-Flair und Blick zum Miradoura da Graça (s. S. 101)*

- **Startpunkt:** Metro Praça do Comércio [W22] (Abkürzung mit der Tram 28E möglich, z. B. Start an der Haltestelle vor der Kathedrale Sé [X21])
- **Endpunkt:** Metro Santa Apolonia [Z20]
- **Dauer:** ca. 3 Stunden (ohne Museumsbesuche)
- **Länge:** 4 km

vas Portuguesas ⑮. Auf dem trubeligen Platz davor steht eine Statue des Lissabonner Schutzpatrons São Vicente. Hinter ihm reicht die Sicht bis zu den Türmen der **Klosterkirche São Vicente de Fora** ⑯ und zum Terminal der Kreuzfahrtschiffe zu Füßen der Alfama. Auf den Aussichtsterrassen spielen oft Straßenmusiker, farbenfrohe Tuk-Tuks drängen sich am Straßenrand und laut bimmelnde Trams rattern vorbei. Die Caféterrasse des **Miradouro das Portas do Sol** ⑭ lädt zu einer Pause ein. Einige Hundert Meter weiter kreuzen sich die Schienen der Trams 12E und 28E. Mit der Tram 28E gelangt man von hier bequem zur Kirche São Vicente de Fora ⑯ (siehe auch Spaziergang 3, S. 19).

Der Spaziergang führt jedoch weiter auf den **Burgberg.** Von der Rua São Tomé geht es links in die Rua dos Cegos [X20]. Eine Infotafel weist auf den früheren Verlauf der Stadtmauer hin. Oberhalb des Pátio de Dom Fradique und mitten in den Ruinen ehemaliger Wohnhäuser – lange Zeit eine Art Hotspot für Graffiti und Street-Art – schließt sich das Luxushotel **Palácio Belmonte** (s. S. 136) an, das man der Rua dos Cegos folgend erreicht. Es integriert zwei Türme der historischen Stadtmauer, zwischen denen man durch einen Bogen hindurchgehen kann. Vorbei an der Terrasse vor dem Café des Hotels geht es Richtung Rua de Santa Cruz do Castelo zur Burg (ausgeschildert). Souvenirshops und Restaurants säumen den Weg. Vor dem Ticketschalter drängen sich stets viele Menschen. Den Schildern „Junta de Freguesia Ste. Maria Maior“ folgend, kommt man zu einem weniger bekannten Aussichtspunkt, dem **Miradouro do Recolhimento** mit Kinderspielplatz (Parque Infantil) und herrlichem Blick über Alfama und Tejo.

Nach dem Abstecher auf den Burghügel geht es noch einmal durch die Rua dos Cegos und wieder hinunter zur Rua São Tomé. Wer nun durch die Calçada da Graça zum **Miradouro da Graça** hochgeht, kann den Blick über die Baixa auf der anderen Seite des Hügels genießen. Ansonsten folgt man der Rua da Salvador [X20] hinab durch die Gassen der Alfama. Oben an der Straße lädt das **Café do Electrico** zu einer Kaffeepause ein. Am Largo do Salvador führt die Rua de

127lb Abb.: ps

Guilherme Braga zur barocken **Stefanskirche** (**Igreja de Santo Estévão**) mit romantischem Tejo-Blick vom Vorplatz. Der Beco de Carneiro mündet in die Rua de São Miguel, eine der pulsierenden Lebensadern der Alfama mit Shops und Restaurants. Fado-Häuser versuchen, Gäste für den Abend anzuwerben. Über den Vorplatz der **Igreja de São Miguel** ist die Rua de São Pedro erreicht, die zum Largo do Chafariz do Dentro hinabführt. Der gleichnamige Brunnen auf dem Platz versorgte die Alfama schon im Mittelalter mit Wasser. Die inzwischen renovierten Häuser strahlen weiß in der Sonne. Gegenüber steht das **Fado-Museum** (s. S. 67). Durch die Rua dos Remédios mit der **Fado-Kapelle Mesa de Frades** (s. S. 90) und die Calçada do Forte kann man auf dem kleinen Umweg zum Bahnhof Santa Apolonia, wo dieser Spaziergang endet, weiter Alfama-Flair genießen.

Spaziergang 3: Mouraria und Graça

Die Mouraria, die Wiege des Fado, ist nach wie vor ein vernachlässigtes Viertel. Viele Häuser zeigen deutlichere Spuren des Verfalls als in der Alfama. Aber auch hier entstanden Hotels, Restaurants und kleine Hotspots des Nachtlebens. Graça, ein altes Arbeiterviertel hoch oben auf dem Hügel mit Wohnhäusern aus der Zeit der frühen Industrialisierung, bietet gleich zwei Miradouros mit fantastischem Blick. In dem beliebten Viertel geht das Alltagsleben gemütlich seinen Gang. Über die Calçada da Graça oder die Rua da Voz do Operário lässt sich der Spaziergang in der Alfama (Spaziergang 2, s. S. 17) fortsetzen.

- **Startpunkt:** Metro Martim Moniz [W19]
- **Endpunkt:** Tramhaltestelle São Vicente de Fora [Y20]
- **Dauer:** 3 Stunden (ohne Pausen)
- **Länge:** 4 km

Auf der weiten **Praça Martim Moniz** [W19] sorgen Wasserfontänen für Kühle und im Sommer Stände mit internationaler Küche für Leben. Den Ausblick über Platz, Mouraria und Burg kann man vor der **Rooftop-Bar Topo** (s. S. 78) auf dem Dach eines chinesischen Einkaufszentrums genießen. Dann geht es zur weißen **Capela de Nossa Senhora da Saúde** auf der anderen Platzseite, die 1505 zu Ehren des heiligen Sebastian erbaut und im 18. Jh. nach dem Erdbeben erneuert wurde. Deckenfresken und historische Azulejos lohnen einen Blick.

Ein Stück weiter, hinter der in rosa Stein gehauenen Fado-Gitarre in der Rua do Capelão, beginnt die **Mouraria.** Im 12. Jh. vertrieb König Dom Henrique die Mauren, die sich hier außerhalb der Stadtmauern ansiedeten. Heute öffnen sich manchmal hölzerne Fensterläden und alte Frauen verkaufen frischen Fisch. Die Gentrifizierung hat auch hier begonnen: Seit Mitte der 2010er-Jahre eröffnen immer mehr Shops und trendige Craftbeer-Kneipen.

Schwarz-Weiß-Porträts an den Hauswänden erinnern an Fado-Sänger. In der Rua Capelão [W19] wurde 1933 der Fado-Star **Fernando Mauricío** geboren, am Largo da Se-

< Terrasse mit Blick zur Klosterkirche São Vicente (16) de Fora

Spaziergang 2 und 3

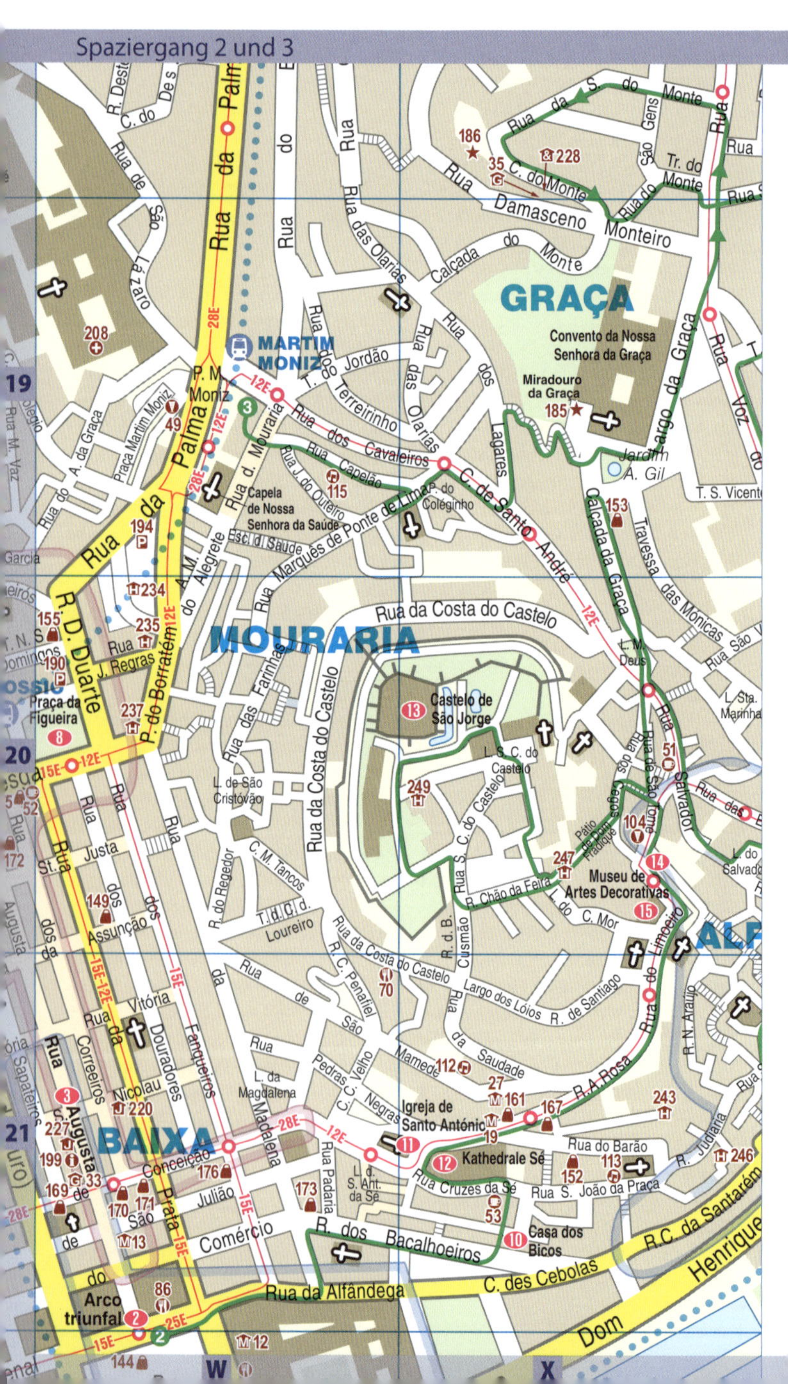

1 cm = 75 m
200 m
© Reise Know-How 2024
Rua Leite de Vasconcelos
Rua da Verónica
Campo de Santa Clara
Arco Grande de Cima
Kirche und Kloster São Vicente de Fora
Tribunal Militar
Panteão Nacional
Museu Militar
Estação Santa Apolónia
Santa Apolónia
Avenida Infante Dom Henrique
Rua Jardim do Tabaco
Alfândega
Museu do Fado
Igreja de Santo Estêvão
Rua dos Remédios
Rua do Paraíso
Rua dos C. Ferro
R. do B. da Sapato
Rua Entremuros do Mirante
Rua de S. Engrácia
Rua do M. Gros
R. Rui Barbosa
Washington
Magalhães
Vila Berta
Rua São Vicente
Rua do Vigário
Rua da Regueira
R. T. do Trigo
L. dos C. de Ferro
C. do Forte
Tejo
16
17
24
84
114
116
119
141
204
19
20
21
Y
Z

128lb Abb.: ps

vera wohnte einst die legendäre Fado-Sängerin und Prostituierte **Maria Severa Onofriana.** Sie starb 1846 mit nur 26 Jahren: ob an Tuberkulose oder durch Selbstmord nach einer unglücklichen Affäre mit einem Grafen, bleibt ungeklärt. Ihr Leben inspirierte den Dramatiker Júlio Dantas 1901 zu dem Schauspiel „A Severa", das 1931 das Sujet für den ersten portugiesischen Tonfilm lieferte. In ihrem ehemaligen Wohnhaus hat das Museu do Fado die **Fado-Bar Maria da Mouraria** eingerichtet (s. S. 90). Die Bewohner gehen gern in sehr einfache Restaurants in der Rua Marqués Ponte de Lima. Von der nun folgenden Igreja de Nossa Senhora do Socorro sieht man den **Miradouro de Graça** (s. S. 101) hoch oben auf dem Hügel bereits.

Der Aussichtspunkt unter Bäumen vor der Igreja da Graça ist einer der schönsten der Stadt

Nun geht es nach rechts in die Calçada de Santo André mit ihren Straßenbahnschienen der Tram 28E. Hier zweigt links die Rua dos Lagares [X19] ab, dann führen rechts Treppen und ein Weg, auf dem gerne Jogger laufen, steil zum Miradouro hinauf. Unterhalb des Aussichtspunkts bietet eine als Terrasse angelegte **Grünanlage mit Kiosk** ebenfalls einen schönen Blick. Sie ist weniger überfüllt als der Miradouro, ein traumhafter Ort über den Dächern, an dem sich scharenweise Touristen sammeln.

Das ehemalige Kloster ist heute Sitz des Militärs, die große barocke **Igreja da Graça** und der Kreuzgang können besichtigt werden. Geht man entlang der Kirchenwand weiter, fällt hinter einer Grünfläche mit Springbrunnen, Bänken und Skulpturen die blau gekachelte Fassade der **Vila Sousa** am Largo da Graça auf. Sie wurde 1890 errichtet und beherbergte neben Eigentumswohnungen für Familien auch Mietwohnungen für Arbeiter.

Weiter geht es über den Largo de Graça an der Tramhaltestelle vorbei über Graças Hauptstraße mit kleinen Läden und Restaurants. Die Rua Senhora do Monte führt linkerhand zu Lissabons höchstem Aussichtspunkt, dem **Miradouro da Senhora do Monte** (s. S. 101), dem die Baixa regelrecht zu Füßen liegt. Die Marienstatue und die kleine Kapelle prägen den Wallfahrtsort. Schwangere Frauen setzen sich in der Kapelle auf den steinernen Thron des Lissabonner Bischofs São Gens und beten für eine leichte Geburt.

Der Rückweg führt über die Calçada do Monte und die Travesa do Monte. Dann überquert man Graças Hauptstraße, die Rua da Graça, und gelangt über die Rua do Sol a Graça zur Siedlung **Vila Berta.** Das Ensemble aus stattlichen Häusern ließ der Metallfabrikbesitzer Joaquim Francisco Tojal zwischen 1902 und 1908 für seine Angestellten errichten. Durch das Art-déco-Tor und einen langen Tunnel fuhren einst die Kutschen zum Haus des Industriellen vor. Am Ende hält man sich rechts und erreicht die Rua da Voz do Operário. Markant ist das nach dem gleichnamigen Arbeiterverein benannte große Gebäude aus dem 19. Jahrhundert (Nr. 13). Es steht schräg gegenüber von **São Vicente de Fora** 16, einem Kloster mit Museum. Dienstags und samstags sind die richtigen Tage für einen Besuch auf dem großen, bunten **Flohmarkt Feira da Ladra** (s. S. 96). An der Tramhaltestelle kann man in Richtung **Kathedrale Sé** 12 und **Praça do Comercio** 1 zurück- oder in die andere Richtung bis zur **Praça Martim Moniz** [W19] fahren.

Spaziergang 4: Belém

Von Belém aus brachen im 15. Jh. portugiesische Seefahrer wie Vasco da Gama und Magellan zu ihren Entdeckungsreisen auf. Aus jener Zeit stammen manuelinische Meisterwerke wie der Torre de Belém 38 *und das Mosteiro do Jerónimos* 36*, heute UNESCO-Welterbe. Moderne architektonische Akzente setzen das postmoderne Kulturzentrum CCB (s. S. 93), das MAAT (s. S. 67) und das Kutschenmuseum (s. S. 68). In Belém, dem historischen Viertel der portugiesischen Monarchie, lässt sich leicht ein ganzer Tag verbringen. Diese Tour kann man in Belém beginnen und dann am Tejo entlang bis zum MAAT schlendern. Ebensogut kann man sich bei einer Radtour die Tejo-Brise um die Nase wehen lassen.*

Es fahren zwar Busse nach Belem, z. B. Nr. 15, aber am schnellsten ist ab dem Cais do Sodré [U22] der Zug nach Cascais. Wer eine Radtour bevorzugt: Räder kann man in Belém oder z. B. am Cais do Sodré ausleihen, wenn man die Radtour am Cais do Sodré entlang der Tejo-Promenade beginnen möchte.

Von der Bahnstation Belém führt eine Brücke in Höhe des Kutschenmuseums über die Gleise und die

- **Startpunkt:** Haltestelle Belém, Cascais-Linie [I25]
- **Endpunkt:** Haltestelle Belém oder Alcântara-Mar, Cascais-Linie [I25]
- **Dauer:** 3–4 Stunden
- **Länge:** 3 km

Der Verlauf dieses Spaziergangs ist in der Karte in der hinteren Umschlagklappe eingezeichnet.

160lb Abb.: ps

Avenida da India Richtung Fluss. Am Flussterminal von Belém setzen Fähren zum Fischerhafen Trafaria und nach Porto Brandão ab, einem Dorf mit Fischrestaurants auf der anderen Seite des Tejo.

Erste Station des Spaziergangs ist das moderne **Kutschenmuseum** (s. S. 68) der Architekten Paulo Mendes da Rocha und Ricardo Bak Gordon, das eine riesige Kutschensammlung beherbergt. Auch die mit historischen Deckenfresken dekorierte, ehemalige Königliche Hofreitschule an der Praça Alfonso do Albuquerque gehört zum Museu Nacional dos Coches. Vorbei am rosa gestrichenen **Palácio Nacional de Belém,** dem Sitz des portugiesischen Staatspräsidenten nebenan, zieht sich die lange Rua de Belém mit vielen kleinen Tavernen, Konditoreien und Restaurants durch das Viertel. Warteschlangen bilden sich oft vor der berühmten **Antigua Casa dos Pastéis de Belém** (s. S. 79), wo täglich Tausende frisch gebackene, mit Eiersahnecreme gefüllte Blätterteigtörtchen über den Tresen gehen. Es sollen die besten ganz Lissabons sein, aber inzwischen wetteifern Anbieter überall in der Stadt mit guter Qualität – eine Art portugiesische Ehrensache!

Die Straße führt direkt zum **Mosteiro do Jerónimos** 36, dem Kloster des heiligen Hieronymus, ein eindrucksvolles Beispiel der Manuelinik, in dem Vasco da Gama ruht. Es verfügt über einen wunderschönen Kreuzgang. Das **Marinemuseum** (s. S. 67) und das **Centro Cultural de Belém** (s. S. 93) mit dem Museum für zeitgenössische Kunst streift man auf dem Weg zum Tejo. Ein Tunnel führt auf die andere Straßenseite der Avenida Brasilia, wo am Tejo weitere Attraktionen warten, die an das Goldene Zeitalter Portugals als Land der Entdecker erinnern: das **Padrão dos Descobrimentos** 37, nachgebaut zum 500. Todestag von Heinrich dem Seefahrer (1394–1460), und der **Torre de Belém** 38, Wahrzeichen des ganzen Landes. Auf dem Rückweg vom Padrão dos Descobrimentos aus passiert man den Jachthafen von Belém. Wenige Hundert Meter hinter dem Flussterminal

Mit dem Boot auf dem Tejo – wie die Entdecker, die einst vom Torre de Belém aus starteten

bilden das ehemalige Elektrizitätswerk **Central Tejo**, heute ein sehenswertes Industriekulturmuseum, und das **MAAT** (s. S. 67) ein spannendes Ensemble. Beide betreibt die Stiftung des Energieversorgers Energias de Portugal (EDP). Die britische Stararchitektin Amanda Levete gestaltete eine Kunsthalle mit einer spektakulären Fassade aus weißen 3-D-Kacheln. Das Ganze wirkt wie von einer Welle ans Flussufer gespült. Lange Treppen am Fluss laden zum Verweilen ein. An das begehbare Dach schließt sich eine Brücke über die breiten Lissabonner Ausfallstraßen nach Belém an.

Am MAAT endet der Spaziergang, aber es bietet sich an, entweder zu Fuß bis zu den Docas de Santos am Tejo entlang weiterzugehen oder zurück zur Haltestelle Belém zu spazieren und mit der Cascais-Linie eine Station bis Alcânta-Mar Richtung Stadt zu fahren. Dort kann man sich z. B. mittags zum Fischessen auf eine **Restaurantterrasse über dem Jachthafen** an den Docas de Santos setzen. Von hier ist auch das **Museo do Oriente** 35 zu Fuß zu erreichen. Abends verwandeln sich die Bars und Restaurants in lebhafte Nightlife-Locations. Von der Bahnhaltestelle Alcântara-Mar führt eine Unterführung voller Graffiti zum Tejo-Ufer. Wer stattdessen ab der Haltestelle an der Avenida da India geradeaus geht, kommt zum **Aufzug auf die Ponte 25 de Abril,** mit einer kleinen Aussichtsplattform oben auf der Brücke und der interaktiven **Ausstellung Experiência Pilar 7** im Brückenpfeiler (s. S. 69).

Tipp: Wer sich die Bars, Cafés, Restaurants, Shops und die Street-Art in der angesagten **LX Factory** (s. S. 54) ansehen möchte, muss von Alcântara-Mar den ein wenig längeren Fußweg durch die Rua Rodriguez de Faria in Kauf nehmen. Mit Kindern ist in Belém auch das Straßenbahn-Museum **Museu da Carris** (s. S. 66) eine Option für einen Abstecher.

MEIN TIPP

Abstecher zum Palacio da Ajuda

Lissabons Königspalast, der **Palacio da Nacional da Ajuda,** ist seit 1968 für Besucher zugänglich. Seit der Flucht der Königsfamilie nach Brasilien 1910 ist die Rückfront unvollendet. In einem zeitgenössisch designten Glasbau des Architekten João Carlos Santos, einem neuen Palastflügel aus heutiger Zeit, zeigt das **Museu de Tesouro Real** die **portugiesischen Kronjuwelen** und eine 6300 Stücke umfassenden Juwelensammlung. Wer vom Tejo-Ufer zum Palacio möchte, erklimmt ab der Rua do Belém vorbei am tropischen Botanischen Garten die Calcada Galvão, biegt oben vor dem zweiten Botanischen Garten rechts ab und geht an der anderen Seite zum Palacio hoch. Dies ist nach einer Besichtigung von Belém möglich, aber recht mühsam und zeitaufwendig. Die Tram 18E fährt vom Zentrum direkt zum Palácio de Ajuda. Nach dem Besuch kann man bergab nach Belém gehen, ggf. mit einem Umweg zur Igreja da Mémoria [H23] (Calçada Memória 18), der Grabstätte des Marquês de Pombal (s. S. 26) mit weitem Blick vom Hügel hinab zum Tejo. Wer möchte, schließt ab dem Mosteiro de Jéronimos neben dem subtropischen Botanischen Garten dann den Stadtspaziergang 4 an.

6 [I22] **Palacio da Nacional da Ajuda,** Largo da Ajuda, Tram 18E, www.palacioajuda.gov.pt, tgl. 10–18 Uhr, 8 €, **Museu de Tesouro Real:** www.tesouroreal.pt/paginas/acf04850-museu-do-tesouro-real, tgl. 10–18 Uhr, 10 €

Durch die Baixa

Dreh- und Angelpunkt des Einkaufs-, Geschäfts- und Bankenviertels ist die Fußgängerzone Rua Augusta zwischen den Plätzen Rossio und Praça do Comércio. Wer heute an Restauranttischen und Straßengauklern vorbei über die kunstvoll gesetzten schwarz-weißen Pflastersteine schlendert und den Blick von hellgelben Fassaden zu Arkaden und Statuen schweifen lässt, kann sich kaum vorstellen, dass weite Teile der Baixa wie Venedig auf Holzpfeilern in Tejo-Wasser ruhen.

Repräsentative Plätze und großzügige breite Straßen prägen Lissabons Unterstadt, die Baixa. Hier pulsierte vor dem Großen Erdbeben von 1755 das Herz einer der reichsten Städte des Abendlands. Seit ihrem kompletten **Wiederaufbau im Schachbrettmuster** unter Marquês de Pombal heißt die Baixa de Lisboa Baixa Pombalina.

Überreste aus römischer Zeit, denen das Erdbeben nichts anhaben konnte, dienen bis heute als solide, stützende Unterwelt der Baixa. Einmal im Jahr, am Tag des offenen Denkmals im September, bilden sich lange Schlangen vor einem Gulli zwischen den Straßenbahngleisen in der Rua da Conceição [W21]. Dann dürfen Interessierte in die römischen Kellergewölbe und Galerien hinabsteigen, die vielfach erst nach dem Erdbeben wiederentdeckt wurden und noch im 19. Jh. als Trinkwasserzisternen dienten.

Der Triumphbogen, Symbol der einstigen Seefahrernation, mit Aussichtsplattform

1 Praça do Comércio ★★★ [W22]

Kuschelig-gemütlich ist das „Wohnzimmer" der Tejo-Metropole nicht. Dafür lassen hier Großzügigkeit und Weite aufatmen. Bars, Restaurants und Geschäfte säumen den Platz. Von der Flussseite weht selbst im Hochsommer eine frische Brise. Zum Tejo hin öffnet die unverstellte Sicht den Horizont. Der Blick folgt dem Strom und den Schiffen, die Stadt und ihre Geschichte im Rücken.

Vom **Cais das Colunas** am Ufer des Tejo führen Treppen ins Wasser. Touristen und Städter kommen gern hierher, um sich die Füße abzukühlen. Auch die Treppen des **Reiterdenkmals von König Dom José I.** (Joseph I.) in der Platzmitte laden zum Verweilen ein. Der renommierte Bildhauer Machado de Castro schuf die symbolische, 14 m hohe Bronzeskulptur 1775 zum Geburtstag des Königs. Sein Pferd tritt mehrere Schlangen nieder, zum Zeichen des Siegs über das Böse. Der Elefant am Sockel des Denkmals steht für das portugiesische Weltreich. Das Medaillon an der Vorderseite erinnert an den **Marquês de Pombal.** Ihm hatte der König für den Wiederaufbau Lissabons nach dem Großen Erdbeben von 1755 (s. Exkurs S. 108) freie Bahn signalisiert. Josés Tochter und spätere Königin Dona Maria I., die den Marquês für intrigant und brutal hielt, ließ das Medaillon später abhängen, aber seit 1833 ist es wieder an seinem alten Platz.

Die Bewohner Lissabons nennen die Praça do Comércio noch immer **„Terreiro do Paço" – Schlossplatz.** Und so heißt auch die Metrostation, obwohl der Königspalast Paço da Ribeira aus der Zeit vor dem Großen

Erdbeben nur noch auf historischen Stichen und Kachelbildern zu sehen ist oder als Modell im Stadtmuseum (s. S. 66).

Die frischen, gelb gestrichenen Fassaden mit einheitlich großen Fenstern und **langen Arkadengängen** strahlen Harmonie und Ruhe aus und die riesige Fläche davor bietet sich als elegante Bühne für Großveranstaltungen an. Die großen Terrassen der Bars und Restaurants laden zum Verweilen ein. Sonntags bauen Kunsthandwerker ihre Stände unter den Arkaden neben dem Triumphbogen auf.

2 Arco triunfal (Triumphbogen) ★★ [W21]

„Die Tugenden der Größten allen zur Lehre" steht als lateinische Inschrift auf dem monumentalen Torbogen zwischen Praça do Comércio und Rua Augusta. Von der Aussichtsplattform reicht der Panoramablick weit über die Stadt.

Seit 1873 krönen **allegorische Figuren** den Triumphbogen: Gloria in der Mitte mit Genius zur Linken und der Tapferkeit zur Rechten. Die an Neptun erinnernden Skulpturen zu beiden Seiten des Bogens verkörpern die Flüsse Tejo (links) und Douro (rechts), die beiden bedeutendsten Ströme Portugals.

Vier **Marmorstatuen neben dem Wappen des Königshauses** erinnern an historische Persönlichkeiten. Von links nach rechts sind es Viriathus, der Anführer der Lusitaner beim Kampf gegen die Römer, der Entdecker Vasco da Gama, der Marquês de Pombal, der den Triumphbogen in Auftrag gab, und Nuno Álvarez Pereira, der Anführer des portugiesischen Heers in der Schlacht von Aljubarrota

159lb Abb.: ps

1385 gegen die Kastilier, in der die Portugiesen ihre Eigenständigkeit behaupteten. Im Inneren erinnert eine Ausstellung an die Geschichte des Triumphbogens, aber das Schönste ist die Aussicht. Ein Aufzug fährt bis zur Plattform hoch (tgl. 10–19 Uhr, 3,50 €, Kinder bis fünf Jahre frei).

3 Rua Augusta ★★ [W21]

In der Rua Augusta, Lissabons Einkaufs- und Flaniermeile zwischen Rossio und Triumphbogen, reihen sich im Sommer zwischen den Geschäften die Caféhausstühle unter großen Sonnenschirmen aneinander.

Die hellen Pflastersteine reflektieren das Licht zwischen *Pastelarias,* Kiosken und Blumenständen. Historische Fotos erinnern an frühere **Traditionsgeschäfte.** Einige der ältesten noch erhaltenen Kurzwarenläden gibt es in der Querstraße Rua da Conceição zu bestaunen.

033lb Abb.: ps

Ein Beispiel für gelungene Sanierung ist das **Design- und Modemuseum MUDE** (s. S. 65). Der während der Salazar-Diktatur 1964 entstandene Bau war einst Sitz einer Bank.

Wer vom Shopping genug hat, kann sich in der **Fundação Millennium** (s. S. 69) zu einer Führung zu archäologischen Funden aus phönizischer Zeit anmelden. Nicht weit entfernt liegt die Querstraße Rua Santa Justa, die spektakuläre **Sichtachse** zu dem fotogenen Standaufzug Elevador de Santa Justa.

4 Praça do Município ★ [V22]

Auf dem Rathausplatz zwischen Praça do Comércio 1 und Cais do Sodré [U22] wurde zwar einst Geschichte geschrieben, aber heute geht es hier meist ruhig zu.

Vom Balkon des Rathauses *(Câmara Municipal)* an der Praça do Município wurde am 5. Oktober 1910 die Republik ausgerufen. Der letzte König, Dom Manuel II., floh daraufhin ins Exil nach England. Der neoklassizistische Bau stammt aus dem Jahr 1880. In der Mitte des Giebels ist das Stadtwappen zu sehen. Die **Säule in der Platzmitte** symbolisierte einst die Stadtrechte und war auch der Pranger. Die Eisenhaken, an denen die Verurteilten zur Abschreckung aufgehängt wurden, hat man später entfernt.

⌃ Die Rua Augusta 3 – ideal zum Shoppen und Flanieren

› Gusseisernes Wunderwerk der Technik: der Aufzug Santa Justa

5 Elevador de Santa Justa ★★ [V20]

Lissabons bekanntester Standaufzug, 1902 nach einer Idee von Gustave Eiffel erbaut, ist heute eine der beliebtesten Touristenattraktionen der Stadt. Die Planung und Realisierung übernahm Eiffels Schüler Raoul Mesnier de Ponsard. Das Panorama von der Aussichtsplattform ist umwerfend.

Zwei Kabinen mit Platz für 24 Personen und den Fahrstuhlführer pendeln in der **filigranen Gusseisenkonstruktion** mit Messingbeschlägen zwischen Unter- und Oberstadt. Jeweils vier neogotische Bögen in sechs Etagen übereinander gewähren während der Fahrt freie Sicht auf die Dächer der Baixa. Nachts fährt der Aufzug nicht, ist aber effektvoll beleuchtet. Die **Aussichtsplattform in 45 m Höhe** erreicht man über eine kleine Wendeltreppe. Ihre untere Etage ist durch einen Übergang mit dem Platz vor der Klosterruine Convento do Carmo 20 verbunden. Daher ist der Aufzug bei den *Lisboetas* auch als **Elevador do Carmo** bekannt. Wer sich die Fahrt sparen möchte, kann vom Largo do Carmo aus zu Fuß bis zum Aufzug gehen und bezahlt für die Aussicht von der Plattform nur 1,50 €.

› R. do Ouro, Metro: Rossio, tgl. 7.30–21, im Sommer bis 23 Uhr, Auf- und Abfahrt plus Aussichtsplattform 5,30 €, nur Aussichtsplattform 1,50 €. Das Guthabenticket Viva Go/Viva Viagem oder Lisboa Viva ist gültig (s. S. 138).

6 Rossio (Praça de Dom Pedro IV) ★★ [V20]

Alle Wege führen irgendwann über den Rossio. Auf Steinbänken verweilend, lässt sich die Aussicht auf die Hügel genießen oder mit den Augen über das Wellenmuster der anfangs von Sträflingen gelegten Pflastersteine hinweggleiten.

An dem zentralen Platz kreuzen sich zwei Metrolinien und an seinem oberen Ende sind es nur ein paar Schritte über die Straße zum Bahnhof Rossio, wo die Züge nach Sintra abfahren. An den Längsseiten des Rossio laden **traditionsreiche Cafés** zum Sitzen und Schauen ein. Verkäufer bieten je nach Saison Kirschen oder Kastanien feil. Anfang Oktober kann es vorkommen, dass die Erstsemester in den **beiden Springbrunnen aus Bronze**, die den Platz seit dem 19. Jh. verschönern, ihre kalte Taufe erhalten.

Seinen zweiten Namen Praça de Dom Pedro IV verdankt er **König Dom Pedro IV.**, dem früheren brasilianischen Kaiser Pedro I., der in 23 m Höhe auf der Säule in der Platzmitte thront. Pedro regierte Portugal ab 1826 und reiste 1828 mit seinen Streitkräften aus Brasilien an, um die liberale Verfassung seiner Heimat gegen seinen Bruder Miguel zu verteidigen. Pedro „dem Ehrlichen“ wurden fortan Eigenschaften wie Gerechtigkeit, Klugheit, Stärke und Mäßigung zugeschrieben, dargestellt durch die weiblichen Figuren am Sockel der Säule. Seine Tochter und Nachfolgerin Dona Maria II. heiratete Ferdinand II. von Sachsen-Coburg und Gotha. Nach ihr ist das **Teatro Nacional D. Maria II**

034lb Abb.: ps

mit den Caféhausstühlen zwischen neoklassizischen Säulen an der Stirnseite des Platzes benannt. Es stammt von 1842, die **Säule zu Ehren Pedros** wurde erst 1870 aufgestellt.

Einst war der Rossio **Schaubühne für Stierkämpfe und Volksbelustigungen,** aber auch für Hinrichtungen und Verbrennungen auf Geheiß des Inquisitionsgerichts. Nach dem Erdbeben von 1755 (s. Exkurs, S. 108) ließ der Marquês de Pombal den zerstörten Platz als mondäne Visitenkarte der Monarchie komplett neu errichten.

Wer den **Jugendstilbogen Arco da Bandeira** zur Rua dos Sapateiros durchschreitet, steht vor dem Gebäude des **ältesten Kinos der Stadt,** dem Animatógrafo de Rossio von 1907, wo heute Peep-Shows gezeigt werden. Den berühmten rauchenden Frosch auf einer Kachel in dem Tabakladen neben dem Café Nicola (s. S. 79) schuf der Karikaturist Bordalo Pinheiro.

Der Rossio 6 mit dem Teatro Nacional D. Maria II (s. S. 93)

Historische Größe: König Dom João I. zu Pferd auf der Praça da Figueira

7 Praça dos Restauradores ★ [V19]

Der rechteckige, verkehrsumtoste Platz mit dem Bahnhof Rossio am unteren, westlichen Ende und einem Obelisk in der Mitte gibt dank seiner Architektur Aufschluss über Etappen der Stadtgeschichte.

Die beiden **Hufeisenbögen am Eingang zum Bahnhof Rossio** mit ihren maurischen, zopfartig gedrehten Tauen aus Stein sind das architektonische Schmuckstück der Praça. Mit dem Bau aus dem Jahr 1887 im **neomanuelinischen Stil** ließ Architekt José Luís Monteiro den Geist des goldenen 16. Jh. wieder aufleben. Fünf Jahre später errichtete Monteiro auch das Hotel Avenida Palace, eines der ersten Luxushotels Lissabons.

Der **Obelisk** in der Platzmitte erinnert an die Befreiung von der 60-jährigen spanischen Herrschaft im Jahr 1640. Hier sind die Daten der sogenannten Restaurationskriege eingemeißelt, daher der Name „Restauradores". An den Aufstand der Adeligen erinnert alljährlich eine Gedenkfeier am 1. Dezember, dem portugiesischen Nationalfeiertag. Die Statuen am Obelisk symbolisieren Unabhängigkeit und Sieg. Das dominante **Hotel Eden** mit seiner Art-déco-Fassade war Anfang des 20. Jh. noch ein Kino, ebenso wie der modernistische Bau des heutigen Hard Rock Café.

8 Praça da Figueira ★ [W20]

Im Jahr 2000 rückte die Bronzestatue von König Dom João I. aus der Platzmitte Richtung Südwesten, damit sie durch die Straßenachsen und von den anderen Plätzen aus besser zu sehen ist. Zu Füßen des Denkmals warten etliche Tuk-Tuks auf Fahrgäste.

Bis zum Erdbeben von 1755 stand hier Lissabons größtes Krankenhaus, umgeben von **Gärten mit Feigenbäumen**, die dem Platz seinen Namen gaben. Von 1849 bis 1949 boten Händler in einer überdachten Markthalle ihre Waren feil. Zu den Traditionsadressen zählen die Manteigaria Silva (s. S. 99) und die Confeitaria Nacional (s. S. 79). Regelmäßig kreuzen Busse und die historischen Straßenbahnen 12 und 28 den Platz.

036lb Abb.: ps

„Wenn ich die Welt in der Hand hätte, würde ich sie, dessen bin ich sicher, gegen eine Fahrkarte zur **Rua dos Douradores** eintauschen“, legt Fernando Pessoa einer seiner Figuren, dem Hilfsbuchhalter Bernardo Soares, in den Mund. Von der Praça da Figueira aus ist das nicht nötig, denn in die ruhige Straße, die der Dichter so sehr liebte, sind es von hier nur ein paar Schritte.

9 Largo und Igreja de São Domingos ★ [V20]

Am Largo de São Domingos trinken die „Lisboetas“ seit 1840 gern ihren „Ginjinha“ (s. S. 74). Die Igreja de São Domingos zählt zu den ungewöhnlichsten Kirchen der Stadt.

„Lissabon, Stadt der Toleranz“ steht in 34 Sprachen auf einem Denkmal an der Nordseite des Platzes. Bei der Enthüllung 2008 bat das Patriarchat von Lissabon um Vergebung für das **Pogrom des Jahres 1506**, bei dem 2000 Juden getötet wurden.

„Bacalhau“ und Delikatessen

Die **Manteigaria Silva** (s. S. 99) ist ein gut sortierter Delikatessenladen für Schinken, *bacalhau* (Stockfisch), *salpicão* (Wurst), Käse, Wein und *Ginjinha* (Sauerkirschlikör) aus Alcobaça. Das Geschäft zählt zu den ältesten und preiswertesten in Lissabon. Den im *Bacalhoeiro* gestapelten getrockneten Kabeljau darf man auch gern fotografieren. Historische Schwarz-Weiß-Fotos erinnern an die Anfänge der Fischerei.

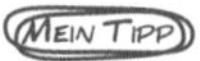

Kultige Konserven

Fischkonserven aus dem Supermarkt? Das gleicht in Lissabon einem Sakrileg. Im Traditionsgeschäft für Fisch in Dosen, der **Conserveira de Lisboa** (s. S. 99), werden die eigenen, seit 1942 registrierten Marken Tricana, Minor und Prata do Mar über den Holztresen verkauft – Thunfisch, Tintenfisch, Muscheln, Makrelen und Sardinen in nostalgisch designten Dosen, die je nach Vorliebe auch mit Pfeffer, Nelken oder Curry gewürzt werden. Die Mitarbeiter packen den Einkauf liebevoll in dickes Papier ein. Das Unternehmen besteht seit 1930. Zum 80-jährigen Jubiläum gab es ein mit Sardinendosen beklebtes Herz für die Inhaberin Maria Manuel Cabral Ferreira, das nun im hinteren Ladenteil an der Wand hängt. Sie bietet auch *groselha* an, ein Erfrischungsgetränk aus Stachelbeer- oder Johannisbeersirup.

Das Morden begann in der Igreja de São Domingos, als ein Sonnenstrahl auf das Gesicht einer Jesus-Skulptur fiel und eine rasende Menge dies als Zeichen verstand, die Juden als vermeintliche Sündenböcke für Hunger, Pest und Dürre zu bestrafen. Die Kirche war ab dem 13. Jh. Teil des Dominikanerklosters um das Krankenhaus an der Praça da Figueira. Nach dem Erdbeben von 1755 wurde sie in barockem Stil prunkvoll neu errichtet und 1959 nochmals durch einen Brand zerstört. Der riesige Raum mit pastellrosa gestrichener Decke wirkt heute ungewöhnlich morbide. Die Wände wurden gesäubert, aber nicht mehr mit Holz verkleidet oder vergoldet; an einigen Stellen sind noch Brandspuren zu erkennen.

› **Igreja de São Domingos,** Lg. de São Domingos, Metro: Rossio, tgl. 9–18 Uhr

Alfama, Mouraria und Graça – Gassen mit Seele

Die labyrinthischen Straßen in der Alfama, Lissabons ältestem Viertel unterhalb der Burg, erinnern an eine nordafrikanische Kasbah. Der heutige Name geht auf das arabische Wort „Al-Hama" („Quelle") zurück. Die alteingesessenen Bewohner treffen sich auf Bänken, in Lebensmittelläden, zum Fernsehen in kleinen Sportclubs oder in den im oberen Teil des Viertels versteckten Fado-Lokalen. Ab 23 Uhr ist Schlafenszeit – dann mögen es die Alfama-Bewohner in ihren Gassen am liebsten still.

Das Kloster São Vicente wurde einst außerhalb der Stadtmauern errichtet. Oberhalb ächzt die Tram 28E bergauf durch das Arbeiterviertel **Graça.** Ganz in der Nähe, am Miradouro da Graça (s. S. 101), öffnet sich ein traumhaftes Panorama über die Dächer der Mouraria bis zum Tejo und zu den Hügeln auf der anderen Seite der Baixa.

Wie die Alfama ist auch die **Mouraria** maurischen Ursprungs. In ihren unübersichtlichen Gassen sorgten einst Prostituierte und Fado-Sängerinnen für Aufregung. Bis heute leben hier vorwiegend arme Bevölkerungsschichten und obwohl sich einiges gebessert hat, gilt die Mouraria noch immer als sozialer Brennpunkt.

Wer von der Baixa aus zu Fuß in die Alfama geht (siehe Spaziergang 2 auf S. 17) oder an der Metrostation Santa Apolónia aussteigt, nähert sich dem Viertel von unten. Noch ohne Steigungen zu überwinden, erreicht man dann leicht die Casa dos Bicos und das Museu do Fado (s. S. 67).

⑩ Casa dos Bicos ★★ [X21]

Der Sohn des Vizekönigs von Indien, Brás de Albuquerque, ließ das „Haus der Spitzen“ 1522 am Fuß des Alfama-Hügels errichten. Die Fassade aus Steinquadern in Diamantenform galt in der Frührenaissance als hochmodern. Heute informiert hier das Museum der Stiftung „Fundação José Saramago“ über Leben, Werk und Nachlass des portugiesischen Literaturnobelpreisträgers.

Der sanierte Bau schließt römische Ausgrabungen im Erdgeschoss (Eintritt frei) und den Torbogen der einstigen Stadtmauer auf der verglasten Rückseite ein. Im Obergeschoss sind die zahlreichen Übersetzungen der Bücher des Erfolgsautors Saramagos zu sehen, der erst mit Mitte 40 zu schreiben begann. Besonders interessant: **handschriftlich korrigierte Manuskripte,** historische Fotos, u.a. mit Susan Sontag und Gabriel García Márquez, die Nobelpreis-Medaille und ein Video mit seiner Dankesrede. In der **Bibliothek der Stiftung** kann man sich ein Video über Saramagos Haus auf Lanzarote ansehen. Dorthin zog er 1993 mit seiner Familie nach dem Kirchenskandal um sein Buch „Das Evangelium nach Jesus Christus“ und aus Protest gegen die konservative Regierung Portugals. Auf der spanischen Insel starb er schließlich am 18. Juni 2010 mit 87 Jahren.

Saramagos 25 Jahre jüngere Frau Pilar del Río setzte seine Asche ein Jahr nach seinem Tod unter einem **100-jährigen Olivenbaum** vor der Casa dos Bicos bei. Der Baum, den Saramago aus seiner Kindheit kannte, wurde aus seinem Geburtsort Azinhaga in der Provinz Ribatejo nach Lissabon verpflanzt.

› 10 R. dos Bacalhoeiros, Tram 28E u. 12E bis Sé, www.josesaramago.org, www.museudelisboa.pt, Tel. 218802040, Mo.-Sa. 10-18 Uhr, Eintritt 3 €, Kinder bis 12 Jahre frei

⑪ Igreja de Santo António ★ [X21]

Der Kult um den heiligen Antonius, dessen Bilder und Statuen bis heute besonders in der Alfama als Glücksbringer verehrt werden, hat seine Ursprünge in dieser kleinen barocken Kirche gegenüber der Kathedrale.

Fado: in der Alfama auch als Graffiti an den Hauswänden

Die Kirche steht über dem Geburtsort des späteren Antonius von Padua (1195–1231). Kinder sollen die Groschen auf der Straße gesammelt haben, um den Neubau der Kirche nach dem Großen Erdbeben zu finanzieren. Weil der Heilige als Glücksbringer für die Liebe und Ehe (s. S. 102) gilt, geben sich die *Lisboetas* in dieser Kirche gern das Jawort.

Die **Statue auf dem Altar** wird am 13. Juni bei Prozessionen zu Ehren des Heiligen durch die Straßen getragen. Das kleine **Museu de Lisboa – Santo António** neben der Kirche zeigt Gemälde, liturgische Gegenstände und Keramiken rund um die Antonius-Verehrung.

› Lg. de Santo António da Sé, Tram 28E u. 12E bis Sé, Tel. 218860447, **Kirche:** tgl. 8–19.30 Uhr, **Museum:** www.museudelisboa.pt, Di.–So. 10–17.30 Uhr, Eintritt 3 €

☐ *Von außen beinahe eine Festung: Lissabons Kathedrale*

038lb Abb.: ps

⑫ Kathedrale Sé ★★★ [X21]

Vor der Kathedrale, auch bekannt als Igreja de Santa Maria Maior, stehen oft mehrere Straßenbahnen der Linien 12 und 28 im Stau. Das älteste Gotteshaus der Stadt ist auch das meistbesuchte.

König Dom Afonso Henriques ließ die Kathedrale ab 1147 nach der Rückeroberung Lissabons von den Mauren auf den Fundamenten einer Moschee errichten. **Wie ein Siegessymbol** ist sie seit einem Erdbeben von 1344 mit zwei trutzigen Türmen und Festungszinnen bewehrt. Im 18. Jh. erhielt sie zeitweise zwei barocke Turmspitzen. Erst unter Salazar ließ man die Türme wieder so wie zuvor umbauen. Die *Lisboetas* nennen die Kathedrale fast liebevoll ihre „Sé“. Offiziell heißt sie **Sé Patriarcal**, übersetzt „Kathedrale des Patriarchats“. Diesen Titel verlieh der Papst dem Erzbistum Lissabon im Jahr 1716.

Es ist faszinierend, sich von außen die bei mehreren Wiederaufbauten verwendeten **Steine verschiedener Epochen** anzusehen. Teilweise stammen sie noch aus der Zeit vor den Mauren. In Portalnähe ist ein Stein mit einem jüdischen Symbol versehen, um die Ecke Richtung Tejo wurde ein westgotischer Fries in die Wand integriert. Das schlichte, lichtdurchflutete, dreischiffige Kircheninnere stammt aus romanischer Zeit; der Chorumgang mit zehn Kapellen ist gotisch. Im Chor stehen die Sarkophage von König Dom Afonso IV. und Königin Dona Beatriz sowie von einem seiner Kreuzritter und dessen Frau. Links vom Eingang pilgern viele portugiesische Besucher zum **Taufbecken des heiligen Antonius.** Die Azulejos in der Taufkapelle zeigen

Johannes den Täufer. Als Kachelbild dargestellt ist auch die Predigt des heiligen Antonius an die Fische. In einer weiteren Kapelle steht die Weihnachtskrippe des Bildhauers Machado de Castro von 1766. Sakristei, Orgel und Hauptaltar weisen barocke und neoklassizistische Stilelemente auf. Der Kreuzgang stammt aus dem 13./14. Jh. Hier sind Mauerreste und Funde aus römischer und maurischer Zeit ausgestellt. Die Schatzkammer birgt den **Kirchenschatz des Patriarchats.** Dazu gehört der mit über 4000 Edelsteinen verzierte Reliquienschrein des heiligen Vinzenz.

› Lg. da Sé, Tram 28E u. 12E bis Sé, www.quovadislisboa.com/en/place/se-patriarcal, Kathedrale Mo.-Fr. 9.30-18, Sa. 10-18 Uhr, Kreuzgang 10-17, Schatzkammer 10-17 Uhr, Eintritt 5 €, Schatzkammer 2,50 €

Blick von Graça über die Mouraria zur Burg São Jorge

⑬ Castelo de São Jorge ★★★ [X20]

In 110 m Höhe thront auf der Spitze des Alfama-Hügels das Kastell. Das 6000 m² große Burggelände lässt sich auf eigene Faust oder während einer Führung erkunden. Die Aussicht über Lissabon ist ohnehin exzellent, aber das Periskop in einem der Türme macht noch mehr Lust, gewissermaßen zum Voyeur zu werden.

Die erste Burg stammte von den Römern (ca. 132 v. Chr.). Auch die Westgoten (5. Jh.) und Mauren (8. Jh.) wählten den **Ort mit dem besten Rundumblick** für ihre Verteidigungsanlagen. Erst der christliche Rückeroberer König Dom Afonso Henriques benannte seine im 13. Jh. ausgebaute Festung nach **Georg, den Drachentöter,** und ließ die Maurenmoschee durch eine Kirche ersetzen. Das Königshaus residierte hier, bis Manuel I. seinen Palast 1511 in die Baixa, direkt an den Tejo, verlegte.

Über die Treppen der insgesamt **zehn Türme der Wehrmauer** kann man ein Stückchen in die Unterstadt hinabsteigen. Salazar ließ die steile Wehrmauer ab 1938 rekonstruieren. Auf der Fläche des heutigen archäologischen Museums, des Burgcafés und des Restaurants stand früher der mittelalterliche Königspalast. Am Eingang des Museums lässt eine Illustration erahnen, wie es hier früher ausgesehen hat. Das Museum zeigt Funde aus der inzwischen teilweise überdachten archäologischen Ausgrabungsstätte auf dem Gelände.

Faszinierend ist ein Besuch der **Dunkelkammer des Torre de Ulisses.** Bei gutem Licht und wenig Wind werden hier mittels eines großen Parabolspiegels nach dem Prinzip der Camera obscura Szenen aus den Straßen der Unterstadt auf eine Leinwand projiziert. Erstaunlich, wie nah sich Menschen, Autos, Fähren und Fassaden mit dieser alten Technik heranzoomen lassen.

Durch die grüne Anlage mit **Pergolen, Bänken und romantischen Plätzen** zwischen Mauern und Türmen führen hübsch angelegte Wege. Gerade im Sommer sollte man sich für die Erkundung ein paar Stunden Zeit nehmen. Die Burg zählt zu Lissabons touristischen Highlights und an manchen Tagen bilden sich vor der Kasse

MEIN TIPP

Feira da Ladra, der Markt der Diebin

Lissabons Flohmarkt Feira da Ladra (s. S. 96) ist berühmt-berüchtigt. Portemonnaies und Taschen, die Touristen in der Tram 28E gestohlen wurden, seien hier käuflich zu erwerben, so heißt es immer noch. In jeder Legende steckt ein Funken Wahrheit, aber dennoch nimmt man am besten die Tram 28E und steigt am Convento de São Vicente de Fora 16 aus. Entlang der Seitenwand der Kirche warten die ersten Verkäufer mit Gürteln, CDs und allerlei Trödel. Bei den Antiquitätenhändlern am oberen Ende der Markthalle am Campo de Santa Clara schlägt noch das Herz des alten Lissabon. Historische Bilder und nostalgische Objekte erinnern an vergangene Tage. In der Halle gibt es portugiesische Feinkost und Biowaren. Nach Kleidung, Fado-CDs, Elektroartikeln und einem Sammelsurium ausrangierter Dinge lässt sich in Richtung Panteão Nacional weiter stöbern. Viele Händler – darunter auffällig viele Frauen – sprechen Englisch oder Französisch. Feilschen wird geradezu erwartet, also nicht schüchtern sein.

Viel Ambiente und vielleicht ein Kleid zum Schnäppchenpreis

040lb Abb.: ps

lange Schlangen. Am **Largo de Santa Cruz do Castelo** steht die gleichnamige Kirche. Die **Igreja do Menino Deus** stammt von 1711 und überdauerte das Erdbeben. Kinder können sich sonntags auf dem Burggelände über mittelalterliche Shows freuen. Im Sommer beleben samstags ab 22 Uhr Lichtprojektionen das Gemäuer.

› **Castelo de São Jorge,** R. de Santa Cruz do Castelo, Tram 12E u. 28E bis Miradouro Santa Luzia, www.castelodesaojorge.pt, Tel. 218800620, März–Okt. tgl. 9–21, Nov.–Febr. tgl. 9–19 Uhr, **Periskop:** 10–14 Uhr alle 30 Min., Eintritt 15 €, erm. 12,50 €, Kinder 7,50 €

14 Miradouro de Santa Luzia und Miradouro das Portas do Sol ★★ [X20]

An den Pergolen des Miradouro de Santa Luzia leuchten Bougainvilleen als pinke Farbtupfer. Maler bauen gern ihre Staffelei vor der fotogenen Kulisse auf: Von hier reicht der Blick über die roten Ziegeldächer der Alfama bis zum Tejo und die Kloster- und Kirchtürme rundherum glänzen weiß in der Sonne.

Leise plätschert das Wasser der Springbrunnen. Ein Kachelbild an der Wand der kleinen Kirche des Malteserordens Santa Luzia zeigt Lissabon vor dem Erdbeben (s. Exkurs S. 108) und den Ritter Martim Moniz als Kämpfer bei der Rückeroberung der Burg.

Von hier bis zu dem **Miradouro das Portas do Sol**, der nächsten **Aussichtsterrasse**, verlief einst die *Cerca Moura*, die **maurische Stadtmauer**, deren Reste heute ein solides Fundament bilden. An den Portas do Sol hatte die Mauer ein dem Sonnenaufgang zugewandtes Stadttor. Auf dem Platz steht eine **Statue des heiligen Vinzenz.** Er ist der **Schutzpatron Lissabons** und der Seefahrer. Aufgrund einer Legende wurde er zur Schlüsselfigur des **Lissabonner Stadtwappens:** Es zeigt das Schiff, auf dem seine Leiche in die portugiesische Hauptstadt transportiert wird, und zwei Raben. Der Heilige starb zur Zeit der Maurenherrschaft in der spanischen Stadt Valencia. Christen brachten seinen Leichnam nach Portugal zurück, strandeten aber an der Südküste, der Algarve, wo sie eine Kapelle errichteten. Hier hielten fortan zwei Raben über den heiligen Vinzenz Wache. Als er nach Lissabon geholt werden sollte, fand man die Grabstelle, weil Raben über ihr kreisten. Zwei Raben begleiteten das Schiff auf seinem Heimweg, so die Legende. In Blickrichtung der Statue steht auch das Kloster São Vicente de Fora, in dem der Stadtheilige bis heute ruht.

› **Miradouro de Santa Luzia,** Tram 28E u. 12E bis Miradouro de Santa Luzia

› **Miradouro das Portas do Sol,** Tram 28E u. 12E bis Lg. Portas do Sol

15 Museu de Artes Decorativas Portuguesas ★★ [X20]

Der Palast mitten in der Alfama beherbergt das Museum für angewandte Kunst des 17. bis 19. Jahrhunderts. Es gibt einen guten Einblick in die Wohnkultur des portugiesischen Adels.

Im Palácio Azurara, einem **restaurierten Adelspalast aus dem 17. Jahrhundert,** zeigt das Museum für angewandte Kunst die Sammlung des reichen Bankiers Ricardo do Espírito Santo Silva (1900–1955). Er kaufte den Palast 1947 und initiierte eine Stiftung zur Verwaltung seines Nachlasses. Bei einem Rundgang durch die Räume kann man original wie-

041lb Abb.: ps

deraufgebaute Schlaf-, Kinder-, Ess-, Musik- und Wohnzimmer des 17. bis 19. Jahrhunderts bewundern. Filigrane, aus wertvollem Holz geschnitzte Möbel, Tafelsilber, Porzellan, Wandteppiche, Keramikwände und Deckenfresken zeugen von **kunsthandwerklicher Blüte** und dem Geschmack der Oberschicht vergangener Zeiten. Zu sehen sind auch historische Gemälde. Das Mobiliar stammt teilweise aus dem Besitz von König Dom José I. und seiner Frau Dona Maria. Auch die Kutsche im Untergeschoss gehörte dem König. Das schöne Café im Innenhof des ersten Stocks lädt zu einer von Straßenhändlern unbehelligten Pause ein.

› Lg. das Portas do Sol, 2, Tram 28E u. 12E bis Lg. das Portas do Sol, www.fress.pt, Tel. 218814600, Di.–So. 10–17 Uhr, Eintritt 4/2 €, Führung um 10.30, 12, 14 und 15 Uhr, 10 €

São Vicente de Fora: Kachelschmuck und gute Aussicht

Dienstags und samstags ist hinter dem Pantheon Flohmarkt

16 Kirche und Kloster São Vicente de Fora ★★ [Y20]

Das Kloster ist die Grabstätte des Königshauses von Bragança (1640–1853). Über 50 Könige und Familienmitglieder der letzten portugiesischen Dynastie sind im Refektorium in steinernen Sarkophagen aufgebahrt. Von der großen Dachterrasse bezaubert die Aussicht auf Lissabon und den Tejo über den mit Azulejos verzierten Kreuzgang hinweg.

Im Jahr 1147 legte Portugals erster König Dom Afonso Henriques den Grundstein für die Kirche zu Ehren des heiligen Vincent, und zwar außerhalb der Stadtmauern – daher der Namenszusatz *de Fora* („von draußen"). Philipp II. von Spanien ließ Kirche und Kloster 1582 errichten, die **größten und höchsten Sakralbauten der Stadt.** Nach dem Großen Erdbeben von 1755, bei dem das Kuppelgewölbe hinabstürzte und Betende erschlug, wurden sie in prunkvollem Barock wiederaufgebaut, doch die harmonische Symmetrie der **Renaissance-Fassade** blieb erhalten. In einer Seitenkapelle ruht ein deutscher Kreuzritter, Henrique Alemaõ, der bei der Rückeroberung von den Mauren mitkämpfte.

Azulejo-Fans ist ein Besuch des **ehemaligen Augustinerklosters** nebenan zu empfehlen. Die Fliesenbilder aus dem 18. Jh. zeigen die Einnahme Lissabons durch die Mauren, Könige und Jagdszenen. Kurios sind die Motive aus den Tierfabeln des Franzosen Jean de La Fontaine, die in den Klostergängen in Blau-Weiß auf Kacheln illustriert und mit englischen Erläuterungen beschriftet sind.

› Lg. de São Vicente, Tram 28E bis S. Vicente, tgl. 10–18 Uhr, letzter Einlass 17 Uhr, Eintritt in die Kirche frei, Kloster 5 €, Kinder bis 12 J. frei

17 Panteão Nacional ★★ [Z20]

Die markante weiße Kuppel des Pantheons prägt die städtische Skyline. Von der Aussichtsterrasse eröffnet sich ein kilometerweiter Blick. Neben Staatspräsidenten, Künstlern und Schriftstellern ruht hier auch die Fado-Legende Amália Rodrigues.

Im 16. Jh. stand an der Stelle des Pantheons die **Igreja de Santa Engrácia.** Und damit beginnt auch schon eine **Verkettung von Legenden und Skandalen.** Die Kirche wurde abgerissen, weil ein konvertierter Jude aus der Sakristei geweihte Hostien gestohlen haben soll. Vielleicht hatte er nur ein Rendezvous mit einer jungen Novizin? Jedenfalls prophezeite der unschuldig zum Tode Verurteilte, die Bauarbeiten an der Kirche würden niemals enden. „Obras de Santa Engrácia" galt in der Umgangssprache fortan als geflügeltes Wort für das recht zähflüssige Voranschreiten so mancher Dinge. Der erste Neubau stürzte 1681 ein und bis das nächste Bauwerk fertig wurde, sollte es mehr als 280 Jahre dauern. Die vom ersten Architekten geplante Kuppel wurde erst Mitte des 20. Jh. gebaut.

042lb Abb.: ps

Der 1916 zur **Begräbnisstätte für nationale Helden** erklärte Bau wurde letztendlich nie als Gotteshaus genutzt. An Heinrich den Seefahrer, Vasco da Gama, den Poeten Luís de Camões und den Entdecker Brasiliens, Pedro Álvares Cabral, erinnern monumentale Kenotaphe – leere, rein symbolische Sarkophage –, während am Sarg der 1999 verstorbenen Fado-Sängerin Amália im Raum rechts neben dem Eingang immer frische Rosen liegen.

› Campo de Santa Clara, Tram 28E bis S. Vicente, Bus 734 bis Campo de Santa Clara, www.panteaonacional.gov.pt, April–Sept. Di.–So. 10–18, Okt.–März Di.–So. 10–17 Uhr, letzter Einlass 20 Min. vorher, Eintritt 8 €, Kinder und Senioren 4 €

Obere Altstadt – der Chiado

Im Chiado gibt sich Lissabon mondän, künstlerisch und natürlich zugleich. Elegante Geschäfte, Galerien und Antiquariate verlocken an der Rua Garrett und in ihren Seitenstraßen zum Shoppen. Fernando Pessoa sitzt als Skulpur wie eh und je vor dem Jugendstil-Eingang des Cafés A Brasileira (s. S. 77). Kulturliebhaber kommen in der Oper und in den Theatern auf ihre Kosten, das Museu do Chiado (s. S. 67) zeigt aktuelle Kunstausstellungen. Auch einige der besten Hotels und Restaurants haben sich im Chiado angesiedelt.

18 Largo do Chiado und Praça Luís de Camões ★★ [U21]

Die beiden benachbarten Plätze im Herzen des Chiado sind beliebte Treffpunkte nach dem Shoppen oder vor dem Start ins Nachtleben.

Eine lange Rolltreppe führt zum Ausgang der Metrostation Baixa-Chiado mitten auf den Largo do Chiado. Der Platz liegt zwischen der **barocken Kirche Igreja do Loreto** der italienischen Kaufleute und der **Igreja da Encarnação im Rokoko-Stil.** Auf dem Steinsockel gestikuliert mit einem Arm ein Original aus dem 16. Jh. – **António Ribeiro:** Mönch, Volksdichter, Bauchredner und Stimmenimitator mit dem Spitznamen *Chiado* (Piepser), nach dem der Platz benannt ist.

Vom Kiosk an der Praça Luís de Camões schaut man über den ganzen Platz Richtung Rua Garrett hinab. In der Platzmitte steht die **Bronzestatue des Nationaldichters Luís de Camões** (1524–1580), Poet des Goldenen Zeitalters der Entdecker und Eroberer. Nach dem Vorbild von Vergil verfasste er das bedeutende Volksepos der Renaissance, „Die Lusiaden". Den hohen Sockel auf Treppenstufen umringen Statuen weiterer acht bedeutender portugiesischer Literaten. Zum Essen, Kaffeetrinken oder um die Restaurant- und Barkultur zu bewundern lohnt ein Abstecher in die Rua do Alecrim 70 zum **Palácio Chiado** (s. S. 82).

› **Igreja da Encarnação,** Lg. do Chiado, Metro: Baixa-Chiado, Di.–So. 9–19 Uhr
› **Igreja do Loreto,** Lg. do Chiado, Metro: Baixa-Chiado, Di.–So. 10–17 Uhr

19 Largo do Carmo ★★ [V20]

Der kleine Platz mit Brunnen vor dem Convento do Carmo lädt zu einer Pause an Cafétischen ein. Vor der Polizeikaserne endete am 25. April 1974 Portugals Diktatur.

Die putschenden Militärs umzingelten das **Hauptquartier der Nationalmiliz,** im dem sich der Diktator Marcelo Caetano versteckt hielt. Der Platz füllte sich mit Schaulustigen, die stundenlang Parolen riefen, bis sich Caetano geschlagen gab und mit einem Panzer abtransportieren ließ. Zivilisten steckten als Symbol der friedlichen Revolution Nelken an Uniformen und in Gewehrläufe. Am Largo verloren aber später noch vier Menschen ihr Leben, als die Miliz als Antwort auf die Forderung, politische Gefangene freizulassen, Schüsse abgab. Auf dem heute friedvollen Platz sitzt man im Sommer angenehm im Schatten der Jacaranda-Bäume und kann dem Plätschern des Springbrunnens lauschen. Nebem dem Convento do Carmo führt ein Übergang mit Caféterrasse zum Elevador de Santa Justa 5. Die Dachterrasse Topo (s. S. 78) lädt mit Blick auf den Aufzug und die Dächer der Baixa zum Verweilen ein.

20 Convento do Carmo mit Archäologischem Museum ★★★ [V20]

Das gotische Kirchenschiff des Karmeliterklosters Convento do Carmo, seit dem Erdbeben von 1755 (s. Exkurs S. 108) eine Ruine, ist im Sommer manchmal eine bezaubernde Kulisse für Konzerte.

An der Kasse bekommt man eine Liste mit den Skulpturen und Exponaten in der Ruine, größtenteils archäologische Funde aus Portugal, aber auch aus England und der Schweiz. Ein aufgestellter Spiegel ermöglicht originelle Fotoperspektiven in der **dreischiffigen Kirchenruine** mit den erhaltenen gotischen Gewölbebögen.

Zum **Museu Arqueológico do Carmo** gehören auch die restaurierten Räume (14./15. Jh.) des ehemaligen Refektoriums und der Konventsbibliothek. Die Ursprünge der Sammlung gehen auf den Klostergründer **Nuno Álvares Pereira,** einen Heerführer und Adeligen aus dem 14. Jh., zurück, der dem Karmeliterorden angehörte. Im Jahr 1389 veranlasste er auch den Bau der Klosterkirche. So erfüllte er ein Gelübde zum Dank dafür, dass er 1385 in der Schlacht von Aljubarrota die Unabhängigkeit Portugals von Kastilien erringen konnte und damit König Dom João I. den Weg an die Macht bereitet hatte. Ausgestellt sind u. a. Sarkophage, Ausgrabungsfunde aus Portugal und Südamerika, Mumien, Schrumpfköpfe und ein Modell, das zeigt, wie die Kirche vor dem Erdbeben ausgesehen hat.

› Lg. do Carmo, 4, Elevador de Santa Justa, Metro: Baixa-Chiado, www.museuarqueologicodocarmo.pt, Tel. 213460473, Mai–Sept. Mo.–Sa. 10–19, Okt.–April 10–18 Uhr, Eintritt 5 €, Kinder bis 14 Jahre frei

Das Convento do Carmo (links), Mahnmal einer Naturkatastrophe, und der Largo do Carmo (rechts)

043lb Abb.: ps

140lb Abb.: ps

Ausgehviertel – Bairro Alto

In den Gassen zwischen Rua da Atalaia und Rua do Norte reihen sich Bars, Clubs und Geschäfte. Tagsüber erholen sich die Bewohner vom Trubel des Nachtlebens. Doch das Viertel ist weit mehr als eine Partymeile. Es bietet grüne Oasen wie den Park Príncipe Real, den Miradouro de São Pedro de Alcântara (s. unten) und den botanischen Garten. Auch Kunstliebhaber können hier echte Entdeckungen machen.

21 Largo Trindade Coelho ★ [U20]

Wer an diesem Platz das große Los zieht, hat dies einer kirchlichen Wohltätigkeitsorganisation zu verdanken. Also unbedingt die Statue des Losverkäufers fotografieren und nebenan beten, dass es klappt, mit dem Los.

An der Grenze zum Chiado streichen Einheimische dem **glücksbringenden Losverkäufer** über den Arm oder die

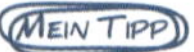

Romantische Aussichten

Im Schatten der Bäume plätschert am **Miradouro de São Pedro de Alcântara** das Brunnenwasser. Eine Büste erinnert an Eduardo Coelho, den Gründer der Tageszeitung *Diário de Notícias*. Das Bairro Alto war lange Zeit Sitz vieler Verlage und in den Bars des Viertels trafen sich die Journalisten. Zwei Etagen einer geometrischen Gartenanlage bieten eine weite Sicht über die Unterstadt bis zum Burgberg, nach Graça und über den Triumphbogen zum Tejo. Die zweite Ebene, so heißt es, wurde errichtet, um die zahlreichen Selbstmorde aus großer Höhe zu verhindern. Parkbänke und Stühle am Kiosk laden zum Ausruhen ein. Wer aber meint, am schönsten Aussichtspunkt der Stadt angekommen zu sein, sollte noch den Miradouro de Santa Catarina besuchen (s. Übersicht über alle Miradouros auf S. 101).

★1 [U20] **Miradouro de São Pedro de Alcântara,** Metro: Restauradores, dann Ascensor da Glória

Einmaliger Rundblick am Miradouro de São Pedro de Alcântara

044lb Abb.: ps

Schulter, bevor sie ihre Lose kaufen. Ein Teil der kleinen Investition in den Traum vom großen Glück geht an soziale Einrichtungen. Schon seit 1783 bessert die katholische Wohltätigkeitsorganisation Santa Casa da Misericórdia de Lisboa am Platz mit der ersten nationalen Lotterie ihr Budget auf. Ihr gehört seit 1786 auch die ehemalige **Jesuitenkirche São Roque.**

22 Igreja und Museu de São Roque ★★★ [U20]

Die prunkvolle Kirche ist dem für Wunderheilungen an Pestkranken verehrten heiligen Rochus von Montpellier geweiht. Die Jesuiten ließen sie ab 1566 von dem italienischen Renaissancebaumeister Filippo Terzi aus Bologna planen. Ein Highlight ist die Kapelle Johannes des Täufers. Auch das Museum ist erstklassig.

Blickfang in der einschiffigen Kirche ist die **Kassettendecke aus Holz**, bemalt mit einem manieristischen Trompe-l'œil. Aus der Kapelle des Vorgängerbaus sind vier Holztafeln eines Altaraufsatzes mit Szenen aus dem Leben des heiligen Rochus erhalten. In den acht Kapellen glitzert es nur so von vergoldetem Schnitzwerk.

Das wertvollste Zeugnis aus der Renaissance ist die **Kapelle Johannes des Täufers** (vorne links). Die Kapelle ließ König Dom João V. 1742 in Rom fertigen, vom Papst weihen und auf drei Schiffen nach Lissabon bringen. Zu den zahlreichen an der Gestaltung beteiligten Italienern gehörte auch Nicola Salvi, der Bildhauer des Trevi-Brunnens in Rom. Verwendung fanden Marmor, Jade, Lapislazuli und Elfenbein, finanziert mit Gold aus den Kolonien.

Neben der Kirche lohnt ein Besuch des **Museu de São Roque** im ehemaligen Jesuitenkloster und späteren Armenhaus mit Findelkindstation der Santa Casa da Misericórida de Lisboa. Es zeigt sakrale Kunst, darunter Skulpturen des heiligen Antonius, der heiligen Katharina, einen Reliquienschrein aus Japan und Gemälde. Das Museum bietet auch englischsprachige Führungen (samstagnachmittags) durch die **Kirche und die Grabkapelle des Convento de São Pedro de Alcântara** (2,50 €, ohne Führung gratis), schräg gegenüber in der Rua São Pedro de Alcântara 85. Dekoration und Gemäldesammlung aus dem Kloster von Mafra stammen aus dem 17. Jh.

› Lg. Trindade Coelho, Metro: Baixa-Chiado, https://mais.scml.pt/museu-saoroque, Tel. 213235065, **Kirche:** Di.–So. 10–18, Messe So. 12.30 Uhr, Eintritt frei, **Kapelle des hl. Johannes:** Eintritt 1,50 €, **Museum:** Di.–So. 10–18, Eintritt 2,50 €, So. bis 14 Uhr frei

23 Convento dos Cardaes ★★★ [T20]

Das Kloster zeigt eine faszinierende Kunstsammlung.

Im Kreuzgang von 1677 sind die Gräber der letzten Barfüßigen Karmeliterinnen mit Ziffern gekennzeichnet. Nach der von der Königin angeordneten Schließung der Klöster im Jahr 1834 durften die Klausurnonnen bis zu ihrem Tod bleiben. Heute verwaltet der Dominikanerorden das Kloster. Einige wenige Nonnen leben noch hier und kümmern sich um rund 35 Frauen in Not oder mit Behinderung.

Die Witwe und Gründerin Dona Luísa de Távora (1609–1692), damals eine der reichsten Frauen Lissabons, vererbte dem Kloster ihr Vermögen und veranlasste ihren Neffen, die 1703 vollendete Klosterkirche prunkvoll auszustatten. Bis in 3,40 m

Höhe sind die Wände mit **Fayencefliesen** aus der Rotterdamer Werkstatt des Fliesenmalers Jan van Oort geschmückt. Insgesamt sind **über 6200 einzelne Kacheln** zu sehen. Sieben der Wandbilder stellen Szenen aus dem Leben der heiligen Teresa von Ávila dar. Besonders reizend ist die Darstellung der spielenden, ringenden oder musizierenden Putten. Hinter dem Eisengitter im oberen Chor nahmen die Nonnen ungesehen am Gottesdienst teil. Dieser Raum ist mit portugiesischen Kacheln aus dem 17. Jh. ausgekleidet, die im Vergleich zu den holländischen opulenter gestaltet sind. Ein Kuriosum ist die **Reliquie eines Pilgers,** dessen Körper niemals verweste. Die Holzskulptur des vom Kreuz in Marias Schoß fallenden Jesus auf der Treppe zu den Museumsräumen ist so vom Holzwurm angefressen, dass die Körperteile einzeln abzufallen drohen.

Das Museum zeigt sogenannte *Freiráticos,* filigrane Handarbeiten aus vergoldetem Papier, eine Mode des 17./18. Jh. Ausgestellt ist auch ein **tragbarer Altar für Schiffsreisen.**

Viele Exponate weisen Einflüsse anderer Kulturen auf, die in die sakrale Kunst integriert wurden. So kann man sich über eine Elfenbeinfigur der Maria mit Mandelaugen wundern. Eine andere Marienfigur besitzt die schlangenhaft-bewegliche Pose einer indischen Tänzerin.

› R. do Século, 123, Bus 758 bis Príncipe Real, Tel. 213427525, www.conventodoscardaes.com, Mi.–Mo. 10–13, 14–17 Uhr, deutsch- oder englischsprachige Führungen kann man unter visitas@conventodoscardaes.com anfragen, Eintritt 5/3 €, Familienticket 15 €

24 Reservatório da Patriarcal ★★ [T19]

Ein Ausflug in die Unterwelt Lissabons lässt sich unter dem beliebten Park Príncipe Real unternehmen – und zwar im wahrsten Sinne des Wortes. In der Mitte des Parks führt eine Treppe hinab in einen riesigen Wasserspeicher aus dem 19. Jh.: den Reservatório da Patriarcal.

Das heutige Museum bietet Führungen durch das **unterirdische Kanalsystem.** Es reicht kilometerweit bis zum Aquädukt (s. unten). Die im Sommer angenehm kühlenden Führungen enden nach ca. 40 Minuten auf der oberen Plattform des Miradouro de São Pedro de Alcânta-

Wasser für Lissabon

Über ihren Aquädukt reden die „Lisboetas" gerne. Mit Vergnügen geben sie folgende **Legende** zum Besten: Zum Zeichen ihrer Liebe formte eine Wirtin für den Architekten mit beiden Händen ein Herz. Er sah die Bögen seines künftigen Bauwerks vor seinem inneren Auge und bestellte in einer Pastelaria ein Modell aus Zuckerzeug, um den König von seiner Idee zu überzeugen. Ob dies die Ursprünge für eine für das 18. Jh. enorme Ingenieursleistung sind? Jedenfalls war das Wasser knapp und es musste etwas getan werden.

Den Bau des **Aqueduto das Águas Livres** („Aquädukt der freien Wasser"), der dem Großen Erdbeben (s. Exkurs S. 108) standhielt, realisierte ab 1731 Cláudio Gurgel do Amaral nach den Plänen des italienischen Architekten Antonio Canevari. Von 1748 bis 1967 floss das Wasser über die neue Wasserleitung aus dem 19 km entfernten Queluz in den Stadtteil Amoreiras.

ra (s. S. 42). **Galeria Loreta** heißt die **Verbindung bis zum Reservatório da Mãe d'Água das Amoreiras** an der Praça das Amoreiras. Nasse Füße bekommt man nicht, denn die Brunnen im Bairro Alto und im Chiado werden nicht mehr über diese Galerien gespeist. Über 9 m hohe Säulen stützen den Raum des Reservoirs unter dem Príncipe Real, eine versteckte, aber fantastische Kulisse für Ausstellungen, Konzerte und kulturelle Events.

Die Bewohner des Bairro Alto kommen gern zum Lesen und Schwatzen in den **Jardim do Príncipe Real** oberhalb des Wasserresevoirs. Der Kiosk im Schatten einer jahrhundertealten Zeder ist ein beliebter Treffpunkt.

› **Reservatório da Patriarcal,** Jardim do Príncipe Real, Metro: Rato u. Restauradores, Ascensor da Glória, Bus 758 bis Príncipe Real, www.epal.pt (über „Museu da Água"/„informações-úteis"), Tel. 218100215, Mi.–Fr. 10–16, Sa., So. 10–14 Uhr, Führungen Galeria de Loreto Fr. um 15 Uhr und 1. und 4. Sa. im Monat 11 Uhr (6 €), telefonische Anmeldung unter 218100215 oder per E-Mail (mda.epal@adp.pt), Eintritt 2 €

25 Jardim Botânico ★ [T19]

Gegenüber vom Jardim do Príncipe Real liegt der 1878 angelegte Botanische Garten. Die Besucher dieser Oase der Ruhe treten sich wahrlich nicht gegenseitig auf die Füße. Der

Dies war damals die geografisch am schwersten zu überbrückende Strecke für das **städtische Trinkwasser,** das bis heute der 100 km entfernte Rio Alviela liefert. Der höchste der 35 gotisch inspirierten Kalksteinbögen des Bauwerks ist 65 m hoch. Am spektakulärsten überspannt der Aquädukt auf 900 m Länge das **Tal von Alcântara.**

Heute können Besucher wie schon in Wim Wenders' Film „Lisbon Story" über den Aquädukt spazieren und die **Aussicht auf das ehemalige Ganovenviertel** genießen (Calçada da Quintinha, 6). Denn nun braucht niemand mehr Angst zu haben, von den Raubmördern bestohlen und ins Tal geworfen zu werden.

Am Ende des Aquädukts in Amoreiras fing die sogenannte **„Mutter des Wassers" (Mãe D'Água)** das Wasser in einem Speicher auf und verteilte es durch unterirdische Galerien auf rund 50 öffentliche Brunnen in der Stadt. Von hier trugen einst fleißige galizische Einwanderer das Wasser in Fässern auf dem Rücken zu den Haushalten. Der Reservatório da Patriarcal 24 in der Oberstadt entstand erst 1860.

Ende des 19. Jh. verbesserte ein dampfbetriebenes Wasserwerk, die Estação de Barbadinhos, die Wasserversorgung. Dort hat heute das **Wassermuseum** (Museu da Água, s. S. 66) seinen Hauptsitz. Das Nebengebäude beherbergt die moderne Technik der heutigen städtischen Wasserwerke.

› **Aqueduto das Águas Livres,** Eingang über Cç. da Quintinha, 6, im Stadtteil Campolide, Bus 702 bis Cç. dos Mestres, Di.–So. 10–17.30 Uhr, Eintritt 4 €

★**2** [R18] **Reservatório da Mãe D'Água das Amoreiras,** Pr. das Amoreiras, 10, Metro: Rato, Bus 774 bis Jardim das Amoreiras, Tel. 213251644, Di.–So. 10–13.30 Uhr, Eintritt 4 €

› **Führungen** jeweils 6 € (nach Anmeldung)

Garten erstreckt sich über 4 ha an einem steilen Hang bis zur Avenida da Liberdade 26 hinunter, hat aber dort keinen Ausgang. Die Palmen und der **subtropische Baumbestand** imponieren, es gibt auch **Gewächshäuser.** Viele Pflanzen brachten Seefahrer aus fernen Ländern mit, aber auch vorher war der Garten schon ein Ort der von Mönchen betriebenen Pflanzenforschung. Auf dem Weg zum Eingang kommt man an dem historischen Gebäude des **Museums für Naturwissenschaften** der Universität vorbei, wo ab und zu auch Sonderausstellungen zu sehen sind.

› R. da Escola Politécnica, 58, Metro: Rato, www.mnhnc.ul.pt, Di.–Fr. 10–17, Sa., So. 11–18 Uhr, Garten im Sommer 9–20 Uhr, Eintritt Garten: 5 €, Museum: 6 €, Kombiticket: 8 €, So. 10–13 Uhr Eintritt frei

Von der Avenida da Liberdade zu den Avenidas Novas

Am Ende des Parque Eduardo VII bietet eine Aussichtsplattform einen Panoramablick zurück über die Avenida da Liberdade bis zum Tejo. Nicht weit entfernt liegen die Museen der Gulbenkian-Stiftung, Magnete für Kunst- und Kulturliebhaber. Die langen Achsen der Avenidas Novas, die sternförmig vom Platz Praça Marquês de Pombal ausgehen, entstanden Anfang des 20. Jh.

einander. Mittags schwärmen die Angestellten in die zahlreichen Restaurants in den Seitenstraßen aus. Bei einem Abstecher lassen sich z. B. das **Filmmuseum Cinemateca Portuguesa** (s. S. 64) und die **Praça da Alegria** [U19] entdecken. Der hübsche Platz mit einem kleinen Park ist dem Komponisten der portugiesischen Nationalhymne „A Portuguesa" gewidmet: Alfredo Keil (1850–1907).

26 Avenida da Liberdade ★★ [U19]

Lissabons Champs-Élysées erstreckt sich von der Baixa über ca. 1,5 km bis zum großen Verkehrskreisel an der Praça Marquês de Pombal. Im Sommer laden Bänke an lichtdurchfluteten Platanenalleen zum Pausieren ein. Abends chillen an den Kiosken die Nachtschwärmer.

Kleine Brücken führen über einen Bachlauf, der noch von der ursprünglichen Gartenanlage aus dem 18. Jh. übrig geblieben ist. Rechts und links der Prachtstraße reihen sich **Nobelhotels und Schaufenster** renommierter Nobelmarkenanbieter an-

27 Casa – Museu Medeiros e Almeida ★★ [T18]

Schöne, kuriose und teure Dinge, die Königinnen und hohem Adel gehörten, sammelte der frühere Besitzer dieser Stadtvilla in einer Seitenstraße der Avenida da Liberdade offensichtlich wie ein Besessener.

Der **Bankier António de Medeiros e Almeida** (1895–1986) legte sein Geld mit Leidenschaft in Kunst und Antiquitäten an. 1972 gründete er eine Stiftung und verwandelte das Haus, in dem er 30 Jahre lang gelebt hatte, in ein Museum. Portugiesische Möbel, chinesisches Porzellan, Terrakottafiguren der Han-Dynastie, hol-

045lb Abb.: ps

ländische und flämische Gemälde aus dem 16. und 17. Jh., Vasen, Gläser, Tafelsilber, Wandteppiche und Schmuck sind in 25 Räumen zu bewundern. Zum Haus gehören eine Kapelle und ein Klaviersaal und der ungewöhnliche, mit Azulejos von 1750 verzierte *Sala do Lago* (Raum des Sees) mit einem italienischen Marmorbrunnen in der Mitte. Vom Sammlerglück des reichen Bankiers zeugt auch die **Standuhrensammlung**, darunter eine Uhr, die einst Sissi von Österreich gehörte, und die mit einer Öllampe von innen beleuchtete Nachtuhr von Catarina de Bragança, der Frau des englischen Königs Karl II.

› R. Rosa Araújo, 41, Metro: Marquês de Pombal, www.museumedeiroseal meida.pt, Tel. 213547892, Mo.–Sa. 10–17 Uhr, Eintritt 6 €, bis 18 Jahre frei, bei Wechselausstellungen 1 € mehr

⌃ *Die Avenida da Liberdade ist im Sommer eine grüne Oase mit viel Schatten*

28 Parque Eduardo VII und Estufa Fria ★★ [S16]

Die ca. 25 ha große Grünfläche im Anschluss an die Avenida da Liberdade ist ab und zu Schauplatz für Konzerte. Der mit symmetrischen Hecken bepflanzte Park ist die grüne Lunge zwischen der alten und neuen Stadt.

Der Park erhielt seinen Namen nach einem **Staatsbesuch des britischen Königs Edward VII.** im Jahr 1903. Seine Hauptattraktion ist die *Estufa Fria* („Kaltes Gewächshaus“). Die Idee, in einem alten Steinbruch ein Gewächshaus und eine Landschaft mit Brunnen, Teichen und Grotten zu errichten, stammt von dem portugiesischen Maler Raul Carapinha. 1933 eröffnete das Kalthaus, das mithilfe einer Struktur aus Holz so schattig konstruiert ist, dass es im Sommer vor der Hitze schützt. Von hier führt ein Kiesweg zu zwei „wärmeren“ Gewächshäusern für tropische Pflanzenarten und Kakteen.

Auf dem Hang an der gegenüberliegenden Parkseite steht der **Pavilhão Carlos Lopes**, ein 1932 für Sportveranstaltungen eröffneter Stadtpalast, benannt nach einem portugiesischen

Athleten. Er ist mit Kachelbildern mit Motiven zur Geschichte der Seefahrer geschmückt und seit seiner Renovierung Schauplatz von Konferenzen und Veranstaltungen.

› **Estufa Fria,** Parque Eduardo VII, Tel. 218170996, Okt.-März tgl. 10-17, April-Sept. tgl. 10-19 Uhr, Eintritt 3,25 €, erm. 1,63 €, So. bis 14 Uhr Eintritt frei

29 Casa – Museu Dr. Anastácio Gonçalves ★ [U14]

Eigenwillige Architektur und erlesener Kunstgeschmack treffen hier zusammen. In seiner Jugendstilvilla sammelte Gulbenkians Augenarzt Gemälde und Antiquitäten.

Das Haus ist eine dezent mit Azulejos verzierte Jugendstilvilla von 1904 mit einem Eisentor in Schmetterlingsform und kunstvollen Bleiglasfenstern, die der erste Besitzer José Malhoa, ein Maler, in Paris bestellte. Bis 1965 wohnte hier der reiche Augenarzt und Sammler Anastácio Gonçalves. Als er starb, wurde das Haus ein staatliches Museum mit rund 2000 wertvollen Kunstobjekten. Im Atelier und in der Galerie hängen Gemälde aus dem 19. und 20. Jh., vor allem von Malhoa und befreundeten Malern. Kenner kommen wegen der bedeutenden Sammlung blau-weißen Porzellans aus China aus dem 16. und 17. Jh. Zu sehen sind zudem wertvolle Möbel, Skulpturen und Münzen.

› Av. 5 de Outubro, 6/8, Metro: Picoas, Bus 21, 36, 44, 49, 83, 90, 720, 727, 732, 738, 745, Tel. 213540823, Di.-Sa. 10-13, 14-16.30, So. 10-13, 14-18 Uhr, Eintritt 5 €, ermäßigt 2,50 €

Museu Calouste Gulbenkian: ein Highlight für Kunstliebhaber

30 Museu Calouste Gulbenkian ★★★ [S13]

Hätte Lissabon den Ölmilliardär Calouste Gulbenkian nicht mit gastfreundlichen Armen aufgenommen, hätte die Stadt in Sachen Kunst wesentlich weniger zu bieten. Im Sommer verbringen viele „Lisboetas" gern ihre Mittagspause im weitläufigen Garten der Stiftung mit seinen Wiesen, Bänken und Ententeichen. Er ist eine grüne Oase mit Terrassencafé am Wasserbecken. Beliebt sind auch die Open-Air-Konzerte im Amphitheater auf dem Gelände der Stiftung.

Der Kunstmäzen Calouste Sarkis Gulbenkian, der 1869 als Kind armenischer Eltern nahe Istanbul geboren wurde und 1902 die britische Staatsangehörigkeit annahm, galt zeitweilig als einer der reichsten Männer der Welt. Er ging als **„Mr. Five Percent"** in die Geschichte ein: Vor dem Ersten Weltkrieg erwarb er auf dem Gebiet der heutigen Türkei die Ölbohrrechte und blieb fortan an allen Ölgeschäften mit 5 % beteiligt. In seinem Pariser Stadtpalast, wo er lange Zeit lebte, sammelte er Kunstschätze. 1942 versuchte die britische Regierung, sein Vermögen zu beschlagnahmen, und Lissabon gewährte ihm Asyl. In seinem Todesjahr 1955 gründete er die **Gulbenkian-Stiftung** und **vererbte der Stadt seine Kunstsammlung** und einen großen Teil seines Vermögens.

Die Stiftung hat ein eigenes Konferenzzentrum, eine Bibliothek, ein eigenes Orchester, vergibt Stipendien und unterstützt Filmproduktionen und Forschungsprojekte. Das **Museu Gulbenkian** eröffnete 1969, zum 100. Geburtstag des Stifters. In einem funktionalen Betonbau führt der Museumsrundgang zeitlich und geografisch geordnet durch 17 Abteilungen.

Die ältesten Exponate (2800 v. Chr.) stammen aus Ägypten. Gulbenkian sammelte klassische Kunstwerke aus dem alten Rom und Griechenland und hatte ein **Faible für Kunst aus Armenien und dem Orient.** Ein Großteil der armenischen Kacheln, Vasen und Teppiche gehen auf das 12.–18. Jh. zurück. Zu bewundern sind auch chinesisches Porzellan, Lackwaren aus Japan und ein japanischer Paravent.

Die Säle 7 bis 17 sind der **europäischen Kunst** gewidmet. Zu den Highlights der Bildhauerei zählt eine Jungfrau mit dem Kind, die der Künstler Jean de Liège im Mittelalter für Karl V. angefertigt haben soll. Aus dem 18. Jh. stammt die schneeweiße marmorne Diana von Jean-Antoine Houdon. Gulbenkian besaß auch die Bronze von Jean d'Aire, Bürger aus Calais, an der Auguste Rodin elf Jahre gearbeitet hatte. Ausgestellt sind Werke von Rogier van der Weyden, Frans Hals, **Rubens, Rembrandt und van Dyck** ebenso wie von den **Impressionisten** Manet, Monet, Degas und Renoir. Im zentralen Raum mit dekorativer Kunst und Möbeln des 18. Jh.aus Frankreich und Flandern hängt ein **riesiger Wandteppich** mit tanzenden Putten aus Mantua von 1540. Mit Gold- und Silberfäden auf Holz sind Karikaturen von Giulio Romano, einem Schüler Raffaels, nachempfunden. In Paris gehörte René Lalique zu Gulbenkians Freundeskreis. Von ihm erwarb er den **exzentrischen Jugendstilschmuck**, den das Museum in Glasvitrinen ausstellt.

Die Stiftung erweitert ihre Sammlung kontinuierlich, engagiert sich in Kunst und Kultur und legt ihr Vermögen weiterhin gewinnbringend an. Ein Spaziergang durch den hübschen Garten führt am **Amphitheater** vorbei zum **Centro de Arte Moderna**, das 1983 eröffnete und bis 2021 saniert wurde.

047lb Abb.: ps

Es soll künftig auf großzügigem Raum Wechselausstellungen zeigen, ist allerdings derzeit noch geschlossen.

› **Museu Calouste Gulbenkian**, Av. Berna, 45 A, Metro: S. Sebastião u. Pr. de Espanha, https://gulbenkian.pt/museu, Tel. 217823000, Mi.–Mo. 10–18 Uhr, Eintritt Kombiticket mit Centro de Arte Moderna 10 €, Sammlungen und Ausstellungen 12 €, So. ab 14 Uhr frei

› **Centro de Arte Moderna**, R. Dr. Nicolau Bettencourt, Metro: S. Sebastião u. Pr. de Espanha, Tel. 217823474, **zum Zeitpunkt der Drucklegung (Anfang 2024)** noch bis auf Weiteres **geschlossen**

31 Praça de Touros do Campo Pequeno ★ [U11]

Lissabons **Stierkampfarena** belebt das moderne Stadtviertel. Sie hat eine traditionelle Form, ist aber eine moderne, multifunktionale Eventhalle. Auch Shops und ein Kino sind integriert. Nachdem die alte Stierkampfarena zu klein geworden war, wurde innerhalb von zwei Jahren bis 1982 aus roten Ziegeln eine größere im Neo-Mudéjar-Stil erbaut. Türkisfarbene Türme krönen den Bau. Im Sommer dient die runde Arena mit gut 40 m Durchmesser bis heute als Austragungsort für Stierkämpfe. Anders als in Spanien werden die Stiere in Portugal bei Stierkämpfen nicht getötet. Bei einer Renovierung 2006 bekam die Arena ein Dach. Die Tribünen bieten auch bei anderen Veranstaltungen, etwa Konzerten, rund 10.000 Menschen Platz.

› Av. da República/Campo Pequeno, Metro: Entrecampos u. Campo Pequeno, Tel. 217998450, www.campopequeno.com/tauromaquia/historia/a-praca-de-toiros, Tickets für Events online, Museum Eintritt frei

MEIN TIPP

Traumhafter Stadtpalast für Azulejo-Fans

Wer für Kacheln schwärmt, sollte die Anfahrt zum **Palácio dos Marqueses de Fronteira** nicht scheuen. Detailgetreu und zuweilen fast wie ein Comic dokumentieren die Azulejo-Wände im *Sala das Batalhas* die Schlachten, die Portugal im 17. Jh. führte, um von Spanien unabhängig zu werden. Die Kacheln im Garten und auf der Terrasse zeigen Motive aus der griechischen Mythologie, die Jahreszeiten und vermenschlichte Fabeltiere. Der Nachkomme des Marquês wohnt noch im Palast.

★3 [M12] **Palácio dos Marqueses de Fronteira,** Lg. de São Domingos de Benfica, 1, Metro: Jardim Zoológico, dann Bus 770 bis Palácio Marquês de Fronteira, Tel. 217782023, www.fronteira-alorna.pt, vor dem Besuch telefonisch oder online anmelden, Juni–Sept. nur mit Führung (auf Englisch) 10, 11.30, 13, 14.30 und 16 Uhr, 14 €, Okt.–Mai nur Gärten geöffnet, 9.30–18 Uhr, Eintritt Gärten 6 €, Audioguide Gärten 3 €, Tickets für Konzerte s. Website

Der Westen

Die Straßenbahn 28 ist das beliebteste Verkehrsmittel für einen Ausflug in den Westen Lissabons, zwischen Chiado und Campo de Ourique. Wer bis zum Palácio de São Bento (Parlamentsgebäude) fährt, kann in der Rua de São Bento neben Antiquitätenläden das Museum der Fado-Legende Amália Rodrigues (s. S. 64) entdecken. Der nächste Halt ist die reich mit Skulpturen geschmückte Kuppelkirche Basílica da Estrela. Es lohnt sich auch, eine Pause im Jardim da Estrela gegenüber einzulegen, einem der schönsten Parks Lissabons. Weiter den Hügel hoch führt die Straßenbahnlinie durch Campo de Ourique bis zum Friedhof Cemitério dos Prazeres. Mit der Cascais-Linie oder Tram 15E erreicht man weitere Highlights im Westen: das Museu Nacional de Arte Antiga, das Museu do Oriente und die Bars und Restaurants der Docas de Santo Amaro [M24] unter der roten Brücke Ponte 25 de Abril.

32 Basílica da Estrela ★★ [Q20]

Die Kuppel der Basilika der Königin Dona Maria I. ragt als Orientierungspunkt aus Lissabons Häusermeer heraus. Wer fit genug ist, sollte die Wendeltreppe im Glockentum erklimmen. Erholung verspricht der Jardim da Estrela gegenüber.

Schon von Weitem leuchten die helle Kuppel und die beiden **Türme aus weißem Alcântara-Kalksandstein** der Sternbasilika. Königin Maria I. ließ sie 1779 nach dem Tod ihres Mannes im spätbarocken Stil auf einem Hügel errichten. Die klassizistischen Elemente stammen von Reinaldo Manuel, der auch am Bau des Klosters von Mafra, nordwestlich von Lissabon, beteiligt war. Die **zahlreichen Marmorstatuen** an der Fassade und im Innern fertigte die Bildhauerschule von Machado de Castro. Eine der Krippen des Meisters gehört zu den Sehenswürdigkeiten der Kirche. Den Hochaltar gestaltete der italienische Maler Pompeo Batoni.

Bei ihrer Hochzeit mit ihrem Onkel Dom Peter III. im Jahr 1760 hatte Königin Maria I. um die Geburt eines Thronfolgers gebeten und versprochen, zum Dank eine große Kirche und ein Kloster für den Karmeliterorden bauen zu lassen. Sie weihte den Bau dem frommen Herzen Jesu, daher heißt die Basilika auch **Coraçao de Jesus.** Ihr Sohn Dom João starb 1792, zwei Jahre, nachdem die Kirche fertig war. Maria, die vor ihrem Tod im Jahr 1816 wahnsinnig wurde, liegt heute in ihrem Sarkophag im rechten Querschiff der Basilika.

Die **hohe Kuppel über dem Kreuzgang** lässt viel Licht in das mit weißem, grauem und rosafarbenem Marmor ausgekleidete Gotteshaus. Durch einen der Glockentürme kommt man über eine Wendeltreppe mit 114 Stufen bei einer Führung bis auf das Kirchendach.

Anschließend kann man sich auf den Wiesen am Ententeich im **Jardim da Estrela** (von 1852) ausruhen. Familien des Viertels verbringen Stunden auf dem Spielplatz und alte, tropische Bäume spenden Schatten. Am Musikpavillon gibt es ab und zu Konzerte. Der Kiosk am Teich mit großer Terrasse ist ein beliebter Treffpunkt.

› **Basílica da Estrela,** Lg. da Estrela, Tram 25E u. 28E bis Estrela, tgl. 8–13 u. 15.30–19 Uhr, bis 17 Uhr alle 30 Min. Führungen auf die Dachterrasse, Eintritt in die Kirche frei, Führung 6 €

› **Jardim da Estrela,** R. da Estrela, Tram 25E u. 28E bis Estrela, im Sommer tgl. 7–24, im Winter tgl. 7.30–22 Uhr

33 Casa – Museu Fernando Pessoa ★★ [Q19]

Der Schriftsteller Fernando Pessoa (1888–1935) verbrachte in diesem Gebäude seine letzten Lebensjahre.

Original erhalten sind Pessoas Brille, seine Schreibmaschine und 1200 seiner Bücher. Das architektonisch moderne Museum dokumentiert mit **Zitaten, historischen Fotos und Büchern** auf drei Etagen Pessoas Lebensweg und literarisches Schaffen. Es ist faszinierend, einige Identitäten der insgesamt 17 Heteronyme Pessoas zu entdecken: Persönlichkeiten, die der Schriftsteller erfand und zu Autoren und Erzählern einiger seiner Werke machte. So ließ er für Ricardo Reis und Ricardo Caeiro sogar ein Horoskop erstellen und gestaltete Visitenkarten für seine multiplen Fantasiegestalten. Die Bibliothek fasst ca. 20.000 Bücher, auch einige deutsche, sowie Liebesbriefe an Ophélia, Pessoas erste und einzige Geliebte.

› R. de Coelho da Rocha, 16, Tram 25E u. 28E bis R. Saraiva Carvalho, www.casafernandopessoa.pt/pt/cfp, Tel. 213913270, Di.-So. 10–18 Uhr, letzter Einlass 17 Uhr, Eintritt 5 €, 13–25 J. 2,50 €, Führungen (online buchbar) 6 €

MEIN TIPP

Die Markthalle von Campo de Ourique

Die Markthalle des hübschen Arbeiterviertels, der **Mercado de Campo de Ourique** (s. S. 96), mit Baumalleen, Azulejo- und Art-déco-Fassaden ist ein beliebter Treffpunkt für Gourmets. Zwischen den traditionellen Marktständen kann man in Cafés und Bars Meeresfrüchte, Sushi, Delikatessen, Weine und Champagner probieren. Die 1951 erbaute Kirche gegenüber ist typisch für die Architektur unter Salazar.

MEIN TIPP

Prominentenfriedhof Cemitério dos Prazeres

Entlang den Alleen mit hohen Zypressen bilden auf dem Lissaboner Pendant zum Pariser Friedhof Père Lachaise kleine, kapellenartige Häuser lange Reihen. Es sind die **Grabstätten reicher und bedeutender Lissabonner Familien** aus Politik, Wirtschaft und Kunst. Ihre Särge und Urnen kommen nicht unter die Erde, sondern in die langen Regale der Familienkapellen. Durch manche Glasfenster oder offene Türen kann man sie sehen. Oft stellen die Hinterbliebenen Fotos, Blumen und persönliche Erinnerungsstücke auf. Einige Tempel dieser Totenstadt sind auch unterkellert, weil die Begräbniskapellen sich als nicht groß genug erwiesen. Seit einer Choleraepidemie 1833 ist das weitläufige Gelände am Hang mit Tejo-Panorama ein Friedhof. Sein Name „Friedhof der Freuden" gibt Rätsel auf. Es heißt, der Cemitério dos Prazeres sei lange Zeit ein beliebter Picknickort gewesen.

★4 [O20] **Cemitério dos Prazeres,** Pr. São João Bosco, Tram 25E u. 28E bis Campo de Ourique, Tel. 213961511, Okt.–April tgl. 9–17, Mai–Sept. tgl. 9–18 Uhr

047lb Abb.: ps

34 Museu Nacional de Arte Antiga ★★★ [Q23]

Besuchermagnet sind das Altarbild „Die Versuchungen des heiligen Antonius" von Hieronymus Bosch, das Porträt des heiligen Hieronymus von Albrecht Dürer und Werke von Hans Holbein, Lucas Cranach, Diego Velázquez und Pieter Brueghel d. J. Auch Meisterwerke der portugiesischen Malerei und dekorative Kunst von Portugal bis Japan sind vertreten.

Sitz des Museums für Alte Kunst ist seit 1984 der ehemalige Palast des Grafen Alvor. Später gehörte das Haus der Familie des Marquês de Pombal. In das Untergeschoss des Neubaus aus den 1940er-Jahren, der sich an den alten Palast anschließt, wurde die mit Azulejos verkleidete, **barocke Kapelle des Karmeliterklosters** von 1584 integriert. Das Museum stellt rund 3000 Werke aus, die übrigen 37.000 lagern in den Archiven unter dem Gebäude. Sie stammen aus dem Besitz der Königsfamilie und des ehemaligen Klosters. Das Museum hat Richtung Tejo einen herrlichen **Skulpturengarten mit Café.**

Zu Beginn des Rundgangs erinnern niedrige Möbelstücke an den Einfluss maurischer Wohnkultur. Neben filigran gearbeiteten indoportugiesischen Möbeln, Tapisserien und kuriosen Behältern für Monstranzen (Hostiengefäße) sind die **japanischen Wandschirme** aus dem 16. Jh. sehenswert. Ein Glanzstück der Kunstfertigkeit portugiesischer Goldschmiede ist die **Monstranz aus dem Hieronymus-Kloster** 36. Interessant sind diverse

◁ *Blick vom Friedhof Prazeres zur Cristo-Rei-Statue (s. S. 102)*

Modellvarianten für die Reiterstatue auf der Praça do Comércio 1 – aus Gold, mit Löwen statt Elefanten etc. Der Marquês de Pombal ließ sie, wie seine eigene Statue, von der Bildhauerschule Machado de Castro anfertigen.

Das Museum widmet sich der Forschung und aufwendigen Erhaltung seiner wertvollen Gemäldesammlung europäischer Malerei des 14. bis 19. Jh. Ganze zehn Jahre dauerte z. B. die Restaurierung von **sechs Gemälden des Altars des hl. Vinzenz (15. Jh.)**, die usprünglich im Kloster São Vicente de Fora 16 hingen. Forscher schreiben das Werk Nuno Gonçalves zu, dem Hofmaler von Dom Afonso V. Bemerkenswert sind die detailgetreuen Porträts der insgesamt 58 Figuren, die den Stadtheiligen umgeben – Mitglieder des Hofstaats, Adels und Klerus. Neben maurischen Rittern, dem Erzbischof von Lissabon, König Afonso V., Königin Isabel und Heinrich dem Seefahrer hat sich der Maler offenbar auch selbst dargestellt. Das Triptychon der **„Versuchungen des heiligen Antonius" von Hieronymus Bosch** beeindruckt nicht zuletzt durch den Kontrast des Gemäldes, das seinerzeit nur an besonderen Feiertagen zu sehen war, mit der nüchternen, schwarzweißen Rückseite der Altarklappen, die Kreuzigungsszenen aus Golgatha zeigt. Sehenswert sind auch die Bilder unbekannter portugiesischer Meister, z. B. das Gemälde „Hölle", auf dem entblößte Leiber in einem Kessel schmoren.

› R. das Janelas Verdes, Bus 713, 714 u. 727 bis R. das Janelas Verdes (Museu Nacional de Arte Antiga), Cascais-Linie oder Tram 15E bis Santos, www.museudearteantiga.pt, Tel. 213912800, Di.–So. 10–18 Uhr, Eintritt 10 €

35 Museu do Oriente ★★ [023]

Das Orientmuseum an den Docks von Alcântara liegt in einem 100 m langen, modernistischen Gebäude, in dem früher Stockfisch und Obst lagerten. Viele Exponate zeigen den Einfluss der portugiesischen Seefahrt auf die fernöstliche Kunst. So ist z. B. auf einem japanischen Paravent abgebildet, wie die langnasigen Portugiesen ihre Schiffe verlassen.

Für den Bau des Museums investierte die 1988 gegründete **Fundação Oriente**, deren Einnahmen lange Zeit aus den Spielkasinos von Macao stammten, rund 30 Mio. €. Die von der Stiftung auf Auktionen und bei Antiquaren erworbene hauseigene Sammlung umfasst 1400 Ausstellungsstücke, vorwiegend aus **Indien, Macao, China, Japan und Osttimor** – unter anderem indoportugiesische Möbel, handbemaltes Porzellan, Seidengewänder, Holzmasken, Ritterrüstungen, Schwerter und Monstranzen aus der Zeit der Christianisierung Indiens. Alles ist auf Englisch beschriftet.

Besonderer Stolz des Museums ist eine **Erstausgabe der „Lusiaden" von Luís de Camões** aus dem 16. Jh., ein Loblied auf die Eroberungsfahrten der Portugiesen im Stil von Homers Odyssee. Im zweiten Stock widmet sich die **Sammlung Kwok On**, die der französische Sinologe Jacques Pimpaneau zusammentrug, den asiatischen Religionen sowie dem Marionetten- und Schattentheater. Sie umfasst über 13.000 Exponate, gezeigt werden ca. 650 aus allen asiatischen Ländern von der Türkei über Java bis Japan.

Auf der Website sind unter „Agenda" Konzerte, Yogakurse, Workshops für orientalischen Tanz und weitere spannende Angebote gelistet, die regelmäßig im Museum stattfinden.

› Av. de Brasília 352/Doca de Alcântara, Bus 712, 714 u. 728 bis Alcântara, Cascais-Linie bis Alcântara, www.foriente.pt, Tel. 213585200, Di.-So. 10-18, Fr. 10-20 Uhr, Eintritt 6 €, 6-12 J. 2 €, Fr. 18-20 Uhr Eintritt frei

MEIN TIPP

LX Factory

Die Gebäude und das Gelände einer **ehemaligen Textilfabrik** unterhalb der Ponte 25 de Abril **in Alcântara** sind ein alternativer Erlebnisort. Hier gibt es über 50 coole Designershops, Restaurants, Cafés und Bars, das LX Hostel, Galerien, Street-Art und die sehenswerte Buchhandlung El Devagar in einer einstigen Druckerei sowie viele Events.

★5 [M23] **LX Factory,** R. Rodrigues Faria, 103, 15 bis Alcântara, www.lxfactory.com, Tel. 213143399

153lb Abb.: ps

Buchhandlung in einer ehemaligen Druckerei in der LX Factory

Manuelinische Säulen im Kreuzgang des Hieronymus-Klosters

Belém

Statt großer Karavellen liegen in Belém heute Segeljachten vor Anker. An der weitläufigen Promenade am Tejo weht meist eine frische Brise. Erstbesucher kommen in Belém um einen Museumsmarathon kaum herum. Das Mosteiro dos Jerónimos (Hieronymus-Kloster) und der Torre de Belém gehören zu den Highlights des in Portugal einzigartigen manuelinischen Stils (s. S. 58). Eine Kutschensammlung (s. S. 68) und der Königspalast von Ajuda oberhalb von Belém erinnern an die Glanzzeiten der Monarchie. Moderne Kunst und kulturelle Events bieten das MAAT in einem fotogenen Bau am Flussufer und das postmoderne Kulturzentrum CCB (s. S. 93).

36 Mosteiro dos Jerónimos ★★★ [G25]

Das Kloster ist der bedeutendste manuelinische Bau Lissabons und seit 1984 UNESCO-Weltkulturerbe. Besonders die filigran verzierten Säulen im Kreuzgang bezaubern. In der Klosterkirche ruhen Vasco da Gama, der Dichter Luís de Camões und die Könige der Dynastie Avis. Elefanten aus Marmor tragen die königlichen Sarkophage. Fernando Pessoa hat man vom Friedhof in Prazeres in den Kreuzgang umgebettet.

Der Entdecker **Vasco da Gama** betete 1497, vor seiner Reise nach Indien, in einer kleinen Kapelle in Belém. Vier Jahre später ließ Dom Manuel I. das Hieronymus-Kloster **zu Ehren der portugiesischen Seefahrer** (s. S. 112) errichten. Der Bau zog sich rund 100 Jahre hin. Insgesamt vier Architekten waren daran beteiligt. König Dom Manuel erlebte die Fertigstellung nicht

049lb Abb.: ps

mehr. Der Westflügel, der heute **das Archäologiemuseum** (s. S. 68) und das **Marinemuseum** (s. S. 67) beherbergt, entstand erst im 19. Jh. Kirche und Kloster sind **dem heiligen Hieronymus geweiht,** dem Gründer des Hieronymitenordens. Die Mönche in Lissabon beteten für den König und gaben den Seeleuten, die vom Strand von Restelo zu ihren Expeditionen aufbrachen, ihren Segen.

Heute erstrecken sich die Fassaden von Kirche und Kloster rund 300 m lang vor der **Parkanlage der Praça do Império.** Damals aber lagen die Gebäude direkt am Tejo und boten den rückkehrenden Seeleuten eine **prunkvolle Kulisse.** Das reich mit Steinmetzarbeiten verzierte Südportal zeigt Szenen aus dem Leben des heiligen Hieronymus, die Jungfrau Maria mit dem Kind sowie Apostel und Engel. Das Westportal mit dem Eingang zur Kirche säumen Skulpturen von Dom Manuel I. und seiner zweiten Frau Maria von Aragón und Kastilien.

Das dreischiffige Kircheninnere ist in 25 m Höhe von einem **gotischen Netzgewölbe** überspannt und äußerst prunkvoll gestaltet. Im Hauptchor mit seinen geometrisch angeordneten Gemälden befindet sich das **Mausoleum der Dynastie von Avis.** Die Empore (über den Kreuzgang erreichbar) sorgt für eine optimale Sicht in die Kirche mit ihren imposanten Säulen und Buntglasfenstern.

Schlichter und charmanter wirkt die zweistöckige Galerie des Kreuzgangs um den **begrünten, quadratischen Innenhof.** Alle vier Seiten sind 55 m lang. Ornamente, Meerestiere, Fabelwesen, Kreuze und Königswappen schmücken Mauern und Säulen. Das Refektorium mit Netzgewölbe im Untergeschoss ist mit Kachelbildern zur „Speisung der Fünftausend“ geschmückt. Im Kapitelsaal ist der Dichter und Historiker Alexandre Herculano (1810–1877) bestattet.

› R. dos Jerónimos, 3, Tram 15E, Bus 727, 28, 729, 714 und 751 bis Mosteiro dos Jerónimos, Cascais-Linie bis Belém, www.mosteirojeronimos.pt, Di.–So. 9.30–18, letzter Einlass 17.30 Uhr, **Kirche:** Eintritt frei, **Kloster:** 12 €

37 Padrão dos Descobrimentos ★★ [G26]

Monumental erinnert das weiße Betondenkmal am Tejo an die Goldene Ära der Seefahrer (s. Exkurs S. 112). Die Dachterrasse bietet einen brillanten Rundumblick. Von hier oben wirkt das Mosaik der Windrose auf dem Vorplatz mit einer Weltkarte in der Mitte besonders imposant. Es hat einen Durchmesser von 50 m und ist ein Geschenk aus Südafrika.

Das Salazar-Regime ließ das „Denkmal der Entdeckungen" 1960 zum 500. Geburtstag von Heinrich dem Seefahrer errichten. Hinter ihm an der Bugspitze stehen an beiden Seiten der Karavelle **33 bedeutende Persönlichkeiten Portugals:** Seefahrer, Entdecker, Schriftsteller, Astronomen und Missionare. Von vorn sieht das Denkmal aus wie ein Kreuz mit Schwert. Ein Aufzug führt auf die 50 m hohe Dachterrasse. Innen werden Ausstellungen zur Stadtentwicklung gezeigt.

› Av. de Brasília, Tram 15E, Bus 728 oder 714, 727, 729, 751 bis Mosteiro dos Jerónimos, Cascais-Linie oder Tram 15E bis Belém, https://padraodosdescobrimentos.pt, März–Sept. tgl. 10–19, Okt.–Febr. Di.–So. 10–18 Uhr, Eintritt 10 €/5 €

Museen in Belém

Am besten ist es, schon um 10 Uhr den Torre de Belém zu besuchen, sonst kann es auf den engen Treppen so voll werden, dass man warten muss, um wieder hinunterzukommen. Um Wartezeit zu sparen, sollte man die Tickets für den Besuch des Torre de Belém 38 und des Mosteiro dos Jerónimos 36 **im Voraus online kaufen.**

› https://bilheteira.patrimoniocultural.pt

Zuschauer der Tall-Ships-Regatta neben dem Denkmal Padrão dos Descobrimentos

MEIN TIPP

Pastéis de Belém

Je nach Tageszeit bilden sich in der Hauptsaison vor der Kasse lange Schlangen bis weit auf den Bürgersteig. Dann vielleicht doch lieber an einen Tisch setzen. **Lissabons wohl bekannteste Konditorei Pastéis de Belém** (s. S. 79) ist eigentlich eine Fabrik und bietet 500 Plätze. Der Ort, wo die Puddingtörtchen nach altem Rezept der Mönche des Hieronymus-Klosters 36 heute wie am Fließband frisch zubereitet werden, zählt zu den meistfotografierten der Stadt. Warm aus dem Ofen schmecken die Minitorten wunderbar, sind aber auch in Schachteln als Mitbringsel zu erwerben. Stilecht isst man sie mit Zimt und Puderzucker.

38 Torre de Belém ★★★ [D26]

Einlaufenden Schiffen wies der Turm früher mit Leuchtfeuern den Weg. Als architektonisches Beispiel für die späte Manuelinik (s. Exkurs S. 58) ist er seit 1983 UNESCO-Weltkulturerbe. Von der Turmterrasse eröffnet sich eine erstklassige Aussicht über den Tejo und zum Atlantik.

König Dom Manuel I. (1469–1521) ließ den Turm und die sechseckige **Bastion in Form eines Schiffsbugs** 1515 bis 1521 auf einer kleinen Insel errichten. Das trutzige Bauwerk überstand das schwere Erdbeben im 18. Jh. (s. S. 108). Allerdings veränderte Erdbebenschutt den Flusslauf – und heute führt ein Steg von der Promenade aus zum Eingang. Die frühere Einrichtung ist nicht erhalten, aber im Gouverneurs-, Königs- und Audienzsaal beeindrucken dicke Mauern. Im unteren **Gewölberaum** befanden sich Kanonen und im Keller, der ab der Eroberung 1580 durch die Spanier als Kerker genutzt wurde, standen die Gefangenen oftmals hüfttief im Wasser.

Baumeister Francisco de Arruda zählte zu den renommiertesten Architekten der **Manuelinik.** Typisch für diesen prunkvollen Baustil sind die zahlreichen Wappen, die kleinen Balkone mit Christusritterkreuzen und die **steinernen Taue,** die sich um den Turm winden. Löwen- und Widderköpfe schmücken die Turmkonsolen. Der **berühmte Nashornkopf am Westturm** ist schon etwas verwittert. König Dom Manuel I. bekam einst ein Nas-

Der Torre de Belém trotzt seit Jahrhunderten den Naturgewalten

156lb Abb.: ps

horn aus Indien geschenkt, das als erstes urkundlich erwähntes Rhinozeros Europas in die Geschichte einging. Der Nachwelt ist es von einem Holzschnitt Albrecht Dürers bekannt. Der König ließ es gegen einen Elefanten kämpfen, um herauszufinden, welches Tier am stärksten ist. Angeblich ergriff der Elefant die Flucht. Dann wollte der König das Nashorn an Papst Leo X. weiterverschenken, doch es ertrank vor der Übergabe bei einer Schiffshavarie vor Italien.

Säulen, Spitzen und stilisiertes Blattwerk im manuelinischen Stil weisen auch die **Marienstatue** Nossa Senhora do Bom Sucesso (heilige Maria des guten Erfolgs) und der sie schützende Baldachin auf. Sie steht am Ort der ehemaligen Leuchtfeueranlage. Die **Hauptfassade** ziert das **portugiesische Wappen mit Krone und Armillarsphäre.** Dieses astronomische Gerät zur Darstellung der Bewegung von Himmelskörpern diente der Navigation. Sie wurde zur Insignie von König Dom Manuel I. und zum Symbol der Seefahrernation. Sie ist auch auf der portugiesischen Flagge abgebildet.

› Av. de Brasília, Tram 15E bis Pedrouços, Cascais-Linie bis Belém, www.torrebelem.pt, Okt.–März Di.–So. 10–17.30, April–Sept. Di.–So. 10–18.30 Uhr, Eintritt 10 €

Manuelinik: erst auf den zweiten Blick verspielt

Schiffstaue, die sich um schlanke Säulen winden, Korallen, Anker, Meeresschnecken – aufwendige, fantasievollfiligrane Steinmetzarbeiten mit **Motiven aus der maritimen und floralen Welt** prägen den manuelinischen Baustil, auch Manuelismus genannt. Benannt ist er nach **König Dom Manuel I.** (1495–1521). Mit prunkvollen Bauten ließ der Herrscher der mächtigen Seefahrernation Portugal im 15. und 16. Jh. den kolonialen Reichtum des Landes zur Schau stellen. In Lissabon blieben bis heute nur zwei Beispiele dieses ureigenen portugiesischen Baustils erhalten: das **Hieronymus-Kloster** 36 und der **Torre de Belém** 38.

Die Manuelinik am Übergang zur Renaissance setzte der strengen spätgotischen Architektur ihrer Zeit Raffinement und Leichtigkeit entgegen und nahm Einflüsse aus Spanien, Flandern und Italien auf. Inspiration lieferten auch die Eindrücke der Entdecker und Seefahrer. Es lohnt sich, genauer hinzuschauen, denn verspielter Detailschmuck an Fenster- und Türrahmen, Säulen, Decken und Gewölben kontrastiert faszinierend mit schlicht gehaltenen, großflächigen Fassaden.

39 Palácio Nacional da Ajuda ★ [I22]

Nach dem Erdbeben von 1755 ließ König Dom José I. auf dem Hügel Ajuda zunächst aus Holz einen provisorischen Palast erbauen, der im Volksmund „Baracke des Königs" genannt wurde: „Real Barraca".

1796 initiierte König Dom João VI. nach einem Brand den Bau eines neuen Palasts aus Kalkstein. Er war noch nicht fertig, als die königliche Familie 1821 nach 14 Jahren Exil aus Brasilien zurückkehrte.

König Dom Miguel (1802–1866) zog daher in den Palácio das Necessidades, heute Sitz des portugiesischen Außenministeriums. Erst ab 1861 wurde Ajuda unter Dom Luís I. (1838–1889) zum **Wohnsitz der Königsfamilie.** In den Sälen sind Ölgemälde,

Skulpturen, wertvolles Mobiliar, Wandteppiche und Porzellan zu bewundern.

Im **Bankettsaal** finden bis heute **Staatsempfänge** statt. Das Deckenfresko stellt die Geburt von König Dom João VI. dar. Im neogotischen Zimmer von Luís I. stehen wertvolle geschnitzte Möbel.

Der ebenfalls sehr sehenswerte luxuriöse, mit edlem **Meißener Porzellan** geschmückte Sala de Saxe ist ein Geschenk des Königs von Sachsen an Maria Pia von Savoyen, die König Dom Luís I. im Jahr 1862 heiratete.

› Lg. da Ajuda, Tram 18E u. Bus 60 bis Cç. Ajuda (Palácio), www.palacioajuda.gov.pt, Tel. 213637095, tgl. 10–18 Uhr, letzter Einlass 30 Min. vor Schließung, Eintritt 8 €

Entdeckungen außerhalb des Zentrums

Im Park der Nationen, zur Weltausstellung von 1998 großzügig von vielen renommierten Architekten geplant, zeigt sich Lissabon futuristisch. Santiago Calatrava gestaltete den Bahnhof Oriente direkt gegenüber dem Einkaufszentrum Vasco da Gama. Unmittelbar vor den Toren Lissabons liegen einige schöne Strände. Estoril, Cascais und Sintra sind auch für die „Lisboetas" beliebte Tagesausflugsziele.

40 Parque das Nações ★★★ [f4]

Die **Expo 98** zum 500. Jubiläum der Entdeckungsreisen von Vasco da Gama (1469–1524) gab Lissabons Stadtentwicklung einen Schub. Verseuchte Böden mussten gereinigt und Milliarden investiert werden, um das neue Stadtviertel auf der Industriebrache einer Hafenanlage zu errichten. **Wasser und Seefahrt**, die zentralen Themen der Weltausstellung, prägten auch die moderne Architektur. Viele Wasserflächen und Springbrunnen lockern sie auf.

Parque das Nações 40: Tejo-Ufer, Seilbahn und Hotel Myriad (s. S. 136)

051lb Abb.: ps

Zwei 110 m hohe Büro- und Wohntürme sind nach den Schiffen Vasco da Gamas „São Rafael“ und „São Gabriel“ benannt. Neben dem 145 m hohen **Torre Vasco da Gama** am nördlichen Ende der Seilbahn prägt das Fünfsternehotel Myriad (s. S. 136) die Skyline. Dahinter schließt sich die große **Grünanlage Parque Tejo** an.

Der portugiesische Architekt Regino Cruz lieferte den Entwurf des **runden Pavilhão Atlântico**, heute die große Eventhalle **Altice Arena** (s. S. 92) mit 16.500 Plätzen. Ein langer Wasserlauf trennt den Pavillon von den Nordhallen, die Lissabons Messe beherbergen – die Feira Internacional de Lisboa. In dem überdimensionierten ehemaligen „Pavillon der Zukunft“ befindet sich heute ein Kasino. Manchmal ist es Schauplatz für Livekonzerte. Kinder können mit den Eltern oder der Schule das **Wissenschafts- und Technikmuseum** besuchen.

Die Promenade am Tejo ist im Bereich der Gartenanlage **Jardim Garcia de Orta** vor dem Messegelände am schönsten. Gartenlauben mit Pflanzen aus fernen Ländern, Wasserläufe, Pergolen und Bänke laden zum Verweilen ein. 1998 wurde auch die knapp 18 km lange **Ponte Vasco da Gama** fertig, eine gigantische Brücke mit 160 Pfeilern, die Lissabon mit dem Südufer bei Montijo verbindet, dem Tor zum Alentejo.

Die Seilbahn **Telecabine Lisboa** pendelt auf der über 1 km lange Strecke zwischen dem Jachthafen in der Nähe des Ozeaneums (Passeio de Neptuno) und dem Torre Vasco da Gama im Norden des Parks (Passeio das Tágides). Wer in 20 m Höhe in einer Gondel am Tejo entlangschwebt, hat nicht nur eine gute Sicht, sondern mit ruhiger Hand auch beste Fotomotive.

› **Seilbahn,** Parque das Nações, Metro: Oriente, www.telecabinelisboa.pt/precos-horarios, Betrieb: 10.30/11–18, 19 oder 20 Uhr, je nach Jahreszeit (Details siehe Website), Hin- und Rückfahrt 9,50 €, einfache Fahrt 7,50 €, Kinder 3–12 J. 6,50 bzw. 5,50 €

41 Oceanário de Lisboa ★★ [g5]

Der amerikanische Architekt Peter Chermayeff ließ das Aquarium in ein früheres Hafenbecken bauen. Haie und Rochen schwimmen hautnah an den großen Fenstern des Hauptbeckens vorbei. Ebenso begeistern Pinguine und Otter in den draußen für sie geschaffenen Lebensräumen.

5000 m³ Wasser, 1000 m² Grundfläche, rund 8000 Bewohner und 450 Arten – so weit zu den Zahlen. Die meisten Besucher des Aquariums bleiben staunend vor dem **großen Becken in der Gebäudemitte** stehen. Haie, Thunfische und Sardinen können sie vielleicht selbst bestimmen. Der kugelrunde, glatte und silbrig glänzende Mondfisch mit seiner nach oben ragenden Rückenflosse ist schon schwerer zu identifizieren.

Bei einem Rundgang lernt man die Lebensräume und Bewohner von Nordatlantik, Pazifik, Indischem Ozean und Südpolarmeer kennen. Neben den Großfischen faszinieren auch kleine Arten wie bunt schillernde Quallen, filigrane Seepferdchen oder die kuriosen Fetzenfische, die aussehen wie Blätter oder Algen.

Kindern bereitet es große Freude, bei der **Fütterung der Tiere** zuzusehen: Mantas und Fische werden tgl.

› *Wie ein Märchenschloss: Palácio Nacional da Pena*

054lb Abb.: ps

Mein Tipp

Ausflug nach Sintra

Am besten mit dem Auto macht man einen Tagesausflug nach Sintra, das 20 km von Lissabon entfernt in einer grünen Berglandschaft liegt und zum Weltkulturerbe der UNESCO zählt. Markant erheben sich die beiden Schornsteine der Palastküche des **Palácio Nacional de Sintra** hoch über dem Zentrum. Mit guter Aussicht wandern und picknicken lässt sich zwischen den Ruinen der maurischen Festung **Castelo dos Mouros.** Sie liegen sich in einem Wald hoch über Sintra. Auf einem zweiten Hügel thront der märchenhafte **Palácio Nacional da Pena.** König Dom Fernando II. ließ ihn im 19. Jh. für seine Frau Dona Maria II. von dem Deutschen Wilhelm Baron von Eschwege wie ein portugiesisches Neuschwanstein erbauen.

Wer **mit dem Auto** fährt, kann auf dem Rückweg von Sintra die schöne Küstenstraße über Cascais und Estoril nach Lissabon nehmen.

Mit dem Zug: Vom Bahnhof in Sintra geht es mit dem Bus 435 ins Zentrum. Bus 434 fährt durch die Altstadt zum Castelo dos Mouros (Palácio Nacional de Sintra, 10/8,50 €, 9.30–18.30 Uhr) und bis zum Palácio Nacional da Pena (Palast und Park 14/12,50 €, nur Park 7,50/6,50 €, im Sommer täglich von 10 bis 19 Uhr geöffnet, Park bis 20 Uhr).

um 13 Uhr versorgt, Rochen Mo., Mi. und Fr. 11.15–11.45 Uhr, Haie Mo. und Fr. 10.30–11 Uhr und die Pinguine und Otter tgl. ab 15 Uhr.

Es werden spezielle **Führungen für Kinder** und **Familienaktivitäten** angeboten, darüber hinaus gibt es **Sonderausstellungen zu verschiedenen Meeresbewohnern**, zum Beispiel zu Meeresschildkröten oder anderen im Wasser lebenden Tierarten.

› Esplanada Dom Carlos I, Metro: Oriente, www.oceanario.pt, Tel. 218917002, Sommer tgl. 10–20, Winter tgl. 10–18 Uhr, Eintritt 25 €, 3–12 Jahre 15 €, letzter Einlass 1 Std. vor Schließung

Citynahe Strände

Weite Sandstrände, Dünen und herrliche Wellen, Bars und Fischrestaurants locken vor die Haustür Lissabons an die **Costa da Caparica.** Hier reiht sich vom Fischerort Caparica bis Cabo Espichel auf rund 30 km Länge ein breiter Sandstrand an den nächsten. Mit dem Auto geht es über die Ponte 25 de Abril. Oder man nimmt mit dem Metroticket die Fähre vom Cais do Sodré nach Cacilhas (15 Min. Fahrt, alle 20 Min. 5.30–2 Uhr) und fährt mit dem Bus 135 bis zur Endstation. Wer noch weiter möchte: 10 km am Strand entlang fährt im Sommer der **Transpraia** (https://transpraia.pt), ein offener Mini-Zug, der an jeder Strandstation bis Fonte da Telha hält.

Zwei, drei Stunden baden und die alten **Seebäder Estoril und Cascais** besuchen? Dazu lohnt es selbst am Nachmittag noch, vom Cais do Sodré mit dem Vorortzug Linha de Cascais bis Estoril zu fahren. Die ruhigere, auch gut für kleinere Kinder geeignete Sandbucht der **Praia do Tamariz** schmiegt sich an den hübschen Sommerfrischeort mit Kasino. An der rund 2 km langen Meerespromenade mit einigen netten Restaurants am Wasser entlang ist Cascais in ca. 20 Minuten zu Fuß erreicht. In dem netten Badeort mit Jachthafen gibt es drei kleine Strände. Es werden auch Fahrräder verliehen. Bis ca. 1 Uhr fahren Züge nach Lissabon zurück. Die **Praia da Ponta dos Corvos,** ein quasi tropischer Tejo-Badestrand mit Blick auf Lissabon nahe Seixal, ist bei den Lisboetas ebenso beliebt wie die malerischen Buchten („Praia dos Galapinhos") des Naturparks Arrábida, 40 km von Lissabon entfernt.

Surfer zieht es an Strände wie die **Praia do Guincho** auf dem Weg zum aussichtsreichen und felsigen **Cabo da Roca** im Naturpark Sintra-Cascais oder an die **Praia Grande.** Verliebte mögen die romantischen Strände **Praia das Maçãs** und **Azenhas do Mar.** Von der **Praia do Magoito** blickt man bei Ebbe über zahlreiche Buchten bis zu dem beliebten Surfspot Ericeira.

Im Sommer trubelig, aber erfrischend: Badepause in Estoril

052lb Abb.: ps

LISSABON ERLEBEN

132lb Abb.: ps

Lissabon für Kunst- und Museumsfreunde

Über mangelnde Abwechslung brauchen sich Museumsbesucher in Lissabon nicht zu beklagen. Einige der bedeutendsten **Kunstschätze des Landes** sind in den Museen, Kirchen und Klöstern der Hauptstadt zu sehen. Große Teile der Sammung des Museu Nacional de Arte Antiga 34 stammen zum Beispiel aus dem Besitz des portugiesischen Königshauses. Weitere Highlights sind das Museu Calouste Gulbenkian 30 mit der Sammlung des armenischen Ölmagnaten und das Museu Nacional do Azulejo, ein Muss für alle Liebhaber der portugiesischen Kachelkunst.

Zeitgenössische Kunst ist im Centro de Arte Moderna der Gulbenkian-Stiftung, im Museu Berardo im Kulturzentrum von Belém und im MAAT (Museu Arte Arquitetura Tecnologia) zu sehen.

Museen

M7 [T21] **Atelier-Museu Júlio Pomar,** Rua do Vale, 7, Tram 28E, Tel. 218172111, www.ateliermuseujuliopomar.pt, Di.–So. 10–13, 14–18 Uhr, Eintritt 2 €, Der Architekt Álvaro Siza Vieira aus Porto realisierte einen modernen Bau. Zu sehen sind die Werke des Lissabonner Künstlers Júlio Pomar – Gemälde, Skulpturen, Grafiken, Keramiken ...

M8 [S19] **Casa – Museu Amália Rodrigues,** R. São Bento, 193, Tram 28E bis R. São Bento, http://amaliarodrigues.pt, Tel. 213971896, Di.–So. 10–18 Uhr, Eintritt 7 € (Kinder bis 12 J. frei). In den 5 Zimmern, die Amália Rodrigues rund ein halbes Jahrhundert bewohnte, wurde seit ihrem Tod 1999 kaum etwas verändert. Bühnenkleider, Fotos, Schmuck, Orden, Brillanten und Plateauschuhe geben Aufschluss über das Leben der verehrten Fado-Sängerin. Manchmal Fado im Garten (s. Website).

29 [U14] **Casa – Museu Dr. Anastácio Gonçalves.** In der Jugendstilvilla in Saldanha sind 2000 Sammlerstücke des reichen Augenarztes ausgestellt, darunter Gemälde und chinesisches Porzellan (s. S. 48).

33 [Q19] **Casa – Museu Fernando Pessoa.** Das Museum im Wohnhaus Pessoas organisiert Lesungen und Liederabende, verfügt über eine Präsenzbibliothek, u. a. mit deutschen Büchern, und ein schönes Terrassencafé (s. S. 51).

27 [T18] **Casa – Museu Medeiros e Almeida.** In der Stadtvilla eines Bankiers macht eine Antiquitätensammlung aus Europa und Übersee mit der Wohn- und Dekorationskultur der portugiesischen Oberschicht vertraut (s. S. 46).

10 [X21] **Casa dos Bicos.** Das Museum der Stiftung des Literaturnobelpreisträgers José Saramago bietet auch ein interessantes Eventprogramm (s. S. 33).

M9 [W22] **Centro Interpretativo da História do Bacalhau (CIHB),** Pr. do Comércio, www.historiabacalhau.pt, Tel. 211126155, tgl. 10–19 Uhr, Eintritt 4 €, Kombiticket mit Lisboa Story Center 9,50 €, Kinder 4 €, Kombiticket mit Arco triunfal 2 6,50 €. Kabeljau, gefangen von portugiesischen Fischern in den fernen Gewässern Neufundlands und Grönlands, prägt seit Generationen die Gastronomie und Kultur Lissabons und ganz Portugals. Eine spannende Ausstellung zur Geschichte des Kabeljaufangs.

M10 [T18] **Cinemateca Portuguesa,** R. Barata Salgueiro, 39, Metro: Avenida, www.cinemateca.pt, Tel. 213596200,

Vorseite: Tuk-Tuks sind im hügeligen Lissabon ein beliebtes Fortbewegungsmittel (s. S. 130)

Filmmuseum Mo.–Sa. 12.30–19.30 Uhr, Eintritt frei. Kinomuseum, Programmkino (2 Säle), Ausstellungen und Filme im Original mit portugiesischen Untertiteln. Restaurant mit Terrasse.

M11 [R17] **Fundação Arpad Szenes – Vieira da Silva,** Pr. das Amoreiras, 58, Metro: Rato, www.fasvs.pt, Tel. 213841490, Mi.–So. 10–18 Uhr, Eintritt 7,50 €. Das Museum in einer ehemaligen Seidenfabrik zeigt Gemälde des portugiesisch-ungarischen Künstlerehepaars, Werke aus ihrer Sammlung sowie Ausstellungen. Maria Helena Vieira da Silva (1908–1992) studierte in Paris Bildhauerei und Malerei und lernte dort ihren Mann kennen, den ungarischen Künstler Arpad Szenes (1897–1985). Sie kamen oft zu Besuch nach Lissabon, verbrachten ihr Leben aber in Paris. Arpad Szenes war Jude. 1940 floh das Paar und lebte bis 1947 in Rio de Janeiro. Beide gelten als bedeutende Vertreter der École de Paris.

M12 [W22] **Lisboa Story Centre,** Pr. do Comércio, 78, www.lisboastorycentre.pt, Tel. 211941027, tgl. 10–19 Uhr, letzter Einlass 18 Uhr, Eintritt 7 €, Kinder 6–15 J. 3 €, Kombiticket mit CIHB (s. S. 64) 9,50 €/4,50 €, mit Audioguide, Besuchsdauer 1 Std. Spielerisch, interaktiv und mit viel Hightech wird hier Stadtgeschichte für alle Sinne vermittelt. Es riecht nach Gewürzen, man erlebt die Erschütterungen des Erdbebens von 1755 nahezu physisch und erfährt vieles über den Bau der „Baixa Pombalina".

M13 [W21] **MUDE – Museu do Design e da Moda,** R. Augusta, 24, Metro: Terreiro do Paço, www.mude.pt, Tel. 218171892, **bei Redaktionsschluss wegen Erweiterung geschlossen,** bis zur Wiedereröffnung Ausstellungen auswärts. Das Museum für Mode und Design im früheren Gebäude der Banco Nacional Ultramarino in der Fußgängerzone soll künftig mitsamt Dachterrasse weiter vergrößert werden. Architekt Luís Cristino da Silva (1896–1976) verwandelte eine ehemalige Bank in ein Museum und beließ dabei das erste Stockwerk in seinem Urzustand. Zur Sammlung gehören Objekte bedeutender Designer von Philippe Starck bis Yves Saint Laurent, Kreationen von Modeschöpfern wie Nuno Baltazar und Maria Gambina und Kostüme des Teatro da Cornucópia.

20 [V20] **Museu Arqueológico im Convento do Carmo.** Die gotische Kirchenruine ist eine faszinierende Kulisse und in den Räumen des ehemaligen Klosters ist eine wertvolle Sammlung mit Ausgrabungsfunden zu sehen (s. S. 41).

M14 [F25] **Museu Berardo,** Centro Cultural de Belém, Pr. do Império, Tram 15E, www.ccb.pt, Tel. 213612400, tgl. 10–19 Uhr, Eintritt 5 €, Sa. frei, Ausstel-

120lb Abb.: ps

Igreja und Museu de São Roque 22 *blenden die Besucher förmlich mit vergoldeten Holzschnitzarbeiten*

lungen 6–8 €. Das Museum in dem riesigen Kulturzentrum **Centro Cultural de Belém** (CCB) zeigt die Kunstsammlung des Unternehmers José Berardo. Mit Werken von Künstlern wie Picasso, Dalí, Hans Arp, Marcel Duchamp und Piet Mondrian werden die wichtigsten Kunstrichtungen des 20. Jh. dokumentiert. Zu sehen sind auch Werke zeitgenössischer portugiesischer Künstler. Von der Rooftop-Bar **Topo Belém** hat man einen tollen Ausblick.

15 [S7] **Museu Bordalo Pinheiro,** Campo Grande, 382, Metro: Campo Grande, https://museubordalopinheiro.pt, Tel. 215818540, Di.–So. 10–18 Uhr, Eintritt 3 €. Rafael Augusto Bordalo Pinheiro (1846–1905) war Lissabons genialster Karikaturist des 19. Jh. Er nahm 1900 das portugiesische Staatsdefizit aufs Korn und brachte die Karikatur sogar auf die Kachel. Pinheiro war viele Jahre künstlerischer Direktor der Keramikfabrik Fábrica de Faianças in Caldas da Rainha. Im Bairro Alto ist neben dem Teatro da Trindade eine Straße nach ihm benannt. Das Museum zeigt Keramiken, Gussformen und Karikaturen des Künstlers.

30 [S13] **Museu Calouste Gulbenkian.** Die Sammlung, die der Ölmilliardär Lissabon vermachte, ist international berühmt (s. S. 48).

16 [a18] **Museu da Água,** R. Alviela, 12, Bus 735 u. Metro: Santa Apolónia, Tel. 218100215, tgl. 10–17.30 Uhr, Eintritt 4 €, Führung 6 €. Lissabons Wassermuseum im Wasserwerk Barbadinhos.

17 [M23] **Museu da Carris,** R. Primeiro de Maio, 101–103, Tram 15E u. Bus 714 bis Estação Sto. Amaro, http://museu.carris.pt, Tel. 213613087, Mo.–Sa. 10–13, 14–18 Uhr, Eintritt 4,50, erm. 2,50 €, Führung 3,50 €. Neben alten Trams und Exponaten rund um die Eléctricos zeigt Lissabons Straßenbahnmuseum eine kuriose Zusammenstellung verlorener und gefundener Gegenstände. Kinder freuen sich: Auf dem Gelände, zwischen den Ausstellungshallen, fährt eine Tram.

18 [R22] **Museu da Marioneta,** R. da Esperança, 146, Tram 15E bis Santos, www.museudamarioneta.pt, Tel. 213942810, Di.–So. 10–18 Uhr, Eintritt 5 €, Kinder 2,50 €. Das Marionettenmuseum im Viertel Madragoa zeigt in dem ehemaligen Zisterzienserkloster Convento das Bernardas Marionetten aus Portugal und der Welt.

19 [X21] **Museu de Aljube, Resistencia e Liberdade,** Rua de Augusto Rosa, 42, Tram 12E, 28E, www.museudoaljube.pt, Tel. 215818535, Di.–So. 10–18 Uhr, Eintritt 3 €/1,50 €. Der Name des noch aus der Maurenzeit stammenden, weiß gestrichenen Gebäudes in der Alfama in der Nähe der Kathedrale Sé bedeutet sowohl „Brunnen ohne Wasser" als auch „Gefängnis". Von 1928 bis 1965 war es ein politisches Gefängnis. Das Museum erinnert an die Diktatur in Portugal (1926–1974) und thematisiert den Widerstand gegen den Faschismus. Die untere Etage zeigt Ausgrabungsfunde.

15 [X20] **Museu de Artes Decorativas Portuguesas.** Möbel, Azulejos und Wandteppiche sind Musterbeispiele für die Arbeiten der Vergolder, Kunsttischler und Kachelmaler des 16.–19. Jh. (s. S. 37).

20 [R7] **Museu de Lisboa,** Campo Grande, 245, Metro: Campo Grande, www.museudelisboa.pt, Tel. 217513200, Di.–So. 10–18 Uhr, Eintritt 3 €, Kombiticket mit Santo António u. Teatro Romano 6 €. Das **Stadtmuseum** im Palácio Pimenta (18. Jh.), den König João V. seiner Geliebten schenkte, befindet sich in Campo Grande. Es bietet einen guten Überblick über die Geschichte und Entwicklung der Stadt von den ersten Ausgrabungen bis zum Beginn der Republik 1910. Ein großes Modell zeigt Lissabon vor dem Erdbeben von 1755 (s. S. 108). Historische Fotos,

Zeichnungen und Stadtpläne, Azulejo-Kunst ab dem 16. Jh., Gemälde und Modelle machen mit römischem Erbe, Kult des hl. Antonius, Entdeckungsreisen, Aquädukt, Fado, Zerstörung und Wiederaufbau vertraut.

21 [F25] **Museu de Marinha,** Pr. do Império, Tram 15E, Bus 28, 201, 714, 727, 729 und 751, https://ccm.marinha.pt, Tel. 210977388, Di.–So. 10–18, im Winter bis 17 Uhr, Eintritt 7 €/3,50 €, Familienticket 18 €. Gemälde, zahlreiche Modelle der Karavellen portugiesischer Seefahrer, historische Karten und Waffen sind im **Marinemuseum** in einem Flügel des Hieronymus-Klosters 36 ausgestellt.

22 [U20] **Museu de São Roque.** Das Museum für Sakrale Kunst hat einen Durchgang zu einer der kunsthistorisch wertvollsten Kirchen der Stadt (s. S. 43).

22 [V21] **Museu do Chiado,** R. Serpa Pinto, 4, Metro: Baixa-Chiado, www.museuartecontemporanea.gov.pt, Tel. 213432148, Di.–So. 10–13, 14–18 Uhr, Eintritt 8 €/4 €. Der französische Architekt Jean-Michel Willmotte gestaltete das einstmals 1914 im Chiado eröffnete Museum für zeitgenössische Kunst nach dem Brand im Jahr 1994 komplett neu. Zu sehen sind Wechselausstellungen mit Werken meist portugiesischer Künstler aus der Zeit von 1850 bis heute.

23 [V21] **Museu do Dinheiro,** Largo de S. Julião, Metro: Terreiro do Paço, www.museudodinheiro.pt, Tel. 213213240, Mi.–So. 10–18 Uhr, Eintritt frei. In der Kirche S. Julião, seit den 1930er-Jahren im Besitz der Banco de Portugal, zeigt das Museum des Geldes regelmäßig Ausstellungen für zeitgenössische Kunst u. a. in den früheren Tresorräumen der Bank. Hier geht es auch zur Ausgrabung der Überreste einer nach König Dinis (1261–1325) benannten Mauer. Er ließ sie im 13. Jh. zum Schutz vor Angreifern am Tejo-Ufer bauen. 2010 wurde sie bei Bauarbeiten wiederentdeckt.

24 [Y21] **Museu do Fado,** Lg. do Chafariz de Dentro, 1, Metro: Santa Apolónia, Bus 735 bis Alfândega, www.museudofado.pt, Di.–So. 10–18 Uhr, Tel. 218823470, Eintritt 5 €, erm. 2,50 €, stets interessante Angebote, Veranstaltungen und Workshops, siehe Website. In einem umgebauten Wasserwerk aus dem 19. Jh. dokumentiert das Museum mit Plakaten, Fotos, Schallplatten, Gitarren und Videos auf 2 Etagen Fado-

MEIN TIPP

Kunst am Tejo-Ufer

Treppen am Fluss, ein wellenförmiges Gebäude mit einer Fassade aus 3-D-Kacheln der britischen Architektin Amanda Levete: Das **MAAT (Museu Arte Arquitetura Tecnologia)** der Fundação EDP zeigt Ausstellungen zu zeitgenössischer Kunst, Architektur und Technologie. Es hat ein begehbares Dach mit Brücke über die Ausfallstraßen nach Belém und steht neben dem ehemaligen Elektrizitätswerk Central Tejo mit dem **Museu da Electricidade (Elektrizitätsmuseum)** in Belém. Die alten Maschinen in diesem Industriekulturmuseum sind original erhalten, daneben gibt es Infotafeln und Schwarz-Weiß-Fotos zur Geschichte des Werks und zur Stromerzeugung.

25 [I25] **Museu Arte Arquitetura Tecnologia (MAAT),** Av. Brasília, Central Tejo, Tel. 210028130, www.maat.pt, Mi.–Mo. 11–19 Uhr, Kombiticket mit Museu da Electricidade 11 €, erm. 8 €, Familie 23 €, Tram 15E bis Belém bzw. Bus 728, 714, 727, 729, 751

26 [I25] **Museu da Electricidade,** Av. Brasilia, Central Tejo, Tel. 210028190, Öffnungszeiten und Preise siehe MAAT

Geschichte. Im UG sind Wechselausstellungen zu sehen. An vergangene Zeiten erinnert das nachgebildete Bordell Casa da Mariquinhas. Mit Kopfhörern kann man sich Fado anhören und interaktive Bildschirme informieren über Fado-Legenden. Die Fado-Musikschule des Museums bietet Kurse für portugiesische Gitarre und Fado-Poesie an. Von Juni bis Sept. am Wochenende gibt es Führungen mit Fadosängern durch Alfama und Mouraria. Der Workshop „Sing Fado" bietet Gelegenheit, von Musikern vor Ort zu lernen.

35 [O23] **Museu do Oriente.** Kunstschätze aus Fernost (s. S. 53).

M 27 [X21] **Museu do Teatro Romano,** Rua de São Mamede, 3A, Tram 28E und 12E bis Sé, www.museudelisboa.pt, Tel. 215818530, Di.–So. 10–18 Uhr, Eintritt 3 €, Kombiticket mit u. a. Museu de Lisboa 6 €. Mitten in der Alfama, gegenüber der Kathedrale, sind Ruinen eines römischen Theaters erhalten, das zu Zeiten der Kaiser Augustus und Nero bis zu 5000 Zuschauern Platz bot.

M 28 [F25] **Museu Nacional de Arqueologia,** Pr. do Império, Cascais-Linie oder Tram 15E bis Belém, www.museunacionalarqueologia.gov.pt, Tel. 213620000, **voraussichtlich bis 2025 wegen Restaurierung geschlossen.** Das große Museum im Hieronymus-Kloster 36 präsentiert archäologische Funde von der Bronzezeit bis zum Mittelalter sowie aus Ägypten.

34 [Q23] **Museu Nacional de Arte Antiga.** Das Museum für Alte Kunst hat einen Skulpturengarten mit Café am Tejo (s. S. 52).

M 29 [b17] **Museu Nacional do Azulejo,** R. Madre de Deus, 4, Bus 718, 742 u. 794 bis Igreja Madre de Deus, www.museudoazulejo.gov.pt, Tel. 218100340, Di.–So. 10–13, 14–18 Uhr, Eintritt 8 €. Attraktion des Kachelmuseums im ehemaligen Klarissinnenkloster Convento da Madre de Deus ist ein 23 m langes Wandbild aus 1300 Azulejos, das Lissabon vor dem Großen Erdbeben von 1755 zeigt. Das Museum dokumentiert die Entwicklung der Kachelkunst und die Herstellung von Azulejos von der Zeit der Mauren bis ins 19. Jh. Auch die Kreuzgänge und die barocke Klosterkirche sind eindrucksvoll mit Kacheln verziert. Die Cafeteria im früheren Refektorium wartet mit einem hübschen Innenhof auf.

M 30 [H25] **Museu Nacional dos Coches,** Av. da Índia, 136, http://museudoscoches.gov.pt/pt, Tel. 210732319 Di.–So. 10–18 Uhr, Eintritt 8 € bzw. 5 €, beide Museen 10 €, Kombiticket mit Palacio da Ajuda 12 €. In dem funktionalen Neubau des brasilianischen Architekten Paulo Mendes da Rocha ist ein Großteil der königlichen Kutschensammlung

154lb Abb.: ps

Eine Attraktion in Belém: das Kutschenmuseum (Museu dos Coches)

ausgestellt. Zusätzlich werden hier Sonderausstellungen und Filme gezeigt.

31 [H25] **Museu Nacional dos Coches im Picadeiro Real,** Pr. Afonso de Albuquerque, Tram 15E, Bus 714 u. 751 bis Belém, Tel. 213610850. In der früheren Reitschule des Königspalastes mit ihrem schönen Deckenfresko kann man noch einen kleinen Teil der königlichen Kutschensammlung bewundern. Der Großteil der Kutschen befindet sich inzwischen im Neubau am Tejo-Ufer.

Ausstellungen

•**32** [M24] **Expêriencia Pilar 7,** Avenida da Índia, Pilar 7 da Ponte 25 de Abril, Tram Alcântara, www.visitlisboa.com/de/setzt/experiencia-pilar-7, Tel. 211117880, Mai–Sept. tgl. 10–20, sonst bis 18 Uhr, Eintritt 5,50 €. Am siebten Brückenpfeiler der Ponte 25 de Abril fährt ein Aufzug zu einer Aussichtsplattform in 90 m Höhe, wo eine Ausstellung die Baugeschichte der Brücke dokumentiert.

33 [W21] **Fundação Millennium BCP – Núcleo Arqueológico,** R. dos Correeiros, 9, Metro: Terreiro do Paço, www.fundacaomillenniumbcp.pt/nucleo-arqueologico, Tel. 211131004, Di.–Sa. 10–17 Uhr, stdl. 50-minütige Führungen, Eintritt frei. Die Privatbank zeigt Ausstellungen, es gibt Führungen zur Frühgeschichte der Baixa. Bei der Renovierung des Gebäudes in den 1990er-Jahren fand man Spuren phönizischer Besiedlung (8.–5. Jh. v. Chr.), Mosaike, römische Tanks zur Lagerung gesalzenen Fischs, Amphoren und Skelette aus dem Mittelalter.

34 [T18] **Sociedade Nacional de Belas Artes,** R. Barata Salgueiro, 36, Metro: Marquês de Pombal, www.snba.pt, Tel. 213138510, Mo.–Fr. 12–19, Sa. 14–20 Uhr, Eintritt frei. Der Lissabonner Kunstverein präsentiert Ausstellungen und bietet Kurse (z. B. Malerei) an.

Kunstgalerien

35 [X18] **Hangar,** Rua Damasceno Monteiro, 12 r/c, Mi.–So. 15–19 Uhr, Tel. 218871481, https://hangar.com.pt, Bus 13b bis Escados do Monte oder Tram 28E bis Largo de Graça. An diesem Ort für experimentelle Kunst sind fünf bis sechs Ausstellungen pro Jahr zu sehen und es werden Künstlerwohnungen für Artists in Residence vergeben.

36 [T20] **Manufactura de Tapeçarias de Portalegre,** R. da Academia das Ciências 21, Tram 28E bis Estrela (Basílica), www.mtportalegre.pt, Tel. 213421481, Mo.–Fr. 13–19.30 Uhr. Die Galerie zeigt die berühmten Wandteppiche der Manufaktur in Portalegre. Künstler malen die Vorlagen für die von Hand geknüpften Teppiche, die wie Gemälde wirken.

37 [T19] **Trema – Arte Comtemporânea,** Rua do Mirante 12, Metro: Santa Apolónia, www.trema-arte.pt, Tel. 218130523, Di.–Fr. 13–19.30, Sa. 12–19 Uhr. Die Galerie in der Nähe des Campo de Santa Clara vertritt portugiesische Künstler der Gegenwart.

Kunst unter freiem Himmel

Street-Art, Murals und Graffiti verleihen dank der Initiative „Galeria de Arte Urbana“ (GAU) des Kulturamts etlichen grauen Fassaden einen besonderen Charme moderner Urbanität. Parkhauswände, Müllwagen, Glascontainer und Mülltonnen wurden bunt bemalt und sind seither beliebte Fotomotive. Wandmalereien machen zum Beispiel die graue Mauer entlang der **Calçada da Glória** [U19/20], wo der Ascensor da Glória zum Bairro Alto hinaufschleicht, zum Blickfang. Im oberen Drittel hat eine Open-Air-Ausstellung ansonsten eher verlorenes Terrain neu erschlossen.

093lb Abb.: ps

Um die **200 Street-Art-Künstler** aus über 20 Ländern hinterließen legale kreative Spuren in der portugiesischen Hauptstadt. Selbst José Saramago samt Ehefrau oder Amália Rodrigues schauen den Betrachter von den Hauswänden an. Illegales Sprayen bestraft die Stadt hingegen mit hohen Bußgeldern für Sachbeschädigung.

Viele **Murals** schmücken ganze Hauswände in Graça und in der LX Factory (s. S. 54). Sprayer haben sich in der Passage unter den Avenidas da India und Brasilia an der Haltestelle Alcantâra-Mar verwirklicht.

Auch mitten in der Alfama unterhalb des Burghügels gestaltet ein Street-Art-Künstler die Ruinen ehemaliger Wohnhäuser (siehe hierzu auch Spaziergang 2 auf S. 17).

› **Galeria Arte Urbana (GAU),** http://gau.cm-lisboa.pt/galeria.html

Lissabon für Genießer

Essen und Trinken

Lissabon hat seit Jahrhunderten eine besondere Beziehung zum Meer – das spiegelt sich auch in der Küche wider. Die Eroberer der Seefahrernation ernährten sich im 16. und 17. Jh. von gesalzenem und getrocknetem Kabeljau („bacalhau"), der erst durch stundenlanges Einlegen in Wasser genießbar wurde. In Plastik eingeschweißt, hängt oder liegt der Stockfisch auch heute noch in Supermärkten und kleinen Lebensmittelläden. Für ihren „treuen Freund" („amigo fiel") kennen die „Lisboetas" mindestens 365 Zubereitungsarten, für jeden Tag eine. Zusammen mit Sardinen ist der „bacalhau" das preiswerteste und traditionsreichste Geschenk der Meere. Darüber hinaus sind die Speisekarten Lissabons so vielfältig, dass man selbst über Wochen nicht dasselbe essen müsste.

Ob in den Gourmettempeln oder im einfachen Ecklokal: **Bacalhau** steht auf allen Speisekarten. Da die *Lisboetas* ihr **Nationalgericht** trotz der kulinarischen Vielfalt in großen Mengen konsumieren, wird er inzwischen aus Kanada, Norwegen, Russland und Island importiert und inzwischen hat die Stadt ihm ein eigenes Museum gewidmet (CIHB, s. S. 64). Man muss ihn keineswegs würzen, denn sein Geschmack nach Sonne und Salz gilt nicht als streng, sondern als naturbelassen-pikant. Man isst *bacalhau* gebraten, gedünstet, gekocht und frittiert, nutzt ihn als Grundlage für Suppen und Eintöpfe, genießt ihn mit Reis *(arroz de bacalhau),* als Kroketten *(pastéis de bacalhau),* als Füllung in Teigtaschen und zuweilen findet er sogar in Desserts Verwendung.

Die Sardine gehört uns!

Fast ebenso populär ist die **Sardine** *(sardinha)*, die im Juni und Juli Saison hat und bei den Festen zu Ehren der *Santos Populares* (Volksheiligen) in jeder Gasse auf jedem Grill liegt. Wie der Bacalhau ist sie eine **kulinarische Ikone der Stadt.** „A Sardinha é Nossa!" („Die Sardine gehört uns!") ist seit einer gleichnamigen Ausstellungsreihe in der Galerie der Fundação Millennium (s. S. 69) zum geflügelten Wort geworden. Die Verehrung der Sardine hat in Lissabon eine lange Tradition. Schließlich versorgten die Fischfabriken von Olisipo schon im 1. bis 5. Jh. v. Chr. das Römische Imperium mit Sardinen und anderem Fisch in Keramikamphoren.

Fremdlinge hatten dafür nicht immer Verständnis. So bezeichnete der deutsche Naturwissenschaftler Heinrich Friedrich Link die Sardine im 19. Jh. als „das Gewürz und das Labsal der Armen, oft auch ein Schweinefutter". Heute jedoch lässt sich die Sardine als Gourmetfood genießen, beispielsweise im **Can the Can** (s. S. 82) oder im **Sol e Pesca** (s. S. 89). In der **Conserveira de Lisboa** (s. S. 99) gibt es Sardinen in nostalgischen Konservendosen, bestens geeignet als Mitbringsel für die Lieben daheim.

Aus den Weltmeeren

Liebhaber von Fisch- und Meeresfrüchten kommen in den **Marisqueiras (Meeresfrüchterestaurants)** auf ihre Kosten. Tintenfische, Krebse, Thunfisch, Schwertfisch, Garnelen und Austern sind preislich günstiger als Langusten *(lagostas)*, Riesentaschenkrebse *(sapateiras)* und Meeresspinnen *(santolas)*, die sich der Gast in vielen Fischrestaurants frisch aus dem Aquarium aussuchen kann. Eine Spezialität ist *tamboril*, grätenloser Seeteufel. Zu den schmackhaften Klassikern zählen *dourada* (Goldbrasse), *robalo* (Seebarsch) und *cherne* (Silberbarsch). *Na brasa* (auf Holzkohle gegrillt) kommt ihr Geschmack am natürlichsten zur Geltung. Be-

Traditionell gestaltete Fischdosen in der Conserveira de Lisboa (s. S. 99)

Wandmalerei zur Nelkenrevolution

liebt und typisch sind Reiseintöpfe mit Riesengarnelen *(arroz de gambas)* oder Tintenfisch *(arroz de choco* oder *de sepia)*, Muscheleintöpfe, z. B. *ameijoas na cataplana* mit Schweinefleisch, Speck und Zwiebeln, sowie Fischeintöpfe *(caldeiradas)*.

Vom Steak bis zum Spanferkel

Fleisch gab es früher fast nur an Festtagen. Innereien und Reste wurden ebenfalls verwertet. Auf den heutigen Speisekarten stehen daher oft noch Kutteln oder Leber. **Auf Fleischgerichte spezialisierte Restaurants** heißen **Churrasqueiras.** In Lissabon stehen zum Beispiel Rindersteaks *(bife)*, Hähnchen *(frango)*, Lamm *(borrego)* und Zicklein *(cabrito)* auf der Speisekarte. *Bife à marrare* ist ein Steak, das entweder mit einer Pfefferrahm- oder einer Kaffeesauce zubereitet wird. Mit Rotwein und Knoblauch mariniertes Rindfleisch heißt *alcatra. Mal passado* lautet der Hinweis, wenn man sein Fleisch nur kurz angebraten haben möchte. Eine Spezialität ist auch knusprig gebratenes Spanferkel *(leitão assado)*. Taube, Rebhuhn und Wild füllen in der Saison ebenfalls die Teller.

Saisonale Frische

Ob Fisch, Fleisch, Gemüse, Salat oder Gewürze – kein guter Küchenchef lässt sich die Ehre nehmen, frische Produkte der Saison zu verwenden. Und küchenerfahrene *Lisboetas* wissen genau, wann der Kohl für ihre *caldo verde* (Kohlsuppe) reif ist oder wann es *alface* (Kopfsalat) gibt. Nicht umsonst bekamen die Bewohner Lissabons bereits im 18. Jh. den Spitznamen *Alfacinhas* – Salatköpfchen. Im Sommer essen sie wiederum gern Schnecken, z. B. zum kühlen Bier. An den Kneipen und Restaurants verkünden dann die Schilder: *Há caracóis* („Es gibt Schnecken"). Da schmecken so manchem vielleicht die *tremoços* besser, Lupinenkerne in Salzlake. Man knabbert sie wie Pistazien oder Erdnüsse; die Schale isst man nicht mit.

Regionale Landesküchen

Zu den beliebtesten Gewürzen zählen Knoblauch und Koriander, z. B. für *açorda* (Brei aus gemahlenem alten Brot), der in vielen traditionellen Gerichten mit Fisch, Garnelen, Fleisch oder Gemüse verwendet wird. Die **Regionalküchen des Alentejo**, wörtlich „jenseits des Tejo" im Süden Portugals, **und von Trás-os-Montes** im Norden des Landes, sind im ganzen Land beliebt und auch in der Lissabonner Restaurantlandschaft gut vertreten. Aus dem Gebirge stammt z. B. ein typisches Wintergericht, der Eintopf *cozido à portuguesa*. Das setzt der Fantasie des Kochs keine Grenzen und kann Fleisch, Blutwurst, Schweinefüße, Kartoffeln, Möhren, Erbsen, Kohl und Reis enthalten. Das dunkelhäutige Iberische Schwein *(porco preto)* aus dem Alentejo, das sich von Korkeicheln ernährt, liefert besonders hochwertigen Schinken.

Frischer Wind durch junge, kreative Köche

Deftig und fett ist in der portugiesischen Küche passé. Lissabons junge Gourmetköche setzen auf einfallsreich verfeinerte traditionelle Rezepte. Diese präsentiert zum Beispiel **José Avillez** in seiner TV-Kochshow „JA ao lume" („Jetzt kochen"). Mit Mitte 30 hatte der sympathische Koch bereits eine steile Karriere hinter sich. Er schrieb mehrere Kochbücher und eröffnete im Chiado mehrere Restaurants, u. a. das **Café Lis-**

boa im Gebäude des Teatro Nacional de Sao Carlos (s. S. 94), das Restaurant **Belcanto** (s. S. 82) und das **Bairro do Avillez** (s. S. 82) im Chiado-Viertel mit gleich mehreren Restaurants und einem überdachten, lichtdurchfluteten Innenhof.

Während der Deutsche **Joachim Koerper** im Gourmetrestaurant **Eleven** (s. S. 83) seit 50 Jahren von sich reden macht, setzt der Portugiese **Vítor Sobral** in seiner **Tasca da Esquina** (s. S. 83) auf heimische Qualitätsküche zu erschwinglichen Preisen. Er ist dafür bekannt, die Finessen der Haute Cuisine in der Welt der *petiscos* (Appetithappen) kreativ umzusetzen. Seine kleinen Snacks serviert er täglich in neuen Kombinationen.

Olivier Costa inszeniert nicht nur, was aus seinen Kochtöpfen kommt,

Kulinarischer Wortschatz und typische Gerichte

Süßes aus dem Kloster

barrigas de freira – „Nonnenbäuche"
orelhas de abade – „Abtsohren"
papos de anjo – „Engelsbäuchlein"
toucinho do céu – „Himmelsspeck"

Beilagen und Typisches

alface – Kopfsalat
açorda – Brotsuppe aus Brot vom Vortag
manteiga – Butter
pão – Brot
petiscos – portugiesische Tapas („Häppchen")
porco preto – Iberisches Schwein („schwarzes Schwein")

Erlesenes aus dem Meer

mariscos – Meeresfrüchte
santola – Meerspinne
sapateira – Taschenkrebs
camarões – Garnelen

Suppen und Eintöpfe

caldeirada – Fischeintopf mit Gemüse
caldo verde – Grünkohlsuppe („grüne Brühe")
canja – Hühnersuppe (mit Reis)
cozido à portuguesa – Fleischeintopf mit Kohl und Bohnen (portugiesischer Eintopf)
feijoada de chocos – Bohneneintopf mit Sepia
gaspacho – kalte Gemüsesuppe
sopa da pedra – „Steinsuppe" mit Gemüse und Fleisch
sopa de peixe – Fischsuppe

Kleine und große Gerichte

bacalhau à brás – im Ofen gebackener Stockfisch mit Zwiebeln, Eiern, Kartoffeln und Petersilie
bacalhau com grão – Kabeljau mit Kichererbsen
bacalhau com natas – im Ofen gratinierter Stockfisch in Sahnesauce
bitoque – gegrilltes Steak/Schnitzel mit Pommes, Reis, Spiegelei und Salat
carne de porco à portuguesa – Schweinefleischwürfel mit Oliven und Kartoffeln
carne de porco à Alentejana – Schweinefleischstücke mit Muscheln
chocos com tinta – Tintenfisch in eigener Tinte
frango grelhado – gegrilltes Hähnchen
lulas recheadas – mit Wurst oder Hackfleisch gefüllter Tintenfisch in Tomatensauce mit Reis
peixinhos da horta fritos– panierte, frittierte Stangenbohnen, die aussehen wie kleine Fische („Gartenfischchen")
risol de carne – frittierte Teigtasche mit Fleischfüllung
salada de polvo – Tintenfischsalat

015lb Abb.:ps

sondern versteht sich als Restaurator. Er setzt auf das besondere Design seiner Restaurants (z.B. **Guilty by Olivier**, s.S. 84), mal industriell, mal luxuriös und fürstlich, aber immer bis ins Detail durchgestylt.

Süße Nachspeisen und Pastelarias

Nach dem Hauptgericht sollte man auf jeden Fall Platz für einen Nachtisch *(sobremesa)* lassen. Typisch sind *arroz doce* (Milchreis mit Zimt), *doce de ovos* (eine süße Eierspeise) und *pudim caseiro,* Eierpudding mit Karamellsauce, der dem spanischen *flan* ähnelt. Alles enthält viel Zucker und Eigelb und geht noch auf die **Zeit der Mauren** zurück. Beim traditionellen Klostergebäck *toucinho do céu* („Himmelsspeck") kommen noch Mandeln hinzu. Die zuckersüßen *ovos moles* („weiche Eier") stammen aus dem nordportugiesischen Aveiro. Natürlich wird als Alternative häufig auch frisches Obst *(fruta)* oder Eis *(gelado)* angeboten.

Günstiger und zeitlich ungebundener als im Restaurant isst man Süßes in Form von köstlichen Kuchen oder Törtchen in den **Pastelarias** (Konditoreien). *Fabrico próprio* bedeutet, dass alles aus der hauseigenen Bäckerei stammt. Um die berühmten *pastéis*

Traditionsgetränk und Gaumenfreude: der Kirschlikör aus der Ginjinha Espinheira am Rossio

Mein Tipp

Unbedingt probieren: Ginjinha

In ihren **„Ginjinha"-Stehbars** trinken die *Lisboetas* zu jeder Tageszeit den Sauerkirschlikör *Ginjinha,* kurz *Ginja.* Der 18- bis 20-prozentige dunkelrote Likör wird in Schnapsgläser eingeschenkt. Die Kerne der eingelegten Kirschen darf man – gemäß der Tradition – vor der Tür ungeniert auf den Boden spucken. Statt *com elas* (mit Kirschen) kann man das süße Getränk aber auch ohne Kirschen *(sem elas)* bestellen. Lissabons erste Ginjinha-Bar eröffnete vor fünf Generationen als Familienbetrieb am Largo de São Domingos. Zahlreiche weitere folgten und zählen bis heute zu den beliebtesten Treffpunkten in der Baixa.

38 [V20] **A Ginjinha Espinheira,** Lg. de São Domingos, 8, Metro: Rossio, tgl. 9–22 Uhr

Weitere Traditionsadressen:

39 [V20] **Ginginha do Carmo,** Cç. do Carmo, 37 A, Metro: Restauradores, Mo.–Fr. 13–21 Uhr

40 [V19] **Ginjinha Popular,** R. Portas de Santo Antão, 61, Metro: Rossio, tgl. 12–23 Uhr

41 [U19] **Ginjinha Rubi,** Rua Barros Queiros, 27, Metro: Martim Moniz, Nähe Ascensor da Glória, tgl. 7–23/24 Uhr

de Belém („süßes Gebäck aus Belém") zu probieren, kommt niemand an dem Stadtviertel vorbei, von dem aus die Entdeckungsreisenden einst ihre Segel setzten (s. S. 112). Dort ist das Original zu haben (s. S. 79). Die in Blätterteig gebackenen Puddingtörtchen sind auch als *pastéis de nata* bekannt. Blätterteig mit Pudding und Zuckerguss heißt *mil folhas* („tausend Blätter"). Typisch portugiesisch sind auch die *pastéis de feijão,* süß-saftige Törtchen aus Bohnenmehl, und *bolo de Xadrez,* ein Kuchen, der seinen Namen dem schachbrettartigen Muster verdankt.

Getränke

Um sich das passende Getränk zu bestellen, helfen vor allem zwei Schlüsselwörter: *com* (mit) und *sem* (ohne). Das gilt zum Beispiel für **Mineralwasser** *(água mineral)* mit oder ohne Kohlensäure *(gás)* oder für die verschiedenen Varianten des Kaffees (s. kulinarischer Tagesablauf).

Die Getränkeauswahl ist groß, vom nostalgischen Sirupgetränk am *Quiosque de Refresco* (s. S. 76) über Tees aus Übersee bis zu den portugiesischen Weinen. Portwein und Spirituosen sind beliebte Mitbringsel und füllen in der Baixa ganze Läden.

Aufgrund der Temperaturen sind in Restaurants im Sommer leichte Getränke wie Limonade, *capilé* (Sirupmischgetränk), Sangria oder Bier am gängigsten. Wer **Limonade** bestellt, bekommt frisch gepressten Zitronensaft mit Wasser und Zucker.

Bei **Wein** ist man mit dem *vinho da casa,* dem offenen Hauswein, gut beraten, den es in so gut wie jedem Restaurant im *copo* (Glas) oder *jarro* (Krug) gibt. Der *vinho verde* („grüner, junger Wein"), ein frischer **Weißwein aus Nordportugal**, schmeckt ebenfalls fantastisch, wenn auch viele *Lisboetas* lokale **Rotweine aus der Umgebung** bevorzugen. *Maduro* steht für reife Weine, *garrafeira* für lange gelagerte Spitzenweine. Wer nach einer Weinbar sucht, ist in einer *Adega* richtig. Portugal zählt zu den großen Weinerzeugern Europas und bietet eine besondere Vielfalt an eingesessenen Rebsorten.

Eines der bekanntesten Exportprodukte des Landes ist der **Portwein** *(vinho do Porto),* eine Mischung aus Branntwein und teilvergorenem Wein mit mindestens 16,4 %-igem Alkoholgehalt. Im Sommer wird Port auch weiß als Aperitif mit Eis angeboten oder als Modecocktail Portonic. Süßer **Moscatel** aus dem Anbaugebiet um Sétubal ist als Dessertwein beliebt.

In kleinen, volkstümlichen Restaurants, den **Tascas**, gibt es zur Verdauung manchmal noch selbstgebrannten *bagaceira* (Schnaps), der es oft in sich hat. Dann vielleicht doch lieber einen klassischen portugiesischen Brandy wie *Macieira* oder einen Antiqua-Weinbrand?

Saúde heißt Prost. Das **heimische Bier** der Hauptstadt stammt meist aus den Brauereien Sagres (zu Heineken gehörig) und Super Bock (Carlsberg-Gruppe). Zu den typischen Biersorten zählen das Helle *(branca)* und das Dunkle *(preta).* Wer *cerveja* bestellt, bekommt meist Flaschenbier. Günstiger ist das Fassbier: *imperial* (0,2 l), *tulipa* (0,3 l) oder *caneca* (0,4 l). Gruppen können in Brauhäusern eine *girafa* bestellen: 1 Liter vom Fass in einem hohen, schlanken Gefäß, das an ein Reagenzglas erinnert. Ein **Radler**, also ein Bier mit Zitronenlimonade, heißt in Lissabon *panaché.*

Kulinarischer Tagesablauf

Morgens

Wer nicht im Hotel frühstückt, findet in Lissabon eine große Auswahl hübscher Cafés und *Pastelarias* (Konditoreien). Beim Wachwerden hilft ein *bica* (Espresso) oder gar ein doppelter, der *café duplo.* Möchte man einen Schuss Milch zur *bica,* bestellt man sie mit einem *pingo* oder einen *garoto* (Milchkaffee). Die etwas mildere Variante, der große **Milchkaffee,** heißt *meia de leite.* Viele *Lisboetas* bestellen ihn als *galão* (Kaffee mit aufgeschäumter Milch im hohen Glas). Alternativen sind *chocolate quente* (heiße Schokolade) oder *chá* (Tee), z. B. *chá preto* (schwarzer Tee) oder *chá verde* (grüner Tee). Das typische Angebot zum *pequeno-almoço* (Frühstück) besteht aus Sandwiches, Croissants, *torradas* (getoastetes Brot mit Butter) oder *bolos* (Kuchen), etwa *pastéis de nata* (Puddingtörtchen), *queques* (Muffins) oder *bolo de arroz* (Sandkuchen mit Reis).

Mein Tipp

Kioskkultur in Lissabon: Quiosque de Refresco

Im Jahr 1900 gab es in Lissabon 22 Kioske für Getränke und Snacks. Die Stadt ließ diese Tradition wieder aufleben und es werden zusehends mehr. Man findet die kleinen, meist grünen Pavillons mit einigen Tischen und Stühlen in Parks, auf zentralen Plätzen und an fast allen Miradouros (Aussichtspunkten). Sie sind täglich von 8.30 bis 22.30 Uhr (im Sommer 24 Uhr) geöffnet. An der Avenida da Liberdade legen manchmal DJs auf und es wird getanzt.

Tagsüber gibt es traditionelle Erfrischungsgetränke wie Zitronenlimonade, den Sirup *capilé* (mit Frauenhaarfarnextrakten und Orangenblüten), *groselha* (Johannisbeersaft), Eistee, aber auch Likör, Portwein und Bier. Zu essen gibt es *pastéis de nata,* Sandwiches mit Ziegenkäse, *bacalhau* und Sardinen oder mit Fleisch gefüllte Teigtaschen *(empanadas).*

42 [U21] **Quiosque de Camões,** Pr. Luís de Camões, Tram 28E bis Pr. Luís de Camões

43 [T19] **Quiosque do Príncipe Real,** Pr. do Príncipe Real, Metro: Rato

016lb Abb.: ps

Mittags

Im Vergleich zu den Spaniern essen die Portugiesen früh zu Mittag. Zwischen 12 und 14 Uhr bieten viele Restaurants **preiswerte Tagesmenüs.** Für das *almoço* (Mittagessen) nimmt man sich Zeit, ob zu Hause oder mit Kollegen im Restaurant. Zum Hauptgericht darf es auch gern ein Glas Wein oder Bier sein und nach dem Dessert folgt wieder ein *bica,* vielleicht sogar *com cheiro* (mit Schnaps). Übrigens, die Portionen sind gerade in einfachen Lokalen oft so groß, dass man besser vorher nachfragt und bei kleinem Appetit nur die Hälfte bestellt – *meia dose.*

Abends

Abendessen *(jantar)* servieren die Restaurants meist von 19 bis 22.30 Uhr. Die meisten Gäste kommen zwischen 20 und 20.30 Uhr, sodass es sich empfiehlt zu reservieren.

In den meisten **Fado-Lokalen** beginnt das Essen um 21 Uhr. In einfachen **Tascas** gibt es nur Tagesgerichte und *petiscos* (Appetithäppchen), **Tabernas und Restaurants** bieten meist auch dreigängige Menüs.

Ganze Fische und Meeresfrüchte werden nach Gewicht berechnet. Da sonntags nicht gefischt wird, haben die Restaurants montags keinen frischen Fisch.

Im Restaurant

Restaurants in jeder Preisklasse sind leicht zu finden. Die Speisekarte hängt meist vor der Tür oder am Fenster. Eine Tagessuppe und warme Gerichte zum kleinen Preis gibt es auch in den meisten *Pastelarias.* In Restaurants bekommt man zu Stoßzeiten oft vom Kellner einen Platz zugewiesen. Am Eingang am besten fragen, ob ein Tisch frei ist: *Tem una mesa livre?* Die Preise beinhalten die Bedienung und die Mehrwertsteuer.

Besonders in touristischen Gegenden wird das **Couvert**, z.B. Brot, Oliven, Käse, Pastete, kleine Snacks oder Garnelen, ungefragt serviert und später extra berechnet. Wer das nicht möchte, stellt es einfach an den Tischrand. Mit den Worten *faz favor* („Bitte sehr“) ruft man die Bedienung und mit *a ementa* oder *a lista, por favor* („Die Speisekarte bitte“) fragt man nach der Karte, die es oft auch auf Englisch gibt. Die Rechnung *(a conta, por favor)* kommt auf einem Teller, auf dem man auch das **Trinkgeld** *(gorjeta,* ca. 5 %) liegen lässt. Stimmt mit der Rechnung etwas nicht, sollte man diese korrigieren lassen; zur Not fragt man nach dem *livro de reclamações,* dem gesetzlich vorgeschriebenen, offiziellen **Reklamationsbuch.**

Kleine Pause am Quiosque de Camões

Cafés

44 [V21] **A Brasileira,** R. Garrett, 120, Metro: Baixa-Chiado, tgl. 8–24 Uhr. Vor Lissabons bekanntestem Café erinnert eine Statue an den Dichter Fernando Pessoa, der hier gern verweilte. Vor dem langen Tresen lassen Besucher die klassizistische Einrichtung – den Prunk vergangener Tage – auf sich wirken.

45 [P19] **A Tentadora,** R. Ferreira Borges, 1, Tram 28E bis Saraiva de Carvalho, Mo.–Sa. 7–20 Uhr. Die *Pastelaria* mit Jugendstilfassade in Campo de Ourique lohnt eine Kaffeepause mit Gebäck.

092lb Abb.: ps

Mein Tipp

Lokale mit guter Aussicht

Hervorragend ist das Panorama über Lissabon vom Restaurant der **Zirkusschule Chapitô** (s. S. 82) oder vom **Faz Figura** (s. S. 84), von dem man weit über die Alfama blicken kann.

Nah am Tejo sitzt man im **Ponto Final** (s. S. 84) und im **Atira-te ao Rio** (s. S. 81) mit Blick auf die Skyline vom anderen Ufer aus.

Auch von den Dachterrassen vieler Hotels (z. B. dem **Hotel Mundial,** s. S. 134) genießt man einen exzellenten Ausblick, aber dort ist es vergleichsweise teuer. Man kann Lissabon geradezu im Rhythmus des Dachterrassen-Hoppings entdecken. „**Topo**" nennen sich gleich mehrere Rooftop-Bars. Eine ist mitten im Chiado zwischen Convento de Carmo und Elevador Santa Justa zu finden, eine andere auf dem Dach einer chinesischen Shoppingmall an der Praça Martim Moniz. Vom **Topo Belém** auf dem Dach des Centro Cultural (Museu Berardo, s. S. 65) reicht der Blick weit über den Tejo.

48 [V20] **Topo Chiado,** Terraços do Carmo, Chiado, tgl. 10–2 Uhr

49 [W19] **Topo Moniz,** Praça Martim Moniz, 6, So.–Do. 12.30–1, Fr. 12.30–4, Sa. 12.30–2 Uhr, www.facebook.com/topolisboa

Besonders angesagt und eine ruhige Oase einige Etagen über den quirligen Straßen ist das **Park,** eine Bar auf der Dachterrasse eines Parkhauses mit Holztischen und vielen Topfpflanzen. Der Blick reicht über die Glockentürme der Kirche Santa Catarina bis zur Brücke 25 de Abril. Bis zum späten Abend kann man im Park Burger essen, portugiesische Küche probieren und Cocktails trinken. Außerdem legen immer mal wieder DJs auf.

50 [T21] **Park,** Calcada do Combro, 58, Tel. 215914011, Mo.–Do. 12–24, Fr., Sa. 12–2 Uhr, Küche 13–15, 20–23 Uhr

46 [U21] **Bijou do Calhariz,** Lg. Calhariz, 3, Metro: Baixa-Chiado, Mo.–Sa. 8–20 Uhr. In der typischen *Pastelaria* schmeckt einfach alles, z. B. die *queques* (Muffins).

47 [e12] **Café com Calma**, Rua do Açúcar, 10, Bus 728, Tel. 218680398, Facebook, Mo.–Fr. 11–15.30 Uhr. In das kleine „Café mit Ruhe" und Vintagemöbeln in Marvilla verschlägt es bisher kaum Touristen. Es eignet sich perfekt zum Verweilen mit Buch oder Tablet und serviert hausgemachtes Gebäck, auch zum Frühstück. Mittags gibt es Healthfood, darunter auch vegane Gerichte.

51 [X20] **Café do Eléctrico,** Rua do Salvador, 39, Tel. 218861751. Mo.–Fr. 8–15 Uhr. Traditionelle Café-Bar an einer Straßenecke in der Alfama mit historischen Fotos an der Wand. Hier begegnen sich Einheimische und Touristen bei preiswertem Kaffee, heißer Schokolade, Saft und Sandwiches oder portugiesischem Gebäck, während draußen die Straßenbahnen vorbeibimmeln.

52 [V20] **Confeitaria Nacional,** Pr. da Figueira, 18 B/C, Metro: Rossio, www.confeitarianacional.com, Mo.–Sa. 9–19 Uhr. Das 1829 gegründete Familienunternehmen war zu Zeiten der Monarchie Hoflieferant. An der Theke im Erdgeschoss gibt es köstliches Gebäck, das man zwischen verspiegelten Wänden in historischem Ambiente verspeisen kann. Spezialität des Hauses sind die *bolos de arroz,* eine Art portugiesischer Muffin mit Reismehl. Im Obergeschoss auch warme Küche (Selbstbedienung).

53 [X21] **Cruzes Credo,** R. Cruzes da Sé, 29, Tram 28E u. 12E bis Sé, Di.–So. 12–24 Uhr. In dem charmanten Café mit Steinwänden und Gewölbebögen kann man frühstücken, Kuchen essen oder zum Lunch ein Sandwich mit Orangensaft verspeisen. Es gibt auch Wein, Bier, Tee und Tapas; am Abend läuft meist Electro oder Jazz.

54 [V20] **Nicola,** Lg. do Rossio/Pr. de Dom Pedro IV, 24–25, Metro: Rossio, www.nicola.pt, tgl. 9.30–22 Uhr. Einheimische und Touristen lieben die Aussicht von der Terrasse auf den Rossio. Schon im 18. Jh. war das historische Café ein beliebter Literatentreff. Hier verkehrte u. a. der Dichter Bocage, nach dem auch eine Kaffeemarke benannt ist, erhältlich im Café Nicola Gourmet in der R. 1 de Dezembro, 32.

⊲ *Die Bar Park mit Weitblick auf dem Dach eines Parkhauses*

Gastro- und Nightlife-Areale

Bläulich hervorgehobene Bereiche in den Karten kennzeichnen Gebiete mit einem dichten Angebot an Restaurants, Bars, Clubs, Discos etc.

55 [G25] **Pastéis de Belém,** R. de Belém, 92, Tram 15E, Bus 201 u. 728 bis Mosteiro dos Jerónimos, Cascais-Linie bis Belém, www.pasteisdebelem.pt, tgl. 8–21 Uhr, im Sommer länger. Lissabons berühmte Konditorei ist Namensgeber für die gleichnamigen Puddingtörtchen. Seit 1837 werden sie in der hauseigenen Fabrik nach einem alten, geheimen Rezept aus dem Mosteiro dos Jerónimos 36 gebacken. Zudem gibt es weitere süße Spezialitäten, z. B. *Bolo Inglês* oder *Marmelada de Belém* (ebenfalls feines Gebäck), Plätzchenvariationen und Weihnachtsgebäck.

56 [V21] **Vertigo Café**, Tv. do Carmo, 4, Metro: Baixa-Chiado, Mo.–Do. 12–23, Fr. 11–24 Uhr. Das schöne Art-déco-Café und Restaurant ist kubanisch inspiriert und antik eingerichtet. An den Wänden hängen Fotos aus den 1930er- und 1940er-Jahren. Die Küche verwendet biologische Produkte. Große Teeauswahl.

Restaurants

Urig und günstig

57 [R12] **Adega Tia Matilde** €, R. Beneficência, 77, Bus 31, www.adegatiamatilde.com, Tel. 217972172, Mo.–Fr. 12–16 und 19.30–24, Sa. 12–16.30 Uhr. Viele Touristen verschlägt es nicht in diese nette, traditionelle

MEINE TIPPS

Lecker vegetarisch

Restaurants für Vegetarier und Veganer gibt es nur vereinzelt. Das Os Tibetanos bietet eine kleine kulinarische Weltreise, im Café com Calma gibt es auch vegane Gerichte und das PSI ist buddhistisch inspiriert.

- **Café com Calma** (s. S. 78)
- **Os Tibetanos** (s. S. 86)
- **PSI** (s. S. 85)

Dinner for one

Günstig und gesellig geht es an den **Kiosken** zu. Oder man setzt sich in eines der Restaurants direkt an der Praca do Comercio mit Blick auf den Tejo oder die Docas de Marinha. Ein beliebter Treffpunkt sind die Gourmet-Snack-Stände in der Markthalle Mercado da Ribeira am Cais do Sodré (s. S. 96). Musik und Kultur im **Bairro Alto** bieten z. B. das Zé dos Bois und das Portas Largas, ruhige Lounge-Atmo der Pavilhão Chinês.

- **Bairro do Avillez** (s. S. 82)
- **Mesa de Frades** (s. S. 90)
- **Palácio Chiado** (s. S. 82)
- **Pavilhão Chinês** (s. S. 88)
- **Portas Largas** (s. S. 88)
- **Sol e Pesca** (s. S. 89)
- **Time Out Market – Mercado da Ribeira** (s. S. 96)

Für den späten Hunger

Bis 24 Uhr bekommt man Snacks an den **Kiosken,** z. B. im Chiado und an der Avenida de Liberdade, und in vielen Lokalen im Bairro. Beliebt ist ein nächtlicher Snack im Mercado da Ribeira.

- **Mercado da Ribeira** (s. S. 96)
- **O'Gilins** (s. S. 88)
- **Restaurante Alfaia** (s. S. 85)

Frisches aus dem Meer im Restaurant Mar ao Carmo

Preiskategorien

€	Hauptgericht bis 15 €, Menü bis 20 €
€€	Hauptgericht bis 30 €, Menü bis 35 €
€€€	Hauptgericht über 30 €, Menü über 35 €

Tasca mit einfacher Holzeinrichtung und authentischer Küche, die für ihren leckeren Fischeintopf bekannt ist. Eine englischsprachige Karte gibt es trotzdem. Der Name „Tante Matilde" erinnert an die ursprüngliche Besitzerin, die hier in den 1920ern ein Lokal eröffnete.

58 [V20] **A Licorista O Bacalhoeiro** €, R. dos Sapateiros, 218, Metro: Rossio, Tel. 213431415, Mo.–Sa. 12–15 und 19–22 Uhr. Hier sind zwei volkstümliche Restaurants, in denen schon Fernando Pessoa verkehrte, quasi zusammengewachsen. *Bacalhau*-Gerichte genießen und die historischen Fotos der Kabeljaufischerei betrachten oder in rustikalem Ambiente Likör trinken.

59 [V20] **A Merendinha do Arco** €, R. dos Sapateiros, 230, Metro: Rossio, Tel. 213425135, Mo.–Fr. 8–20, Sa. 10–15 Uhr. Das typische Restaurant hinter dem Bogen am Rossio ist wegen seiner köstlichen *petiscos* beliebt. Unbedingt probieren sollte man *pastéis de bacalhau* (Kabeljau-Küchlein), *jaquinzinhos* (kleine gebratene Makrelen), *filete de choco* (Sepia-Filet) und *caracóis* (Schnecken).

60 [T19] **Tascardoso** €, R. de O. Seculo, 242, Metro: Rato, Tel. 213475698, Mo.–Sa. 12–15.30 u. 19–24 Uhr. Noch immer sehr preiswert isst man mittags im Stehen an der Theke mit den *Lisboetas*. Nebenan gibt es einen kleinen Essraum mit ein paar Tischen, die meist besetzt sind. Das gute Preis-Leistungs-Verhältnis ist im Viertel bekannt.

Fisch und Meeresfrüchte

61 [T19] **A Cevicheria** €€, Rua Dom Pedro V., 129, Metro: Rato, bei Facebook, Tel. 218038815, tgl. 12–23 Uhr. Serviert wird das peruanische Nationalgericht *ceviche,* von der Decke hängt eine riesige Tintenfischattrappe, Küchenchef Kiko alias Francisco Martins akzeptiert hier im angesagten Viertel Príncipe Real keine Reservierungen. Im Sommer ein beliebter Treffpunkt, auch, um an den Stehtischen auf der Terrasse *pisco sour* zu trinken. Ambiente: jung und frisch!

62 [V20] **Aqui Há Peixe** €€-€€€, R. Trindade, 18 A, Metro: Baixa-Chiado, www.aquihapeixe.pt, Tel. 910161444, Di.–Fr. 12–14.30, 19–22.30, Sa. 19–22.30 Uhr. Ein Brasilianer führt das charmante Restaurant mit farbenfroh gestrichenen Wänden unter Gewölbebögen im Chiado. Große Auswahl an Fischsuppen, Reistöpfen und Meeresfrüchtegerichten, aber es gibt auch Fleisch.

63 [V19] **Gambrinus** €-€€, R. das Portas de Santo Antão, 23, Metro: Rossio, www.gambrinuslisboa.com, Tel. 213421466, tgl. 12–24 Uhr. Die Einrichtung der alten Tasca von 1936 stammt aus dem Jahr 1964. Hier lässt es sich unter Buntglasfenstern üppig portugiesisch speisen. Die Fischgerichte und Meeresfrüchte werden stadtweit gelobt.

64 [V20] **Mar ao Carmo** €€-€€€, Largo do Carmo, 21, Metro: Baixa-Chiado oder Elevador Santa Justa, bei Facebook, Tel. 213421305, tgl. 12–24 Uhr. Erschwingliches und bei den *Lisboetas* beliebtes Fisch- und Meeresfrüchterestaurant in 1-A-Lage mit Terrasse auf dem Largo do Carmo. Auch gute Weine und portugiesische *petiscos.*

65 [W18] **Ramiro** €€, Av. Almirante Reis, 1, Metro: Martim Moniz, Tel. 218851024, www.cervejariaramiro.com, Di.–So. 12–24 Uhr, Gerichte zum Mitnehmen bis 21 Uhr. Der Vater von Ramiro eröffnete 1956 das bodenständige Brauhaus und Restaurant für Fisch und Meeresfrüchte. Im OG geht es etwas ruhiger zu. Was auf den Teller kommen soll, kann man sich aus dem Aquarium aussuchen. Wegen der fairen Preise beliebt und meist recht voll.

131lb Abb.: ps

66 [U21] **Sea me** €€, R. do Loreto, 21, Metro: Baixa-Chiado, www.peixariamoderna.com, Tel. 213461564, Mo.–Do. 12.30–24 Uhr, Fr. 12.30–15.30 u. 19.30–1 Uhr, Sa. 12.30–1, So. 12.30–24 Uhr. Hier kann man Fisch- und Meeresfrüchte entweder an der Bar, an den Tischen im Restaurant oder im Hinterhof genießen. Das Konzept der Besitzer: ihre Erinnerung an die urigen Fischhandlungen mit Bar im Stil der heutigen Zeit umsetzen. Auch Take-away.

Originell

67 **Atira-te ao Rio** €, R. Ginjal, 69, Fähre vom Cais do Sodré nach Cacilhas, https://atirateaorio.com, Tel. 212751380, tgl. 12.30–16, 19–22.30 Uhr. Sommerfeeling pur, denn vor dem kleinen Lokal lockt ein

Sandstreifen zum abkühlenden Bad im Tejo. Auf der Terrasse am Kai neben dem Ponto Final (s. S. 84) hat man einen tollen Blick über den Fluss. Dazu passen der Fisch des Tages oder typische portugiesische Gerichte zu zivilen Preisen.

68 [V20] **Bairro do Avillez** €€-€€€, Rua Nova da Trindade, 18, Metro: Chiado, www.bairrodoavillez.pt, Tel. 215842002, tgl. 12–24 Uhr, Bar bis 1 Uhr. Fernsehkoch José Avillez schuf im Chiado ein kleines Imperium mit mehreren Angeboten verschiedener Preisklassen. An der Theke der **Mercearia** kann man tollen Käse, Schinken und Wurst kaufen und im **Pateo** Tapas und frische Fischgerichte vor einer bunten Kachelwand essen. Im lichtdurchfluteten Innenhof lässt der Sternekoch Pizzen servieren und es gibt eine kleine Bar mit plüschig-luxuriösem Flair sowie spannenden Cocktail-Kreationen.

69 [W22] **Can the Can** €-€€, Pr. do Comércio, 82–83, Metro: Terreiro do Paço, http://canthecan.net, Tel. 914007100, tgl. 9–2 Uhr. „Canned food goes gourmet", so das Motto des Restaurants. Sein Name stammt aus einem Suzi-Quatro-Song. Manchmal Livemusik, Fado, Filme oder Events.

70 [W21] **Chapitô** €€, R. Costa do Castelo, 1–7, Bus 37 bis Costa do Castelo, Tram 28E bis Miradouro de Santa Luzia, https://chapito.org/areas-de-actuacao/economia-social/chapito-a-mesa/#, Tel. 218875077. Nicht wundern, wenn an der Tür ein Clown steht, denn dies ist Lissabons Zirkusschule. Durch einen Shop geht es ein paar Treppenstufen hinab. Bar und Restaurantterrasse bieten einen fantastischen Blick. Im UG findet sich eine Bühne für Zirkusshows, Konzerte und kulturelle Events. Im Gebäude wohnen die Zirkusschüler. Seit 1996 hat das Chapitô eine eigene Kompanie. Multikulturelles Publikum, abwechslungsreiches Programm, teilweise auch am Vormittag.

71 [T21] **Chef Felicidade – Pharmacia** €€, R. Marechal Saldanha, 1, Metro: Baixa-Chiado, Tel. 213462146, tgl. 12.30–1 Uhr. Alte Arzneigefäße und viele Details bis zum Design der Tapete lassen die mediterrane Küche in diesem Restaurant zu einem Erlebnis mit medizinischen Impressionen werden. Der Wein steht in weißen Flaschenständern mit grünem Kreuz, zum Abendessen gibt es mehrere typische *petiscos* oder ein mehrgängiges Überraschungsmenü.

72 [U21] **Palácio Chiado** €€-€€€, Rua do Alecrim, 70, Metro: Baixa-Chiado, http://palaciochiado.pt, Tel. 210101184, tgl. So–Do. 12–16, 19–24, Fr., Sa. bis 2 Uhr. Chillen bei einem Cocktail, eine Kaffeepause machen – dazu laden die Prunksäle im Adelspalast Palácio Quintela ein, der bis heute den Nachkommen des Marquês de Pombal gehört. Einige Räume des Palasts sind Events vorbehalten, aber man kann einfach mal durchgehen und über den goldenen Löwen staunen, der von der Decke hängt, oder zu Drink und *petiscos* in der Bar historische Wandmalereien und Stuck bewundern.

Für Feinschmecker

73 [V21] **Belcanto** €€€, Lg. de São Carlos, 10, Metro: Baixa-Chiado, www.belcanto.pt, Tel. 213420607, Di.–Sa. 12.30–15 u. 19–22, Fr., Sa. bis 24 Uhr. José Avillez erhielt in seiner Zeit im Tavares einen Michelin-Stern. Seit 2011 pflegt er im Belcanto seine kreative Gourmettradition. Bekannt ist sein Jackson-Pollock-Rochen. Mit Tintenfischtinte und Säften garniert, sieht das Fischgericht aus wie ein Gemälde des Künstlers. Die Nachtischkreationen sind traumhaft.

74 [V21] **Cantinho do Avillez** €€, R. Duques de Bragança, 7, www.cantinhodoavillez.pt, Tel. 211992369, tgl. 12.30–15 u. 19–24 Uhr. Sympathisches Understatement, sein Restaurant „Kantine" zu nennen, aber im Vergleich zum Belcanto bie-

tet José Avillez hier tatsächlich einfachere Küche zu moderaten Preisen. Die Basis ist portugiesisch, aber man merkt, dass der Küchenchef viel gereist ist. In die Cocktails kommen Gewürze: „Lisboa“ wird aus Wodka, roten Beeren und Ingwer gemixt.

75 [R15] **Eleven** €€€, R. Marquês de Fronteira, Jardim Amália Rodrigues, Metro: São Sebastião, www.restauranteleven.com, Tel. 213862211, Di.–Sa. 12–15 u. 19.30–23.30 Uhr. Innen ein elegantes, minimalistisches Dekor, durch die Glasfensterfront reicht das Panorama vom Hügel oberhalb des Parque Eduardo VII bis in die Unterstadt. Der deutsche Sterne-Chefkoch Joachim Koerper ist für seine Feinschmeckerküche bekannt.

76 [V7] **Salsa e Coentros** €€, R. Coronel Marques Leitão, 12, Metro: Alvalade, bei Facebook, Tel. 218410990, Mo.–Sa. 12.30–15 und 19–23 Uhr. Zwei kreative Köche aus dem Alentejo eröffneten dieses sympathische Restaurant in Alvalade, das sich seither bewährt. Bemerkenswertes Preis-Leistungs-Verhältnis und eine hervorragende Auswahl an Weinen.

77 [Q19] **Tasca da Esquina** €€, R. Domingos Sequeira, 41 C, Tram 28E bis Estrela, www.tascadaesquina.com, Tel. 210993939, Di.–Sa. 12.30–15.30 und 19.30–22.30 Uhr. Im Restaurant des renommierten Küchenchefs Vítor Sobral darf man sich von authentischer portugiesischer Küche mit innovativem Touch überraschen lassen.

78 [U21] **Tavares** €€€, R. da Misericórdia, 37, Metro: Baixa-Chiado, https://restaurantetavares.pt, Tel. 213421112, **wegen Sanierung zurzeit geschlossen**. Das 1784 eröffnete Tavares ist das älteste Restaurant Portugals und das zweitälteste der Iberischen Halbinsel und serviert gehobene portugiesische Küche. Zu den illustren Gästen zählte auch schon Madonna. Wer sich ein Essen hier lieber sparen möchte, sollte dennoch einen Blick hineinwerfen und die historische Einrichtung aus Gold und Spiegeln bewundern.

Portugiesische Küche

79 [U14] **A Parte** €€, Av. Defensores de Chaves, 14 C, Metro: Saldanha, bei Facebook, Tel. 213543068, Mo.–Sa. 12–15.30 u. 19.30–23 Uhr. Hier fühlt man sich zu Gast wie in einem schicken Apartment oder beim Essen in einer ländlichen Küche. Die Besitzer haben jeden Raum anders gestylt und servieren portugiesische Küche mit brasilianischem und teilweise französischem Akzent.

80 [R22] **A Travessa** €€, Tv. do Convento das Bernardas, 12, Cascais-Linie oder Tram 15E bis Santos, www.atravessa.com, Tel. 213902034, Mo.–Sa. 19.30–24 Uhr. Das gehobene Restaurant im Kreuzgang des Klosters, das auch das Marionettenmuseum (s. S. 66) beher-

150lb Abb.: ps

⟩ *Apothekerschränke gehören im Restaurant Chef Felicidade – Pharmacia zum originellen Konzept*

bergt, besteht schon seit 1978 und wird gern von Künstlern und Journalisten besucht. Im Sommer sitzt man abends romantisch im Innenhof. Die qualitativ hochwertigen portugiesischen Gerichte haben belgische und internationale Akzente.

81 [T19] **Atalho Real** €€, Calçada Patriarcal, Metro: Rato, Tel. 213460311, www.facebook.com/grupoatalho, tgl. 12–24 Uhr. Das Steakhaus, ein Fleischtempel im Erdgeschoss der Shoppinggalerie Embaixada (s. S. 96) im Viertel Príncipe Real, ist im Sommer ganz besonders attraktiv, denn die große Terrasse unter Bäumen verlockt dazu, vor und nach dem Essen bei Drinks zu verweilen.

82 [U20] **Cervejaria Trindade** €€-€€€, R. Nova da Trindade, 20 C, Metro: Baixa-Chiado, www.cervejariatrindade.pt, Tel. 213423506, So.–Do. 12–24, Fr., Sa. und vor Feiertagen 12–1 Uhr. An der Architektur interessierte Touristen dürfen sich von 10 bis 12 und von 15 bis 19 Uhr umsehen. Bereits 1836 richtete ein Galizier im ehemaligen Kloster Trindade ein Brauhaus ein. Im mittelalterlichen Refektorium reihen sich die langen Holztische zwischen Azulejos-Wänden aneinander. Die Kachelbilder repräsentieren die vier Jahreszeiten und die vier Elemente. Bei gutem Wetter lockt der Kreuzgang nach draußen. Seit der Restaurierung im Jahr 2022 werden im Petiscos-Saal Bierspezialitäten, Reiseintöpfe und weitere Gerichte serviert und im Refektorium gibt es in modernerem Ambiente frische Meeresfrüchte.

83 [I23] **Espaço Açores** €€, Tr. da Boa Hora à Ajuda, Tram 18E bis Boa Hora, www.espacoacores.com, Tel. 213640881, Mo.–Sa. 12–24, So. 12–15 Uhr. Der nette Besitzer des modernen Restaurants in Ajuda, oberhalb von Belém, erklärt die lange Speisekarte mit typischen Gerichten von den Azoren auch auf Englisch.

84 [Z20] **Faz Figura** €€, R. do Paraíso, 15 B, Metro: Santa Apolónia, www.fazfigura.com, Tel. 218868981, Di.–Sa. 12.30–15 u. 19.30–22.30, So. 12–15 Uhr, ab und zu Fado in der Weinbar mit Bühne. Das minimalistisch-modern gestylte Restaurant bietet alles, was das Herz begehrt: portugiesische Küche mit innovativem Touch und auch viele kleine Gerichte zum Probieren und Teilen, eine gute Weinauswahl (aus drei Weinspendern) und eine brillante Aussicht über die Dächer der Alfama bis auf den Tejo.

85 [T18] **Guilty by Olivier** €€, R. Barata Salgueiro, 28 A, Metro: Marquês de Pombal, https://restaurantesguilty.com, Tel. 211913590, tgl. 12.30–15.30 und 19.30–24 Uhr, Sa. Bar bis spät. Olivier Costa, einer der Gourmetköche Lissabons, schuf hier sein erstes von inzwischen mehreren innovativen Restaurants. Es empfängt seine Gäste mit einer coolen Deko und die Gerichte (u. a. Burger und Marshmallow-Pizza) verführen mit ihrer üppigen Optik. Je später der Abend, desto mehr verwandelt sich das Lokal zum Nachtclub mit DJ-Sounds.

86 [W21] **Martinho da Arcada** €€, Pr. do Comércio, 3, Metro: Terreiro do Paço, www.martinhodaarcada.pt, Tel. 218879259, Mo.–Sa. 12–15 u. 19–22/23 Uhr, Café durchgehend. 1778 gab es hier einen einfachen Getränke- und Eisladen, ab 1782 entstand ein Café, das etwa 150 Jahre lang politischer Debattierclub, Schreibstube sowie Treffpunkt für Dichter und Denker blieb. Auch Fernando Pessoa soll hier täglich seinen Kaffee mit Schuss getrunken haben. Kaffee trinken geht immer noch, aber es lohnt sich auch, in dem Traditionsrestaurant unter den Arkaden der Praça do Comércio klassische portugiesische Fisch- oder Fleischgerichte zu probieren.

87 **Ponto Final** €-€€, R. Ginjal, 72, Fähre vom Cais do Sodré nach Cacilhas, Tel.

121lb Abb.: ps

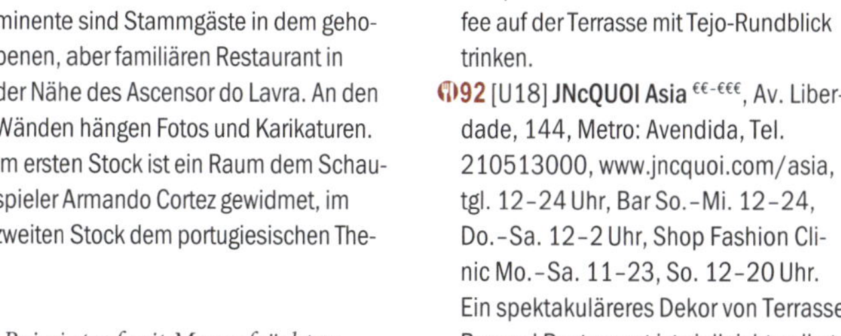
Reiseintopf mit Meeresfrüchten

212760743, bei Facebook, Mi.-Mo. 12.30-16 u. 19-23 Uhr. Von der Terrasse auf der gegenüberliegenden Seite des Tejo bietet sich ein herrlicher Blick auf Lissabon. Es gibt frischen Fisch, Eintöpfe und andere leckere portugiesische Gerichte.

88 [V17] **PSI** €€, Alameda St António Capuchos, www.restaurante-psi.com, Tel. 213590573, Mo.-Sa. 12.30-15.30 u. 19.30-22.30 Uhr. Portugals buddhistische Gemeinde ist bis heute darauf stolz: Den netten kleinen Park um das älteste vegetarische Restaurant Lissabons besuchte schon der Dalai Lama. Hier kann man sich umgeben von Grün gesunde vegetarische Küche schmecken lassen. Die Inspirationen für die Gerichte kommen aus Asien.

89 [U20] **Restaurante Alfaia** €-€€, Travessa da Qeimada 22, Tel. 213461232, www.restaurantealfaia.com, Mo.-Mi., Fr., Sa. 12-1, Do., So. 12-2 Uhr. Authentisches portugiesisches Ambiente und netter Empfang. Seit über 130 Jahren ein beliebter Treffpunkt, heute mit angenehmer, moderner Wohlfühl-Einrichtung. Bekannt für gute Weine zu typischer Landesküche, die abwechslungsreich und in großer Auswahl geboten und noch spät serviert wird. Vegetarische Optionen. Auch *petiscos* in der Weinbar.

90 [V19] **Solar dos Presuntos** €€, R. Portas de Santo Antão, 150, Metro: Rossio, www.solardospresuntos.com, Tel. 213424253, Mo.-Sa. 12-15. u. 19-23 Uhr. Künstler, Politiker und Prominente sind Stammgäste in dem gehobenen, aber familiären Restaurant in der Nähe des Ascensor do Lavra. An den Wänden hängen Fotos und Karikaturen. Im ersten Stock ist ein Raum dem Schauspieler Armando Cortez gewidmet, im zweiten Stock dem portugiesischen Theater. Täglich wechselnde portugiesische Küche und dazu passende Weine.

International

91 [D26] **Darwin's Café** €€, Av. Brasília, Ala B, Tram 15E bis Alges, www.darwincafe.com, Tel. 210480222, tgl. 12.30-1, Küche 12.30-15.30, 16.30-18.30 u. 19-22.30 Uhr (Mo. nur bis 16 Uhr). Das Restaurant und Café der Fundação Champalimaud, einer Stiftung für medizinische Forschung, bietet gehobene internationale Küche in einem ansprechend gestylten Setting mit deckenhohen Bücherregalen und Schmetterlingsmotiven auf den Lampen. Man kann auch nur einen Kaffee auf der Terrasse mit Tejo-Rundblick trinken.

92 [U18] **JNcQUOI Asia** €€-€€€, Av. Liberdade, 144, Metro: Avendida, Tel. 210513000, www.jncquoi.com/asia, tgl. 12-24 Uhr, Bar So.-Mi. 12-24, Do.-Sa. 12-2 Uhr, Shop Fashion Clinic Mo.-Sa. 11-23, So. 12-20 Uhr. Ein spektakuläreres Dekor von Terrasse, Bar und Restaurant ist vielleicht selbst in Asien nicht zu finden. Wegen der stylishen Umgebung und der exklusiven Location an Lissabons Prachtstraße sind die Preise ebenfalls gehoben, aber die Stadtbewohner zeigen sich hier gern. Die Karte bietet eine große Auswahl aus ganz Asien, von Japan über China bis Thailand. Mo. bis Fr. gibt es einen sog. Expresslunch, d. h. ein Menü, das nur kurze Zeit in Anspruch nimmt. Im Gebäude ist auch die Fashion Clinic mit Schuhen, Mode und Accessoires gehobener internationaler Marken vertreten.

93 [U19] **La Paparrucha** €€-€€€, R. Dom Pedro V, 18–20, www.lapaparrucha.com, Tel. 213425333, Mo.–Fr. 12–16, 18.30–22.30, Sa., So. 13–21.30 Uhr. Das argentinische Restaurant im Bairro Alto ist etwas für Fleischliebhaber. Es besitzt eine große Terrasse und tolle Panoramafenster mit Aussicht auf das Tal über der Av. da Liberdade.

94 [T18] **Os Tibetanos** €, R. do Salitre, 117, Metro: Avenida, Tel. 213142038, Mo.–Fr. 12.15–14.45 u. 19.30–22 Uhr, Sa., So. bis 22.30 Uhr. Das vegetarische Restaurant in einer Seitenstraße der Av. da Liberdade hat einen hübschen Innenhof. Deko und Küche sind asiatisch inspiriert. Auf der Karte stehen Currys und andere indische, tibetanische und japanische Gerichte aus frischen Zutaten.

95 [U8] **Soão** €€-€€€, Av. de Roma, Metro: Alvalade, Tel. 210534499, www.soao.pt, Mo.–Fr. 12.30–15, 19–23, Sa., So. 12.30–16, 19–24 Uhr. Nicht weit von der Universität und dem Museum Palacio Pimento gelegen, kommt man sich in diesem authentisch asiatischen Restaurant vor wie in Tokio, Hanoi oder Bangkok. Küchenchef Luís Cardoso bereitet teils vor den Augen der Gäste Gerichte der asiatischen Welt zu. Ein großes Plus ist das Ambiente. Die Theke fungiert zugleich als Sushibar und es gibt nur 30 Plätze.

Lissabon am Abend

Partypeople, Studenten und Touristen verwandeln das Bairro Alto an Sommerwochenenden in eine riesige Open-Air-Disco. Selbst an Wochentagen füllen sich ab 20 Uhr die Restauranttische auf den Straßen. Viele Geschäfte und Galerien sind bis 22 Uhr geöffnet und in Bars und Clubs wird zu Livemusik getanzt. Hier findet jeder etwas nach seinem Geschmack, von Lindy Hop über Fado und Jazz bis zu brasilianischem Samba.

In den afrikanischen Discos der Stadt wird wie in Angola Kizomba und Kuduro getanzt. An den **Kiosken** entlang der Avenida da Liberdade 26 legen im Sommer DJs auf. Jazzfans finden in einer Seitenstraße den renommierten Hot Clube de Portugal (s. S. 91). Besonders stimmungsvoll und authentisch lässt sich Lissabon in einem der zahlreichen **Fado-Lokale** erleben. Unterhalb der Ponte 25 de Abril an den Docas de Santo Amaro laden Restaurants und Bars am Tejo schon mittags zum Chillen ein. Nachts übertönt der Discosound den Verkehrslärm von der Brücke. Mehrere **Clubs** reihen sich an der weiter östlich gelegenen Rua da Cintura do Porto de Lisboa aneinander, einst eine triste Hafenstraße.

Nachtleben

In den restaurierten Fabrik- und Lagerhallen am Tejo neben dem Fährterminal Cais do Sodré und in der Nähe des Food Court des Mercado da Ribeira sind Konzerthallen und die kapverdische Disko B. Leza (s. S. 91) angesiedelt. Sehr beliebt ist auch die **Pink Street** mit dem Pensão Amor (s. S. 88) am Fuß von da Bica und Bairro Alto.

Zu den etwas weiter vom Zentrum entfernten Clubs an den **Docas de Santo Amaro** zählen das K Urban Beach (s. S. 91) und das Kais (s. S. 92). In die Bars und Restaurants am Fluss zieht es ein Publikum, das nicht so sehr aufs Geld achtet.

> **Docas de Santo Amaro,** Kneipen und Restaurants am Tejo zwischen Ponte 25 de Abril und Cais do Sodré, Tram 15E bis Alcântara, dann durch die Fußgängerunterführung. Mittags nett zum Fischessen am Wasser, abends verwandeln sich Cafébars wie das Hawaii in Dancehalls mit DJs und Livemusik.

Bars und Tanzbars

96 [U21] **Bicaense Est.1959,** R. da Bica de Duarte Belo, 38–42, Metro: Baixa-Chiado, Di.–Sa. 20–1 Uhr. Die Szenebar liegt im oberen Teil der Straße, auf der der Ascensor da Bica verkehrt. Am späteren Abend DJs. Videoprojektionen und antike Radios sorgen für kultiges Ambiente.

97 [Q23] **Catch me,** R. das Janelas Verdes/Jardim 9 de Abril, Tram 15E bis Santos, https://catch-me.pt, Do.–Sa. 12.30–2, Mi., So. 12.30–24 Uhr. Die coole Bar mit Restaurant in einem Glaskubus mit Dachterrasse gegenüber dem Museu Nacional de Arte Antiga mit einzigartiger Aussicht über den Tejo mutiert am Wochenende zu später Stunde zur Disco.

98 [T20] **Cinco Lounge,** R. Ruben António Leitão, 17A, Metro: Rato u. Avenida, www.cincolounge.com, tgl. 20–2 Uhr. Die Cocktailbar in der Nähe des Príncipe Real bietet eine große Auswahl an Mixgetränken. Es gibt auch hausgemachten Sirup in Flaschen und Cocktails zum Mitnehmen.

99 [M24] **Doca de Santo,** Doca Santo Amaro, Tram 15E bis Alcântara Armazém cp., https://docadesanto.com.pt/en, Fr., Sa. 12.30–15.30, im Sommer länger, So.–Do. 12–24 Uhr. Dies war das erste Bar-Restaurant der gleichnamigen Gruppe an den Docas. Es wartet mit großzügigen, hohen Räumen, Sand

151lb Abb.: ps

Das späte Abendessen in den Gassen des Bairro Alto gehört zum Sommerflair

Smoker's Guide

Rauchen ist in Portugal in öffentlichen Gebäuden, Metrostationen, Bahnhöfen, Büros, Hotels, Restaurants, Bars und Diskotheken **grundsätzlich verboten.** Nur im Freien – auf der Terrasse oder vor der Tür – ist das Rauchen noch möglich.

mit Muscheln unter den Glasplatten der Tische und einer stattlichen Palmenterrasse unterhalb der Ponte de 25 Abril auf. Nebenan gibt es etliche weitere Bars und Restaurants.

100 [U22] **O'Gilins,** R. dos Remolares, 8–10, Metro: Cais do Sodré, www.ogilinsirishpub.com, So.–Do. 12–2, Fr., Sa. 12–3 Uhr. Gute Stimmung und an vier Tagen der Woche irische Livemusik. Bis kurz vor Schluss gibt es in Lissabons ältestem Irish Pub (gegründet 1995) auch Sandwiches und kleine Gerichte.

101 [V20] **O Purista Barbiere,** R. Nova da Trindade, 16A, Metro: Baixa-Chiado, Di.–Do. 10.30–2, Fr., Sa. bis 3, So. 15–24 Uhr. Die „Barbershop Bar" serviert belgisches Abteibier und ist ein exquisiter Ort, an dem Mann oder Frau auch Billard spielen oder lesen kann. Donnerstags Jazz-Sessions, freitags und samstags DJ-Partys.

102 [T19] **Pavilhão Chinês,** R. Dom Pedro V, 89, Bus 58 bis Príncipe Real, Metro: Rato, bei Facebook, Sa.–Do. 18–2 Uhr. Ist die Holztür unten geschlossen, unbedingt anklopfen oder klingeln. Zu Lounge-Musik eröffnet sich in mehreren Räumen eines früheren Kurzwaren- und Lebensmittelladens von 1900 eine sehenswerte, kurios überladene Welt aus Trödel und Antiquitäten, von der Zinnsoldatensammlung über Porzellan, Kerzen, Spiegel und Gemälde. Im Raucherraum stehen Billardtische.

103 [U22] **Pensão Amor,** R. Alecrim, 19, Metro: Cais do Sodré, bei Facebook, So.–Mi. 14–3, Do.–Sa. bis 4 Uhr. Die Graffiti im Treppenhaus weisen darauf hin, dass das 5-stöckige Haus aus dem 18. Jh. einst ein Bordell war. Es steht im früheren Rotlichtviertel hinter dem Mercado da Ribeira (s. S. 96), der „Pink Street" mit rosa gestrichenem Asphalt. An manchen Abenden treten neben Livebands auch Dragqueens auf. Man kann sich auf den Sofas im Pole Room einen Cocktail gönnen oder umherwandern und die Fresken, Gemälde und vergoldeten Spiegel bewundern.

104 [X20] **Portas do Sol,** Lg. das Portas do Sol, Tram 28E bis Largo Portas do Sol, tgl. 10–1 Uhr, im Winter Mo.–Fr. 9–19 Uhr. Im Sommer laden weiße Liegen und Sessel unter Sonnenschirmen auf der großen Terrasse die Besucher zum Chillen ein. Der Rundblick über die Alfama zum Tejo ist traumhaft. Abends gibt es ab und zu Livemusik oder DJs.

105 [U20] **Portas Largas,** R. da Atalaia, 101–105, Metro: Baixa-Chiado, Di.–So. 20–2, bei Facebook, Fr., Sa.

135lb Abb.: ps

bis 3 Uhr. Die gayfreundliche Bar zählt zu den größeren Livemusik-Locations im Bairro Alto. Meist wird Reggae, Drum'n'Bass, britische oder brasilianische Musik gespielt. Ob Bier oder Caipirinha: Alles kommt in riesigen Plastikbechern (Mindestverzehr 10 €). Das Publikum ist bunt gemischt, gut gelaunt und tanzfreudig.

106 [U21] **Silk Club,** R. da Misericórdia, 14, Metro: Baixa-Chiado, www.silk-club.com, Di.-Do. Küche und Rooftop-Bar 19-1 Uhr, Fr., Sa. Küche, Rooftop-Bar und Clubbing 19-4 Uhr. Unvergesslicher Blick von den beiden oberen Stockwerken des Espaço Chiado. Junges Publikum, laute Housesounds und teure Drinks, aber das Clubbing ist sehr in und exklusiv. Das Restaurant serviert bis spätabends moderne japanische und mediterrane Küche.

107 [U22] **Sol e Pesca,** R. Nova do Carvalho, 44, Metro: Cais do Sodré, bei Facebook, Mo.-Mi. 12-2, Do.-Sa. 12-4 Uhr. Das kultige Bar-Restaurant war früher ein Geschäft für Anglerbedarf. Daran erinnert die Deko mit Keschern, Netzen, Reusen und Angeln an Wand und Decke. In den Regalen stapeln sich die Fischkonserven. Drinnen und draußen an Holztischen trifft sich Szenepublikum zu Dosenfisch und Drinks.

108 [U20] **Zé dos Bois (ZDB),** R. da Barroca, 49-59, Metro: Baixa-Chiado, https://zedosbois.org, Tel. 351213430205, Ausstellungen Mi.-Sa. 18-22, Bar „49 da ZDB" Mo.-Sa. 18-2 Uhr. Schon seit 1994 ist das ZDB im Bairro Alto ein gemeinnütziges Kulturzentrum, das pro Jahr rund 150 Künstler fördert und ihnen ein Forum für Filme, Konzerte, Lesungen, Ausstellungen oder Performances bietet. Das Gebäude aus der Mitte des 19. Jh. bewohnte einst die Baronin von Almeida und 1839-1840 der Schriftsteller Almeida Garrett. In der Bar „49 da ZDB" hängen Gemälde und Fotos. Im Saal gibt es oft Livemusik DJs oder Lindi-Hop-Abende. Es lohnt, sich das aktuelle Programm auf der Website anzuschauen.

Die „Pink Street" (Tr. Carvalho [U22]), Nightlife-Hotspot im ehemaligen Rotlichtviertel

Weinbars

109 [U21] **By the Wine,** Rua das Flores, 41, Metro: Baixa-Chiado, Tel. 213420319, www.facebook.com/ByTheWineLisboa, tgl. 19-23.30 Uhr. Frisch geschnittener Iberischer Schinken und Käse werden an der Bar unter einem Gewölbebaldachin aus Flaschen zu den edlen Tropfen gereicht. Der Flagshipstore von José Maria da Fonseca in Lissabon. Das Traditionshaus für portugiesische Weine aus Sétubal, 40 km südlich von Lissabon, wurde bereits 1834 gegründet und ist international bekannt.

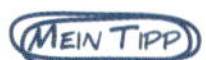

Weinprobe mit Petiscos in Belém

Jung, engagiert, kommunikativ und immer mit offener Tür und offenem Ohr für Besucher, die sich für Weinerzeugung interessieren: David Picard und Catarina Moreira, ein deutsch-portugiesisches Paar, produzieren in Belém rund 20.000 Liter Wein aus portugiesischen Rebsorten. Zu typischen kleinen Häppchen *(petiscos)* kann man die Weine probieren und ihren Weinkeller besichtigen.

110 [I25] **Moreira & Picard - Adega Belém Lda.,** Trav. Paulo Jorge 8-9, Tram 15E oder 18E bis Altinho (MAAT), Tel. 213630707, www.adegabelem.com, tgl. geöffnet, Führungen siehe Website, 18 € mit Weinprobe

Fado

111 [U20] **Adega Machado,** Rua do Norte, 91, Metro: Baixa-Chiado, Tel. 213422282, www.adegamachado.pt, tgl. 7.30–2 Uhr. Der Club, dessen Fassade mit Gitarren verziert ist, ehrt mit seiner Dekoration die Fadogeschichte und die Fadistas Amália Rodrigues und Alfredo Joiner. Junge Musiker interpretieren hier heute historische Fados. Dazu gibt es mehrgängige Verwöhn-Menüs.

112 [X21] **Associação do Fado Casto,** R. de São Mamede, 8A, Tram 28E, Tel. 967324643, www.facebook.com/associacaodofadocasto. Zu *petiscos* und Wein gibt hier die junge Fadista-Szene um den Fado-Gitarristen und Clubbesitzer Pedro de Castro ihr Können zum Besten. Je nach Stimmung leuchten ab 1 Uhr auch schon mal Discokugeln und die *fadistas* geben sich feierlustig.

113 [X21] **Clube de Fado,** R. de S. João da Praça, 86–94, Tram 28E u. 12E bis Sé, www.clube-de-fado.com, Tel. 218852704, tgl. 20–2 Uhr. Der Club des bekannten Gitarristen Mário Pacheco ist touristisch, bietet aber musikalische Qualität.

114 [Y20] **Dragão de Alfama,** R. de Guilherme Braga, 8, Metro: Santa Apolónia, Tel. 218867737, tgl. 19–2 Uhr, Fado Fr., Sa. *Gambas* und *bacalhau* schmecken hier gut und sind vergleichsweise preiswert, aber das Wichtigste ist dem Publikum der Fado. Hier wurde Teresa Salgueiro entdeckt, die ehemalige Sängerin von Madredeus.

115 [W19] **Maria da Mouraria,** Largo Severa, 2/2B, Metro: Martim Moniz, Tel. 218860165. Die Bar im früheren Wohnhaus der Fado-Legende und Prostituierten Maria Severa ist nur sporadisch zu Events geöffnet (siehe www.museudofado.pt/en/events).

116 [Y20] **Mesa de Frades,** R. dos Remédios 139 A, Metro: Santa Apolónia, Tel.

Unterwegs mit echten Fadistas

Wer mit echten Fado-Sängern und Kennern der Szene durch Lissabon ziehen und dabei zwei Lokale mit Konzert, Abendessen und einen Drink zum Abschluss des Abends erleben möchte, kann mit diesem Anbieter einen unvergesslichen und individuellen Abend verbringen: Manuel Marcal ist selbst Fado-Sänger, ebenso wie seine Frau Matilde Cid. Sie kennen sich in der Szene bestens aus.

› **Fatum Colours of Fado,** Manuel Marçal, reservieren per Mail unter info@fatum.pt oder Tel. 91 172 99 99, www.facebook.com/fatumlisboa, Fado-Führungen und Fado-Events auch auf Englisch

019lb Abb.: ps

917029436, https://mesadefrades.pt/en, tgl. ab 21 Uhr, Fado 23–2 Uhr. Nach dem Erdbeben von 1755 schenkte König José I. seiner Geliebten Dona Rosa einen Palast mit Geheimgang in diese Kapelle. Heute ist sie die „Fado-Kapelle“ des portugiesischen Gitarristen Pedro de Castro, der sie aufwendig restauriert hat, und bietet eine fantastische Akustik. Die Fado-Musiker der aktiven jungen Szene kommen ab 23 Uhr. Hier sangen schon Stars wie Carminho, Ricardo Ribeiro, José Manuel Barreto, Tânia Oleiro und Ana Sofia Varela. Mit etwas Glück hört man Teresinha Landeiro, Stern der hiesigen Fado-Szene.

117 [U22] **Povo,** Rua Nova da Carvalho 32–36, Tel. 213473403, https://povolisboa.com/fados, tgl. 12–4 Uhr, Fado 20–23.30 Uhr. Diese moderne Musikbar im Ausgehviertel Viertel Cais do Sodré lädt junge Fado-Künstler zu sechswöchigen Residenz-Aufenthalten ein und fördert die junge Fado-Szene. Zu *petiscos* kann man hier Fado von jungen, kreativen Musikern und Sängern hören.

118 [U21] **Tasca do Chico,** R. do Diário de Notícias, 39, Metro: Santa Apolónia, Tel. 965059670, tgl. 19–3 Uhr. Typische kleine Tasca in einem ehemaligen Lebensmittelladen des Bairro Alto. Mariza sang hier, bevor sie berühmt wurde.

119 [Y20] **Tejo Bar,** Beco do Vigário, 1 A, Metro: Santa Apolónia, bei Facebook, Tel. 969756148, Di.–Sa. 18–1 Uhr. In dieser kleinen Bar hinter einer unbeschrifteten Tür in einer schmalen Gasse der Alfama kann spontan ein einzigartiges Ambiente entstehen, wenn die Leute des Viertels gemeinsam Fado singen oder ein Könner zur Gitarre greift. Der Wirt ist unter Lissabons Künstlern bekannt; er musiziert, schreibt, malt und mischt sich gern unter die Gäste. Die Bar liegt unterhalb der Rua do Vigário, die von der Rua dos Remédios abzweigt.

Manuel Marcal, hier bei einem seiner Auftritte, zeigt Besuchern authentischen Fado und seine Orte

Jazz

120 [U19] **Hot Clube de Portugal,** Pr. da Alegria, 48, Metro: Avenida, www.hcp.pt, Di.–Sa. 22–2 Uhr. Der Club mit Garten hinter dem Haus ist die älteste und renommierteste Jazzlocation Portugals (seit 1948). 1964 wurden hier Szenen für den Film „Belarmino“ von Fernando Lopes gedreht. Viele Jazzmusiker lernten an der hochkarätigen Musikschule des Clubs. Seit 1991 hat er eine eigene Big Band (Orquestra do HCP). Tgl. Konzerte oder Jamsessions; Musiker und Orchester spielen auch an anderen Orten, manchmal auf öffentlichen Plätzen.

Clubs und Discos

121 [T22] **B. Leza,** Cais da Ribeira Nova, Armazém B, Metro: Cais do Sodré, Programm bei Facebook, Do. 22–2, Fr., Sa. 22.30–4, So. 19–2 Uhr. Von der Tanzfläche des beliebten kapverdischen Clubs sieht man den Tejo durch die große Glasscheibe schimmern. Zu Livemusik wird Kizomba getanzt. Das B. Leza besitzt eine eigene Hausband, die mit dem kapverdischen Sänger Calú Moreira auftritt. Haben die portugiesisch-kreolischen Sänger viel Charisma, geht das bunt gemischte Publikum jeden Alters begeistert mit. Eintritt 15 €, inklusive Getränk. Konsumiert man mehr, zahlt man den Restbetrag am Ausgang.

122 [R23] **K Urban Beach,** Cais da Viscondessa/R. da Cintura, Tram 15E bis Santos, www.grupo-k.pt, Mi.–Sa. 23–6 Uhr. Attraktion des Clubs ist die großzügige Terrasse mit Sand am Tejo. An Clubabenden Eintritt ca. 20 €, zwei Getränke inklusive, guter Musikmix.

🅟123 [R23] **Kais,** Cais da Viscondessa/ R. da Cintura, Tram 15E bis Santos, bei Facebook, Di.-Do. 19.30-23.30, Fr., Sa. 19.30-4 Uhr. Der nette Club mit Bar und Restaurant gegenüber vom Urban Beach zieht ein älteres Publikum an und spielt vorwiegend Musik aus den 1980ern. Große Terrasse mit Tejo-Ausblick.

🅟124 [T22] **Lust in Rio,** Rua da Cintura do Porto de Lisboa, https://lustin rio.pt, Metro: Cais do Sodré, Do.-Sa. 24-6 Uhr. Große moderne Disco mit Dinner Club. Zwei Tanzflächen und eine große Dachterrasse. Themenabende und DJ-Partys.

🅟125 [a20] **Lux Frágil,** Av. Infante D. Henrique, Armazém A, Metro: Santa Apolónia, www.luxfragil.com, Do.-So. 23-6 Uhr. In Lissabons In-Club legen namhafte DJs auf und je nach Event und Band variiert der Eintritt (s. Website). Gleißendes, buntes Licht bringt die roten Sofas und Samtvorhänge zur Geltung. Die umgebaute Lagerhalle hat 2 Etagen und eine Dachterrasse.

🅟126 [U22] **Musicbox,** R. Nova do Carvalho, 24, Metro: Cais do Sodré, www.musicboxlisboa.com, tgl. außer So. 23-6 Uhr. Der Club unter Granitbögen bietet rund 300 Leuten Platz. Er gilt als Top-Location für Livemusik, ansonsten legen DJs auf. Eintritt je nach Veranstaltung (Programm siehe Website).

Theater und Konzerte

Von **Ende Juni bis September** verwandelt sich Lissabon in eine **Open-Air-Bühne für Musik.** Solisten, Opernchor und das Sinfonieorchester des Teatro Nacional de São Carlos geben beim **Opernfestival** (www.ope rafestlisboa.com) abends ab 21 Uhr bei stimmungsvoller Beleuchtung auf dem Opernvorplatz [V21] ihr Können zum Besten. Die Stadt organisiert zudem auf zahlreichen Plätzen, z. B. dem Largo do Intendente Pina Manique [W18] und der Praça Martim Moniz [W19], oder in der Mouraria Livekonzerte, Theateraufführungen und Fado-Abende. Ein Highlight sind auch die Konzerte im Open-Air-Amphitheater (s. S. 49) der Gulbenkian-Stiftung. Musiker des Orquestra Metropolitana spielen Kammermusik in Veranstaltungsräumen, auf Plätzen und in Kirchen.

Ein Blick ins Kulturprogramm lohnt das ganze Jahr über. **Szene-Hotspots für Konzerte, Kultur und Theater** sind A Barraca und die Fábrica Braço de Prata. Zu den beliebten Orten für **Großkonzerte** zählen der Pavilhão Atlântico im Parque das Nações und das Centro Cultural de Belém; vorteilhaft zentral in der Baixa liegt das Coliseu dos Recreios.

Prunkvolle **Theatersäle** mit rotem Samt und vergoldeten Sitzen und Emporen findet man im Chiado, z. B. im städtischen Theater São Luiz und im Teatro da Trindade. Im Teatro Nacional D. Maria II am Nordende des Rossio ❻ gibt es tagsüber Führungen für Besucher. Gut besucht sind die **Musicals** und Stücke des Regisseurs Filipe La Féria im Teatro Politeama. Historische **Kinofilme** zeigt das Filmmuseum Cinemateca (s. S. 64). Ein Vorteil für ausländische Besucher: Lissabons Kinos zeigen alle Filme in Originalsprache.

Veranstaltungsorte für Konzerte

🅟127 [g4] **Altice Arena/Pavilhão Atlântico,** Rossio dos Olivais, Metro: Oriente, http://arena.altice.pt, Tel. 218918409. Die Adresse für Großveranstaltungen im Parque das Nações. Der moderne Bau des Architekten Regino Cruz kann 20.000 Zuschauer aufnehmen.

128 [f5] **Casino Lisboa,** Alameda dos Oceanos, Lote 1.03.01, Metro: Oriente, www.casino-lisboa.pt, Tel. 218929000, tgl. 14–2 Uhr. Das Kasino im Parque das Nações bietet Konzerte und Ausstellungen in der Arena Lounge.

129 [F25] **CCB – Centro Cultural de Belém,** Pr. do Império, Tram 15E bis Belém, www.ccb.pt, Tel. 213612400. Klassik, Jazz, Pop, Rock, Ballett, Modern Dance, Oper und Theater in einem riesigen Kulturkomplex in Belém.

130 [V19] **Coliseu dos Recreios,** R. Portas de Santo Antão, 96, Metro: Restauradores, www.coliseulisboa.com, Tel. 213240580. Der Konzertsaal in einem historischen Gebäude umfasst 4000 Plätze und präsentiert Ballette, Konzerte von Klassik bis Rock und Pop sowie Operngastspiele.

131 [V12] **Culturgest,** Edifício Sede da Caixa Geral de Depósitos/R. Arco do Cego, 1. OG, Metro: Campo Pequeno, www.culturgest.pt, Tel. 217905454, Mo., Mi., Fr. 11–19 Uhr, Konzerte abends nach Programm. Die Sparkassenstiftung bietet ein avantgardistisches Kulturprogramm, eine bunte Mischung aus Konzerten, Ausstellungen und Events.

132 [U21] **Espaço Chiado,** R. da Misericórdia, 14, 2. Stock, Metro: Baixa-Chiado, www.fadoinchiado.com, Tel. 961717778, Fado Mo.–Sa. 19–20 Uhr, Eintritt 20,50 €. Im Konzertsaal der oberen Etage des Einkaufszentrums können Touristen und Einsteiger am frühen Abend Fado hören. Initiator der Show „Fado in Chiado" ist der Radiosender RFM. Eine Sängerin, ein Sänger und zwei Gitarristen interpretieren traditionelle Fados. Dazu werden Bilder von Lissabon an die Wand projiziert.

133 [e11] **Fábrica Braço de Prata,** R. Fábrica de Material de Guerra, 1, www.fabricabracodeprata.com, Bus 28, 718, Nachtbus 210 bis Poço Bispo. Diese Kultureinrichtung in einer ehemaligen Waffenfabrik von 1908 befindet sich im Kreativ- und Arbeiterviertel Marvilla zwischen dem Bahnhof Santa Apolonia und dem Parque das Nações. Das Programm des angesagten Kulturzentrums ist vielseitig. Zuerst richteten sich hier zwei Buchhandlungen ein, schnell folgten eine Bar, ein Kino und ein Restaurant. Während in einem der 15 Säle kubanische Livemusik für Partystimmung sorgt, läuft in einem anderen eine Fotoausstellung, man kann an Kizomba- oder Tangokursen teilnehmen oder die Buchläden und Shops durchstreifen.

› **Fundação Calouste Gulbenkian,** im gleichen Haus ansässig wie das **Museu Calouste Gulbenkian** 30, Tel. 217823000, www.gulbenkian.pt. Konzerte, u. a. des Orchesters der Stiftung und seiner Solisten, im Sommer im Open-Air-Amphitheater.

Theater und Oper

134 [S22] **A Barraca,** Lg. de Santos, 2, Tram 15E, 18E und 25E sowie Bus 727 bis Santos, https://abarracateatro.com, Tel. 913341687, Di.–So. 19–2 Uhr. Politisch engagiertes, experimentelles Theater und kleines Kulturzentrum. Vorstellungen meist um 21.30 Uhr, Ticketverkauf 1½ Std. vorher. So abends Tango, ab und zu Konzerte von Jazz bis Latino.

135 [U20] **Teatro da Trindade,** Lg. da Trindade, 7 A, Metro: Baixa-Chiado, https://teatrotrindade.inatel.pt, Tel. 213423200. Das prunkvolle Theater gegenüber dem Kloster São Roque im Bairro Alto eröffnete bereits 1867. Abends ist die dunkelrote Fassade beleuchtet. Neben Theaterstücken gibt es auch Musik, Tanz, Kinofilme und Kunstausstellungen im Foyer.

136 [V20] **Teatro Nacional D. Maria II,** Pr. de Dom Pedro IV, Metro: Rossio, www.tndm.pt, Tel. 213250800. Das staatliche Theater am Rossio besteht bereits seit 1846 und eröffnete am 27. Geburtstag der Königin Maria II. im Jahr 1846. Vorwiegend klassisches Programm. Angeschlossen ist ein Café-Restaurant, geöffnet Di.-Sa. 9-22, So. 9-20 Uhr.

137 [V21] **Teatro Nacional de São Carlos,** R. Serpa Pinto, 9/Lg. de São Carlos, Metro: Baixa-Chiado, www.tnsc.pt, Tel. 213253045. Die Mailänder Scala und die Oper Neapels waren Vorbilder für die stattliche Lissabonner Oper im klassizistischen Stil. Gemälde schmücken den Zuschauerraum.

138 [V19] **Teatro Politeama,** R. das Portas de Santo Antão, 109, Metro: Restauradores, https://filipelaferia.pt, Tel. 213405700, Vorstellungen Di.-Sa. 21.30 Uhr, Sa., So. auch 16 Uhr. Regisseur Filipe La Féria inszeniert in dem ehemaligen Kino der 1920er-Jahre beliebte Musicals, z. B. über die Fado-Legende Amália Rodrigues.

139 [V21] **Teatro São Luiz,** R. António Maria Cardoso, 38, Metro: Baixa-Chiado, www.teatrosaoluiz.pt, Tel. 213257640. Klassische Musik, Jazz, Fado, Theater und moderner Tanz im städtischen Theater gegenüber der Oper. Auch Schauplatz des Festivals Festa do Jazz do São Luiz.

Frischer Fisch und Meeresfrüchte auf dem Mercado de Arroios (s. S. 96)

Lissabon zum Stöbern und Shoppen

Im Vergleich zu anderen europäischen Metropolen ist Lissabon nicht unbedingt ein Einkaufsparadies, bietet aber für jeden Geldbeutel etwas. Neben außergewöhnlicher Mode und etlichen Schmuck- und Schuhläden kann man zahlreiche lissabontypische Souvenirs erstehen, etwa Kacheln, Kork und Keramik sowie die kultigen Sardinendosen – die es inzwischen auch auf T-Shirts gedruckt und in ausgefallenen Variationen gibt.

Ausgefallenes findet man bei Designern wie Alexandra Moura. Nuno Gama steht für kultige portugiesische Männermode mit sportlichem Touch. Die Schuhmarken Fly London und Guimarães stammen aus Portugal. In der Baixa und im Chiado fallen die zahlreichen **Schuhgeschäfte** auf: Also unbedingt ein Paar Schuhe aus Kork oder mit Korksohle mit nach Hause nehmen!

Typisch portugiesisch sind auch andere **Mitbringsel aus Kork**, vom Gürtel über Taschen bis zum Mousepad. Handbemalte Keramik und Kacheln verkaufen die Läden traditionsreicher **Azulejo-Manufakturen**, z. B. Sant'Anna. Wer auf hochwertiges Porzellan steht, sollte in den Shoppingcentern nach der Marke Vista Alegre schauen, **Modeschmuck** mit echten Steinen gibt es bei Stone by Stone, einer Ladenkette, die aus einem Lissabonner Familienbetrieb hervorging (z. B. im Amoreiras Shopping Center, s. S. 100). **Kultige, moderne Souvenirs** findet man auch in den kleinen Läden in der Alfama [X20] oder in Graça [X19], bei Garbags (s. S. 97) auch umweltfreundlich. Und warum

nicht ein paar nostalgisch designte portugiesische **Sardinendosen** als Mitbringsel einkaufen, ein gutes Olivenöl oder eine Flasche *Ginjinha?*

Internationale Ketten, Souvenirshops, Cafés, Restaurants und *Pastelarias* findet man in Lissabons **Fußgängerzone Rua Augusta** 3. Wer die ältesten Geschäfte der Stadt kennenlernen möchte, die Stoffe, Knöpfe und Parfums zwischen verspiegelten Wänden und an langen Theken mit kleinen Holzschubladen feilbieten, folgt auf der **Rua da Conceição** [W21] Richtung Alfama den Tramschienen. Richtung **Largo de Santo António da Sé** [W21] schließen sich Geschäfte für Portwein und Spirituosen an. Hinter der Kathedrale wartet ein Buchladen mit einem guten Sortiment deutscher Bücher über Lissabon auf.

Die **Rua Garrett** [V21] ist die Hauptschlagader des trubeligen **Shoppingviertels Chiado**. Oberhalb der Praça Luís de Camões geht es rechts ins **Bairro Alto**, wo viele Läden im Sommer bis in den späten Abend geöffnet haben. In der Embaixada (s. S. 96), einem historischen Stadpalast in der Nähe des Jardim do Príncipe Real [T19], haben sich Designershops auf portugiesische Produkte spezialisiert. Wer viel Geld für luxuriöse Marken ausgeben möchte, ist in Lissabons weitläufiger Prachtstraße, der **Avenida da Liberdade** 26, an der richtigen Adresse. Für das **Gourmetshopping** eignen sich die Märkte Mercado do Ribeira (s. S. 96) und Ourique (s. S. 96). Immer mehr Shops für Hochwertiges, Kreatives, Vintage, Mode, Kork und Schuhe sowie eine fantastische Buchhandlung findet man in der **LX Factory** (s. S. 54). Über Lissabons Traditionsgeschäfte mit nostalgischem Charme informiert die Website www.lojascomhistoria.pt.

Shoppingareale

Die wichtigsten Shoppingbereiche der Stadt sind im Kartenmaterial mit einer rötlichen Fläche markiert.

Einkaufstipps

Märkte und Markthallen

140 [T19] **Biomarkt**, Jardim do Príncipe Real, Metro: Rato, letzter Sa. und Mo. im Monat 9–14 Uhr. Ökologische Produkte und traditionelle Spezialitäten aus Portugal. Diesen Biomarkt gibt es seit 2006.

141 [Z19] **Feira da Ladra**, Campo de Santa Clara, Tram 28E bis S. Vicente, Metro: Santa Apolónia, Di. u. Sa. 9–18 Uhr. Lissabons riesiger Flohmarkt ist ein Paradies für Schnäppchenjäger (siehe auch S. 36).

142 [G25] **Floh- und Antiquitätenmarkt Jardim de Belém,** Cascais-Linie bis Belém, jeden 1. und 3. So. des Monats, 9–18 Uhr. Gute Gelegenheit, den Museumsmarathon in Belém mit Souvenirshopping zu verbinden. Vorsicht: Touristenpreise!

143 [U19] **Kunsthandwerksmarkt Praça da Alegria,** Metro: Avenida, So. 9–17 Uhr. Auf dem hübschen Platz oberhalb der Av. da Liberdade verkaufen Kunsthandwerker kreative Mitbringsel.

144 [W22] **Kunsthandwerksmarkt Praça do Comércio,** am oben Ende, unter den Arkaden, Metro: Terreiro do Paço, So. 11–18 Uhr. Kunsthandwerker malen hier etwa die symbolischen Motive der Pflastersteine auf kleine, weiße Kalksteinkacheln.

145 [U22] **Mercado da Ribeira**, Av. 24 de Julho, Metro: Cais do Sodré, www.timeoutmarket.com, Markt Mo.–Sa. 6–14 Uhr, Time-Out-Markthalle So.–Do. 10–24, Fr.–Sa. 10–1 Uhr. Dank der Zeitschrift Time Out, dem Investor, hat sich die Markthalle von 1882 in einen hippen Foodcourt verwandelt. An langen Holztischen können bis zu 500 Besucher gehobene und kreative portugiesische Küche renommierter Köche genießen und finden auch eine tolle Weinauswahl sowie Champagner und Sushi. Ringsum verkaufen Stände der besten Traditionsgeschäfte Lissabons ihre Waren. In der anderen Hälfte der Halle geht der Markt für frische Waren (Fisch, Blumen, Gewürze, Obst und Gemüse etc.) wie gehabt weiter.

146 [X14] **Mercado de Arroios,** R. Ângela Pinto, Metro: Arroios, Di.–Sa. 7–14 Uhr. In dieser vieleckigen Markthalle decken sich die Leute des Viertels mit frischem Fisch und Lebensmitteln ein.

147 [O19] **Mercado de Campo de Ourique,** R. Coelho da Rocha, Tram 28E bis Campo Ourique, tgl. 10–22 Uhr. Der Markt mit Art-déco-Fassade hat sich zu einem beliebten Ziel für Gourmets entwickelt. Die Bars und Restaurants in der Markthalle sind bis in den späten Abend geöffnet. Champagner, kreative Ideen renommierter Küchenchefs, ein Flair wie in Barcelona und die alteingesessenen Händler, die immer noch da sind, freuen sich über die zusätzlichen Kunden. Livekonzerte und Veranstaltungen beleben das Viertel.

Mein Tipp

Embaixada

Mode, Schmuck, portugiesische Kacheln, Accessoires, Schuhe, Wohndeko und Vintage – das meiste made in Portugal – all das gibt es hier. In dieser Shoppinggalerie in einem restaurierten neoarabischen Stadtpalast mit prunkvollen Gemälden im Treppenhaus im angesagten Viertel Príncipe Real lässt es sich durch mehrere Shops regelrecht lustwandeln. In der oberen Etage finden sich Kunstgalerien. Von der Galerie blickt man hinab in den Innenhof mit dem Bar-Café-Restaurant Gin Lovers. Auch das Restaurant Altalho Real mit Garten lockt zur Einkehr.

148 [T19] **Embaixada**, Praça do Príncipe Real, 26, Tel. 965309154, www.embaixadalx.pt, Läden Mo.–Sa. 12–20, So. 11–19 Uhr

Mode und Schuhe

149 [W20] **A Outra Face da Lua** ♻, R. da Assunção, 22, www.facebook.com/aoutrafacedalua, Mo.–Fr. 10–19 Uhr. Alternativer Vintage-Laden mit Secondhandmode, Tearoom, Café und Bar in einem Altbau mit Gewölbe parallel zur Rua Augusta.

150 [c16] **Alexandra Moura,** Rua de Xabregas, 20–2.13, Bus 759, Mo.–Fr. 9–13, 14–18 Uhr. Laden der portugiesischen Modeschöpferin in der Nähe des Museu Nacional do Azulejo.

151 [V21] **Cubanas,** Largo Rafael Bordalo Pinheiro, 31A, Metro: Baixa-Chiado, www.cubanas-shoes.com, Mo.–Sa. 10–20 Uhr. Hübsch designte Schuhe und Taschen der portugiesischen Marke.

152 [X21] **Didimara,** R. do Barão, 31, Tram 28E u. 12E bis Sé, Mo.–Fr. 9–19, Sa. 9–15 Uhr, bei Facebook. Hinter der Kathedrale hat die französische Modemacherin Didi Mara ihren Shop mit Atelier und kleinem Café. Kleider, T-Shirts und weitere Kreationen zu erschwinglichen Preisen realisieren zwei Näherinnen. Zudem gibt es hier hochwertige, schicke Korktaschen.

153 [X19] **Garbags** ♻, Calçada da Graça, 16–16A, https://garbags.com, tgl. 11–19/20 Uhr. Originell und umweltfreundlich: Verpackungen von Kaffee und anderen Produkte werden gesammelt und zu Portemonnaies, Mappen, Taschen, Smartphonehüllen etc. upgecycelt – attraktiv, stabil, mit guten Reißverschlüssen. Einzelstücke, die auch online bestellt werden können.

154 [V21] **Gardenia,** R. Garrett, 54, Metro: Baixa-Chiado, tgl. 10–22 Uhr. Modischer Shop für Kleider, Accessoires und Schuhe von Fly London.

155 [W20] **Guimarães,** R. Dom Duarte, 3, Metro: Martim Moniz, www.calcadoguimaraes.pt, Mo.–Sa. 10–19, So. 10.30–15.30 Uhr. Eine der Filialen der portugiesischen Schuhmarke.

156 [U19] **in-mage,** Rua Dom Pedro V, 34, Metro: Baixa-Chiado oder Rato, Mo.–Mi. 9–17, Do.–So. 9–19 Uhr. Markenmode und Accessoires für Frauen in einem restaurierten Wohnhaus mit schöner Kachelfassade.

157 [U19] **Kolovrat 79,** R. Dom Pedro V, 79, Metro: Rato, www.lidijakolovrat.com, Mo.–Sa. 11–19 Uhr. Kreationen der in Bosnien-Herzegowina geborenen Modeschöpferin.

158 [U21] **Nuno Gama,** Praça Ilha do Faial, 8–5, Metro: Saldanha oder Bus 720, 726, 767 bis Estefania, Mo.–Sa. 10.30–13, 14–19.30 Uhr. Modisches für Männer von einem in Lissabon beliebten Designer.

159 [U18] **Rosa & Teixeira,** Av. da Liberdade, 204, Metro: Avenida, www.rosaeteixeira.pt, Mo.–Sa. 10–19.30 Uhr. Der renommierte Herrenausstatter führt internationale und eigene Marken. Gute Adresse für Männer, die sich gediegen und elegant neu einkleiden möchten.

160 [V21] **Vintage Bazaar,** Lg. da Academia Nacional de Belas Artes, 5, Metro: Baixa-Chiado, www.vintagebazaar.pt, Mo.–Sa. 10–19 Uhr. Hübsche und individuelle Vintage-Kleider aus Portugal zu erschwinglichen Preisen, da die Stoffe aus Asien importiert werden.

Kunsthandwerk, Azulejos und Deko

161 [X21] **A Arte da Terra,** Rua Senhora do Monte, 5, Tram 28E oder Bus 734,797 bis Graça, www.aartedaterra.pt, Di.–Sa. 11–14, 15–18 Uhr. Große Auswahl an Kunsthandwerk, u. a. *lenços de namorados* („Taschentücher der Verliebten", Stickereien, die Mädchen ihren Liebhabern schenkten, wenn sie auf Reisen gingen). Verkauft seit über 25 Jahren hochwertige portugiesische Handwerkskunst.

162 [V21] **A Vida Portuguesa,** R. Anchieta, 11, Metro: Baixa-Chiado, www.avidaportuguesa.com, tgl. 10–

014lb Abb.: ps

19.30 Uhr. Portugiesische Produkte, nostalgisch aufgemacht: Porzellan, Seife, Öl, Figuren, Sardinen etc.

163 [J24] **Fábrica Sant'Anna,** Calçada da Boa-Hora 96, Metro: Baixa-Chiado, www.santanna.com.pt, Mo.-Sa. 9.30-12.30 und 13.30-18 Uhr. Ausstellung und Verkauf handgemalter Azulejos und Fayencen aus der eigenen Fabrik, die noch dieselben Techniken einsetzt wie im Jahr der Gründung 1741. Auch Führungen und Workshops. Ein Showroom befindet sich direkt bei der Fabrik (geöffnet 9.30-12.30 und 13.30-18 Uhr), ein zweiter im Largo Barão de Quintela:

164 [U21] **Sant'Anna Showroom,** Largo Barão de Quintela 4, Metro: Baixa-Chiado, Mo.-Sa. 9.30-19 Uhr

165 [U18] **JNcQUOI Maison,** Av. Liberdade, 182-184, Metro: Avenida, www.jncquoi.com/avenida/#maison, Mo.-Sa. 11-22.30, So. 12-22.30 Uhr. Les Ottomans, Funky Table, La DoubleJ, Pols Pottens und Bella Freud gehören zu den portugiesischen Homeware-Luxusmarken, die in diesem Shopping- und Restaurantkomplex zu haben sind. Auf dem Stockwerk der Deli Bar bekommt man auch Bücher, Parfüms und hochwertige Geschenke. Glamourshopping und Fine Dining in stylisher Deko sind Teil des Gesamtkonzepts, zu dem ein exquisites Restaurant französisch geprägter Eleganz gehört, das für seine Kreationen frische portugiesische Produkte verwendet, wobei der Showeffekt die Preise in die Höhe treibt.Derselbe Betreiber unterhält auch das JNcQUOI Asia (s. S. 85).

166 [V21] **Paris em Lisboa,** R. Garrett, 77, Metro: Baixa-Chiado, bei Facebook, Mo.-Sa. 10-19 Uhr. Traditionsgeschäft von 1888 mit stilvoller Holzeinrichtung. Schon 1902 Lieferant des Königshauses. Bettwäsche, Tischdecken, Handtücher, Stoffe, Seide und Stickereiwaren.

167 [X21] **Ponto LX,** R. Augusto Rosa, 23, Tram 28E u. 12E bis Limoeiro, Mo., Di., Do.-Sa. 10-18 Uhr. Kreative, meist selbst genähte Souvenirs. Oft baumeln vor der offenen Tür große, bunte Stoffsardinen.

168 [T19] **Principe Real Enxovais,** Rua da Escola Politécnica 12-14, www.principereal.com, Metro: Rato, Mo.-Sa. 9.30-18.30 Uhr. Ein historisches Geschäft für feinste Tücher, traditionelle und moderne hochwertige Tisch- und Bettwäsche aus Leinen und Seide.

169 [W21] **Retrosaria Adriano Coelho,** Rua da Conceição, 123, Tram 28E bis Rua da Conceição, Mo.-Fr. 9-19, Sa. 9-13 Uhr. Knöpfe, Kurzwaren und traditionelles Geschirr stapeln sich in vie-

Retrosaria Brilhante: Seide und Kurzwaren im Traditionsgeschäft

KURZ&KNAPP

Azulejos

Azulejos sind **typisch portugiesische Wandfliesen,** die viele Fassaden und die Innenwände von Kirchen, Geschäften, Cafés und sogar U-Bahnhöfen in Lissabon schmücken. Die Kachelkunst hat in Portugal eine lange Tradition, die auf die Herrschaft der Mauren zurückgeht. Der Name „Azulejo" leitet sich aus dem Arabischen ab: „Al-Zuleig" (polierter Stein). Im **Museu Nacional do Azulejo** (s. S. 68) kann man sich einen Überblick über die Azulejo-Kunst in Portugal verschaffen. Auch ein Besuch des **Palácio dos Marqueses de Fronteira** (s. S. 50) lohnt sich.

len Schachteln bis zur Decke. Eines der nostalgischen alten Geschäfte, die noch erhalten sind.

170 [W21] **Retrosaria Bijou,** R. da Conceição, 91, Tram 28E bis R. da Conceição, Metro: Rossio, Mo.-Fr. 9.30-19, Sa. bis 13 Uhr. Der historische Laden bietet Schmuck, Knöpfe und weitere Kurzwaren feil.

171 [W21] **Retrosaria Brilhante,** R. da Conceição, 79-81, Tram 28E bis R. da Conceição, Metro: Rossio, Mo.- Sa. 10-19 Uhr. Das Geschäft zählt zu den ältesten in dieser Straße. Es präsentiert in Holzschubladen und Regalen eine Riesenauswahl an Stoffen, Knöpfen, Seidenschals, Mützen etc.

Kulinarisches, Wein und Spirituosen

172 [V20] **Casa Macário,** R. Augusta, 272, Metro: Rossio, bei Facebook, Mo.-Sa. 10-18 Uhr. Fotogener, 1913 gegründeter Weinhandel mit großer Auswahl an Portwein, Kaffee, Bonbons und Gourmetprodukten.

173 [W21] **Conserveira de Lisboa,** R. dos Bacalhoeiros, 34, Metro: Terreiro do Paço, www.conserveiradelisboa.pt, Mo.-Sa. 9-19 Uhr. Die traditionsreiche Fischkonservenhandlung gibt es seit den 1930er-Jahren.

075lb Abb.: ps

174 [V20] **Manteigaria Silva,** R. Dom Antão de Almada, 1 D, Metro: Rossio, www.manteigariasilva.pt, Mo.-Sa. 9-19.30 Uhr. Getrockneter *bacalhau* (Kabeljau), Schinken, Käse u. v. m. sind hier günstig zu erstehen. Auch vertreten auf dem Mercado da Ribeira (s. S. 96).

175 [V20] **Manuel Tavares,** R. Betesga, 1 A u. 1 B, Metro: Rossio, www.manueltavares.com, Mo.-Fr. 9.30-19.30, Sa. 9.30-13.30 Uhr. Alteingesessenes Geschäft für Delikatessen, Wein, Portwein und Spirituosen.

Handgemalte Azulejos aus der Fabrik Sant'Anna

176 [W21] **Napoleão,** R. dos Fanqueiros, 70, Tram 28E bis R. da Conceição, Mo.-Sa. 9-14 Uhr. Portugiesische Weine (z. B. Moscatel), Madeira-Weine, Portwein, Liköre (z. B. Ginjinha), Whisky und Souvenirs.

Kaufhäuser und Einkaufszentren

177 [Q17] **Amoreiras Shopping Center,** Av. Eng. Duarte Pacheco, Metro: Rato, www.amoreiras.com, tgl. 10-23 Uhr. Eine der ersten Shoppingmalls Lissabons, die 1985 eröffnete und rund 300 Läden umfasst. Der Komplex ist weitläufig und dank seiner überkuppelten Decken hell.

178 [V21] **Armazéns do Chiado,** R. do Carmo, 2, www.armazensdochiado.com, tgl. 10-22 Uhr. In diesem Einkaufszentrum im Chiado gibt es 54 Geschäfte und Fast Food im OG. Im Kulturkaufhaus Fnac im UG Ticketvorverkauf.

179 [K8] **Centro Colombo,** Av. Lusíada, Metro: Colégio Militar/Luz, www.colombo.pt, tgl. 10-24 Uhr. Größte Shoppingmall der Stadt mit 400.000 m² Verkaufsfläche auf drei Etagen, außerhalb des Stadtzentrums. Hier findet man alles vom Telefongeschäft über Fnac bis zum *Hipermercado* (Supermarkt im UG).

180 [f4] **Centro Vasco da Gama,** Av. Dom João II, Metro: Oriente, www.centrovascodagama.pt, tgl. 8-24 Uhr. Dieses Shoppingcenter mit circa 200 Läden auf Lissabons Expo-Gelände designte der spanische Architekt Santiago Calatrava.

181 [S14] **El Corte Inglés,** Av. António Augusto de Aguiar, 31, Metro: São Sebastião, www.elcorteingles.pt, Mo.-Do. 10-22, Fr., Sa. 10-23.30, So. u. feiertags 10-20 Uhr. Von der Metrostation geht es direkt in das mehrstöckige Kaufhaus der spanischen Kette.

Bücher

182 [V21] **Bertrand,** R. Garrett, 73-75, Metro: Baixa-Chiado, www.bertrand.pt, Mo.-Sa. 9-22, So. 11-22 Uhr. Die gut sortierte Buchhandlung führt auch englisch- und französischsprachige Bücher.

183 [V21] **Ferin,** Rua Nova de Almada 70-74, Metro: Baixa-Chiado, https://ferin.pt, So., Mo. 10-20, Di.-Sa. 10-22 Uhr. Diese Buchhandlung mit schönen Holzregalen gehört zu den ältesten in Portugal und wird seit Generationen von derselben Familie geführt. Auf der Website werden Lesungen und Events angekündigt.

MEIN TIPP

Shop 'n' Stop: Lost In

Schräg gegenüber dem kleinen Park auf dem Príncipe Real im Bairro Alto atmet ein umdekorierter Altbau **das Flair und die Farben Indiens.** In mehreren Räumen laden farbenfrohe, leichte Tücher, Sommerkleider und Accessoires zum Shoppen ein. Wer sich in den zahlreichen Modeläden auf der Rua Dom Pedro V und der Rua da Escola Politécnica beim Einkaufen verausgabt hat, kann sich anschließend auf der großen Terrasse hinter dem Haus unter bunten Schirmen entspannen – im Lost In mit einer exzellenten Aussicht über Lissabon und abends bei Kerzenlicht. Es gibt Salate, Sandwiches, kleine portugiesische Gerichte, Kaffee, Tee, Drinks, Cocktails und gelegentlich Konzerte.

184 [U19] **Lost In,** R. Dom Pedro V, 56 D, https://lostinrestaurante.com, Metro: Rato, **Shop:** Mo.-Sa. 12-24 Uhr, **Bar u. Restaurant:** Mo. 16-24, Di.-Sa. 12.30-24 Uhr

Miradouro de São Pedro de Alcântara: plätschernde Brunnen und schöne Aussicht

024lb Abb.: ps

Lissabon zum Durchatmen

Romantisch sind die **Miradouros**, die Aussichtspunkte auf den Hügeln, die einen weiten Blick über die Dächer der Stadt und den Tejo eröffnen (s. Stadtspaziergang 3, S. 19). Für die frühen Abendstunden empfehlen sich besonders der Miradouro de Santa Catarina oder der Miradouro da Senhora do Monte.

★185 [X19] **Miradouro da Graça,** Tram 28E bis Graça

★186 [X18] **Miradouro da Senhora do Monte,** Tram 28E bis Graça

› **Miradouro das Portas do Sol** 14

★187 [T21] **Miradouro de Santa Catarina,** Metro: Baixa-Chiado, Tram 28E bis Santa Catarina

› **Miradouro de Santa Luzia** 14

› **Miradouro de São Pedro de Alcântara** (s. S. 42)

Zu den schönsten **Parks Lissabons** zählt der Jardim da Estrela hinter der Basílica da Estrela 32. Im Sommer liegen die *Lisboetas* hier neben den Teichen und zwischen den Skulpturen, während die Kinder auf dem Spielplatz toben. Alte Bäume spenden Schatten. Ab und zu kommen Musiker, Tänzer oder Gaukler in den Park. Die **Füße in den Tejo halten** und den Fähren und Schiffen nachschauen – das geht auf den Treppen am Flussufer der Praça do Comércio 1 bis zum Cais do Sodré. Auf den Wiesen und den Terrassenstühlen der Kioske lässt sich die Sonne genießen, während ab und zu ein Kreuzfahrtschiff vorbeigleitet. Wer von den Wellen nicht genug kriegen kann, sollte einen **Ausflug zum Baden an die Strände** unternehmen (s. S. 62).

Traumhaft ist bei gutem Wetter ein **Ausflug mit der Fähre** vom Cais do Sodré [U22] an die andere Flussseite nach **Cacilhas.** Am Cais do Ginjal geht es am Tejo entlang, vielleicht holt ein Angler gerade einen Fisch aus dem Wasser. Auf einem Kaimauervorsprung sitzt man vom Tejo umspült auf der Terrasse des Restaurants Ponto Final (s. S. 84). Das Atira-te ao Rio (s. S. 81) ist als Sonnenuntergangsspot bekannt, davor nutzen manche gern die kleine Badestelle. Einige 100 m weiter fährt der **Panoramaaufzug Elevador Panorâmico da Boca do Vento** hinauf in kleinen den Ort Almada. Von hier reicht der Blick über den Kai von Cacilhas zur Skyline von Lissabon, zur Ponte 25 de Abril und zu den Booten auf dem Tejo. Bus 101 fährt ab Rua Capitão Leitão, 3, zurück zum Anleger Cacilhas, was besonders im Dunkeln empfehlenswert ist, denn der Weg von der Talstation des Aufzugs über den Kai ist uneben und im Dunkeln tückisch. Mit dem gleichen Bus kommt man auch zur **Cristo-Rei-Statue.** Das 110 m hohe Monument nach dem Vorbild der Christusstatue in Rio de Janeiro wurde 1959 eröffnet – zum Dank, dass Lissabon vom Zweiten Weltkrieg verschont geblieben war. Die Aussicht von der Plattform reicht bis ins Alentejo.

★**188 Elevador da Boca do Vento,** R. do Ginjal, Av. Cristo Rei Almada, Bus 101, tgl. 8–21 Uhr, kostenlos

★**189 Santuário Nacional de Cristo Rei,** Alto do Pragal, Almada, Bus 101, www.cristorei.pt, tgl. 10–18 Uhr, an Wochenenden im Sommer bis 19/19.45 Uhr, 8 €, unter 12 J. 3 €

Zur richtigen Zeit am richtigen Ort

Lissabon bietet das ganze Jahr über Musik- und Filmfestivals, doch am intensivsten feiert die Stadt traditionsgemäß ab dem **12. Juni den heiligen António.**

Der portugiesische Schutzheilige der Liebenden, Armen, Kinder und Vergesslichen wurde 1195 in der Alfama geboren und starb am 13. Juni 1231 bei Pádua. Ihm zu Ehren ist Lissabon am 12. Juni mit bunten Girlanden und Laternen geschmückt. In der Kathedrale Sé 12 schließen mittellose Paare bei einer von der Stadt gesponserten öffentlichen Hochzeit den Bund der Ehe. Auf der Avenida da Liberdade 26 jubeln Tausende von den Tribünen den Tanzgruppen der *Marchas Populares* (Volksmärsche) zu. Die Nachbarschaftsclubs der Viertel bereiten sich monatelang auf dieses Ereignis vor. Entsprechend spektakulär sind die Kostüme und Choreografien bei dem rund fünfstündigen Umzug, der einem Wettbewerb zwischen den Vierteln gleicht. Abends

020lb Abb.: ps

Ticketverkauf

Tickets bekommt man entweder ab 1½ Std. vor Veranstaltungsbeginn an der Abendkasse, online über die Website des jeweiligen Veranstalters oder über **https://ticketline.sapo.pt.** Ticketvorverkauf bieten auch die Filialen der **Kulturkaufhauskette Fnac** (https://bilheteira.fnac.pt), zu finden etwa in den Einkaufszentren **Armazéns do Chiado** (UG) und **El Corte Inglés** (beide s. S. 100).

wird in den Straßen weitergefeiert. Es gibt Brot, Wein und Sardinen vom Grill und zu Volksmusik und Fado wird getanzt. Nach ein paar Stunden riecht man selbst wie eine gegrillte Sardine. Noch bis zu vier Wochen danach herrscht ein wenig Volksfeststimmung bei Fado-Wettbewerben in den Gassen, *Bailes Populares* (Volkstänzen) mit Musik, Preisverleihungen und kostenlosen Konzerten.

Die **Sommerpause** beginnt erst in den ruhigeren, heißen Monaten August und September. Im Juni/Juli gibt die **Oper** auf dem Vorplatz des Teatro Nacional de São Carlos Open-Air-Vorstellungen (www.operafestlisboa.com) und das Amphitheater der Gulbenkian-Stiftung (s. S. 49) wird zur Kulturbühne.

Ganzjährig lohnt ein Blick in das monatlich erscheinende, kostenlose, englischsprachige **Magazin „Follow me Lisboa“**, (www.visitlisboa.com/de/uber-turismo-lisboa/d/unterlagen/publications). Auch die nahen Städte Estoril, Sintra und Cascais bieten viele kulturelle Events.

Sommerkonzert auf der Open-Air-Bühne vor der Oper, dem Teatro Nacional de São Carlos (s. S. 94)

Gesetzliche Feiertage

- **1. Januar:** Neujahrstag *(Dia de Ano Novo)*
- **Faschingsdienstag:** Karneval *(Carnaval/Entrudo)*
- **Karfreitag** *(Sexta-feira Santa)*
- **Ostersonntag** *(Páscoa)*
- **25. April:** Tag der Freiheit *(Dia da Liberdade)*, Jahrestag der Nelkenrevolution
- **1. Mai:** Tag der Arbeit *(Dia do Trabalhador)*
- **Pfingstsonntag** *(Pentecostes)*
- **10. Juni:** portugiesischer Nationalfeiertag *(Dia de Portugal/Dia de Camões)*
- **15. August:** Mariä Himmelfahrt *(Assunção de Nossa Senhora)*
- **1. November:** Allerheiligen *(Dia de Todos os Santos)*
- **8. Dezember:** Mariä Empfängnis *(Imaculada Conceição)*
- **25. Dezember:** Weihnachten *(Natal)*

Januar bis April

- **Karneval:** Alljährlich im Februar feiert Lissabon Karneval mit bunten Kostümen, närrischen Umzügen, Open-Air-Konzerten und Partys.
- **Lisbon Marathon:** Marathon durch die Stadt im April, Info: www.marathon.de/laufevent/lissabon-marathon
- **Indie Lisboa:** zehntägiges internationales Independent-Filmfestival Ende April, Info: www.indielisboa.com

Mai bis Juni

- **1. Sonntag im Mai:** Prozession ab 16 Uhr um die kleine Kirche Nossa Senhora da Saúde, die der Schutzpazronin der Gesundheit geweiht ist, am Praça Martim Moniz [W19] zum Dank für das Ende der Pestepidemie im Jahr 1569

- **Feira do Livro de Lisboa:** Buchmesse im Parque Eduardo VII 28 Anfang Mai, Info: www.feiradolivrodelisboa.pt
- **Arte Lisboa:** Internationale Messe für zeitgenössische Kunst Ende Mai/Anfang Juni in den Messehallen im Parque das Nações 40
- **Fest des hl. Antonius** (12., 13. Juni): *Casamentos de Santo António.* Eine gesponserte Hochzeit der vom Rathaus ausgewählten Paare in der Kathedrale Sé 12, *Marchas Populares de Lisboa* auf der Avenida da Liberdade 26 und zahlreiche Straßenfeste, Info: www.culturanarua.pt.
- **Dia de São João** (24. Juni): Straßenfeste zur Johannisnacht
- **Dia de São Pedro** (29. Juni): Straßenfeste, Ausstellungen und Konzerte

Juli bis August

- **Super Bock – Super Rock:** von einer großen Brauerei gesponsertes Rockfestival an den ersten beiden Juliwochenenden, Info: www.superbocksuperrock.pt
- **Sintra Festival:** zweiwöchiges klassisches Musik- und Tanzfestival Anfang Juli in den Schlössern von Sintra und Queluz, Info: www.festivaldesintra.pt
- **Nos Alive Festival:** dreitägiges Rockfestival in Oeiras vor den Toren Lissabons, Mitte Juli, Info: www.nosalive.com
- **Cool Jazz Festival:** Open-Air-Jazzkonzerte rund um Cascais im Juli, Info: http://edpcooljazz.com
- **Jazz em Agosto:** zehntägiges internationales Jazzfestival, initiiert von der Gulbenkian-Stiftung, Info: https://gulbenkian.pt/jazzemagosto/en

September bis Dezember

- **Jardins Abertos:** An vier Tagen Anfang September öffnen sich viele Gärten Lissabons für Besucher. Eintritt frei. Info: www.jardinsabertos.com.
- **Doclisboa:** Das elftägige Dokumentarfilmfestival präsentiert Mitte Oktober nationale und internationale Dokumentarfilme, Info: www.doclisboa.org.
- **Silvester:** Partys und großes Feuerwerk auf der Praça do Comércio 1

Tanz auf den Plätzen der Stadt beim Fest des hl. Antonius

LISSABON VERSTEHEN

094lb Abb.: ps

Lissabon – ein Porträt

„Der Tejo ist das einzige Zeugnis unseres Lebens, nicht die Stadt", heißt es in einem Song der bekannten portugiesischen Band Madredeus. Der breite Strom ist die Verbindung der „weißen Stadt" auf sieben Hügeln zur großen weiten Welt. Als Horizontlinie am Ende des westlichen Europas steht der Tejo seit den Zeiten der Entdeckungsreisenden für Träume vom Aufbruch in die Zukunft. Eine Quelle der Inspiration ist auch Lissabons ganz besonderes Licht. Die Sonne des Südens hebt die Stadt aus dem Nebel, mildert die Kontraste und lässt sie glanzvoll erstrahlen. „Im hellen Tageslicht glänzen sogar die Geräusche", schrieb der Lyriker Fernando Pessoa (1888–1935). Man erlausche die über das schimmernde Pflaster eilenden Schritte, die Wellen des Tejo, das Rauschen auf der roten Brücke Ponte 25 de Abril, die Stimmen in den Straßen und Bars, den Fado – und empfinde die Stadt wie ihre Dichter und Denker zuvor als sinnliches Erlebnis.

Die „Schöne am Tejo", für viele Flüchtlinge im Zweiten Weltkrieg „Hafen der Hoffnung" und heute trotz wirtschaftlicher Herausforderungen und sozialer Kontraste reichste Stadt des Landes, hat **viele Gesichter** und steckt voller Überraschungen. Es gibt das Lissabon der barocken und reich mit Azulejos verzierten Klöster und Kirchen, das Lissabon der Einwanderer aus Afrika und Brasilien, das Lissabon der alten Adelspaläste und repräsentativen Stadthäuser, das Lissabon der Dienstleistungen und des Kommerzes an den *Avenidas Novas*, das Lissabon der Museen, Entdecker und kleinen Jachthäfen in Belém und das Lissabon der Nachtschwärmer.

◁ *Vorseite: Wohnen am Fuß der Mouraria – zentral, aber eng*

▷ *Immer wieder geben die Straßen den Blick auf den Fluss frei*

▽ *Wunderschöne Aussicht von Cacilhas und Almada über den Tejo*

037lb Abb.: ps

Auf dem Hügel, wo heute die Mauern des Castelo de São Jorge ⓭ thronen, fand man einst **die ersten Spuren der Besiedlung.** Von der Burg und dem Burgberg aus begann Lissabon zu wachsen. Hier steht auch der Dom, die Kathedrale Sé ⓬, die als Bischofssitz fungiert. Die Alfama zu Füßen der Burg zählt zu ihren ältesten Vierteln. Sie ist maurischen Ursprungs und eine Hochburg des Fado. Heute üben ihre Gassen auf Touristen eine magnetische Anziehungskraft aus. Auf das **Judenviertel** des 12. Jh. weist nur noch der Straßenname Rua da Judiaria hin, in der es auch eine Synagoge gab.

026lb Abb.: ps

Bröckelnder Charme – die Alfama

„Die Alfama ist eine Reliquie des alten Lissabons – des Lissabons der schrecklichen Pestepidemien. Zum Wohle der Volksgesundheit hätte hier schon längst die Spitzhacke geschwungen werden müssen. (...) Es verlangt beinahe Heldenmut, die schiefen Treppen mit wurmstichigen Stufen, die unter jedem Tritt knarren, hinaufzusteigen. (...) Zwei, bestenfalls drei Zimmer für eine sechs-, sieben- oder achtköpfige Familie!" So empörte sich 1903 der brasilianische Autor Alfredo Mesquita (1907–1986). Das Viertel blieb **vom Großen Erdbeben 1755 verschont,** woraufhin der hartgesottene Stadtsanierer Marquês de Pombal (1699–1782) gesagt haben soll, er wünsche sich ein weiteres Erdbeben, das nach der Baixa auch die Alfama verschlucke. Heute sind hygienische Bedenken nicht mehr angebracht und die Treppen aus Stein haben Geländer.

Der portugiesische Literaturnobelpreisträger José Saramago (1922–2010) beschrieb die Alfama 1981 nicht mehr als Schandfleck, sondern als „Fabeltier", das seine Geheimnisse bewahrt und sich im Sardinenqualm am Antoniustag Fremden gegenüber am leutseligsten gibt. Doch auch er beobachtete: „Häuser gibt es, in die noch nie ein Sonnenstrahl gefallen ist, und die Wohnungen im Erdgeschoss haben als einziges Fenster eine geöffnete Türluke."

Heute sind viele Häuser **weiß oder pastellfarben gestrichen.** Plastikplanen baumeln schützend über so mancher Wäscheleine. Auf den Fenstersimsen stehen Geranien und Kanarienvogelkäfige. Wie häufig in Lissabon sind auch in der Alfama die Fassaden zum Schutz vor Feuchtigkeit gekachelt. Permanente Gerüste, die verfallene Häuser stützen, sind deutlich weniger geworden. Seit 2018 liegt unterhalb der für den Tourismus herausgeputzten und sanierten Alfama der **Terminal der Kreuzfahrtschiffe.**

Glanz im Herzen der Baixa

Kronjuwel der Unterstadt ist die Praça do Comércio ❶. Hier ließ König Manuel I. 1511 sein Schloss errichten. Die **labyrinthischen Gassen** hinter dem Platz, an dem seine Segelschiffe ihre Ladung löschten, waren ein Eldorado für Kaufleute, Geldwechsler und Gewürzhändler. In der Baixa schlug das Herz einer der reichsten Städte Europas, bis das Große Erdbeben von 1755 mitsamt einem Tsunami alle Pracht von einem Tag auf den anderen in Schutt, Schlamm und Asche versinken ließ (s. unten).

Im Zuge des Wiederaufbaus unter Marquês de Pombal erhielt die Unterstadt den Namen „Baixa Pombalina" und trägt seitdem die imponierenden architektonischen Züge des 18. Jh. Aufklärung, Barock und die Vorbilder Paris und London inspirierten zu neuen **Straßenzügen im Schachbrettmuster** und einer Bauweise, die Brandschutzkriterien berücksichtigte.

Auch die **Zahlensymbolik der Freimaurer** soll die Stadtplanung des Marquês beeinflusst haben: Sieben Längs- und sieben Querstraßen bestimmen die symmetrische Anlage und mit der Praça da Figueira ❽ ließ er für den Markt einen dritten Haupt-

Unvergessen: das Große Erdbeben von 1755

Das Große Erdbeben von 1755 erschütterte Lissabon so sehr, dass die „Lisboetas" bis heute von „davor" und „danach" sprechen, als gäbe es zwei Zeitrechnungen. Am 1. November 1755 um 9.40 Uhr ereignete sich innerhalb von nur etwa einer Viertelstunde eine **Naturkatastrophe von in Europa bisher unbekannter Dimension.** Schockierte Zeitgenossen wie Voltaire begannen, öffentlich an Gott zu zweifeln. Im **Lisboa Story Centre** (s. S. 65) wird das Beben mit moderner Technik für heutige Besucher anschaulich gemacht.

Bis heute ist die **Ruine des Convento do Carmo** ⑳ ein Mahnmal für die zerstörerische Kraft des verheerenden Seebebens, das die Stärke neun auf der Richterskala erreichte. Seinen Ursprung hatte das Beben 200 km vor dem Kap São Vicente und war Hunderte Kilometer weit an der Atlantikküste in Afrika und Europa zu spüren. Lissabon wurde im Handumdrehen unter Schutt, Schlamm und der **Flutwelle eines Tsunami** begraben. Hinzu kamen tagelange Brände.

Von 250.000 Einwohnern verloren Schätzungen zufolge 60.000 bis 100.000 ihr Leben, von 30.000 Gebäuden blieben nur 3000 übrig. Zerstört war der Palast Paço da Ribeira von König José I., verschwunden das Gedächtnis der Nation, die riesige Staatsbibliothek mitsamt ihren wertvollen Beständen, z. B. Aufzeichnungen von Vasco da Gama und Gemälde von Tizian und Rubens. Der Untergang einer der damals reichsten Städte Europas war besiegelt und ist im **Palácio Pimenta** (Museu de Lisboa, s. S. 66) anschaulich dokumentiert.

Lissabons Wiederauferstehung ermöglichten Gold und Diamanten aus Portugals Kolonialreich. Den Wiederaufbau der kompletten Baixa ging der strenge **Marquês de Pombal** (1699–1782) pragmatisch und systematisch an, wie heute noch am geometrischen Aufbau zu sehen ist. So entstand das neue Lissabon der Zeitrechnung nach der Katastrophe.

133lb Abb.: ps

platz anlegen, der mit dem Rossio 6 (und der Praça de Dom Pedro IV) ein Dreieck bildet. Läden und Handwerksbetriebe aus alten Zeiten gibt es heute nicht mehr, aber Straßennamen wie Rua dos *Fanqueiros* (Stoffhändler), Rua dos *Sapateiros* (Schuhmacher), Rua da *Prata* (Silberschmiede) und die Rua dos *Douradores* (Vergolder) weisen auf die systematische Ordnung beim Wiederaufbau der Baixa hin.

Bereits 2012 war die **Praça do Comércio** für 10 Mio. € restauriert worden. Stadt und Tourismusverband besannen sich auf den Freizeitwert der repräsentativen Gebäude, die bislang Ministerien beherbergt hatten. An der Nordwestseite residiert die Touristeninformation Ask me Me Lisboa (s. S. 125) im historischen Gebäude des Pátio da Galé. Mit Cafés und Restaurants avancierte der Platz zum zentralen Treffpunkt für Schickeria, Partyvolk und Touristen. Treppenstufen zum Sonnen am Fluss und ein Park erstrecken sich zum Cais do Sodré [U22]. Seit 2021 lädt das Ufer auch zum Flanieren in die andere Richtung ein. Vom restaurierten Terminal Sul Sueste und der Doca de Marinha starten Bootsausflüge (s. S. 131).

Zum Tejo hin offen: die Praça do Comércio 1

Den Fluss überbrücken

Das einst Welten verbindende Wasser des Tejo erwies sich im 20. Jh. eher als Hindernis, das es im Zeichen der modernen Technik zu überbrücken galt. Eines der Wahrzeichen der Tejo-Metropole ist die 3,2 km lange, doppelstöckige **Hängebrücke Ponte 25 de Abril** [M25]. Oben fahren Autos über eine sechsspurige Autobahn, unten Personenzüge. Die heute nach dem Datum der Nelkenrevolution benannte Brücke ähnelt der Golden Gate Bridge von San Francisco, ist aber kleiner. Die American Bridge Company erbaute sie bis 1966 mit aus den USA importiertem Stahl nach dem Vorbild der San Francisco Bay Bridge. Der Ausbau für den Schienenverkehr erfolgte bis 1999, u. a. mit EU-Subventionen. Seit 2017 gibt es eine Ausstellung zur Brückengeschichte (Experiência Pilar 7) und eine Aussichtsplattform (s. S. 25).

Zur Weltausstellung im Jahr 1998 erhielt Lissabon neben der **futuristischen Architektur** im gerade entstandenen Stadtviertel Parque das Nações 40 – trotz Protesten von Umweltschützern – auch die zweite gewaltige Brücke, die **Ponte Vasco da Gama.** Mit mehr als 17 Kilometern Länge zählt sie zu den längsten Brücken der Welt. Auf 155 m hohen Pfeilern führt sie die Autobahn A12 aus Lissabon heraus in Richtung Montijo und Setúbal.

Lissabon in Zahlen

- **Gegründet:** 1200–1000 v. Chr. von den Phöniziern
- **Einwohner:** ca. 545.796 (1,5 Mio. in der Metropolregion)
- **Bevölkerungsdichte:** 5456 Ew./km²
- **Fläche:** 84,7 km²
- **Höhe ü. M.:** 6 bis 226 m
- **Lebensqualität:** 2020 zum vierten Mal *World's Leading City Break Destination* bei den World Travel Awards

Von den Anfängen bis zur Gegenwart

Archäologische Ausgrabungen belegen die erste Besiedlung durch die Phönizier rund 1200 bis 1000 v. Chr. Die vom Großen Erdbeben von 1755 so gut wie verschonte Alfama lässt noch viele Elemente maurischer Architektur erkennen. In Kirchen und Palästen offenbart sich auf Schritt und Tritt die bewegte Geschichte der einstigen Seefahrermetropole. Der Wiederaufbau nach dem Erdbeben prägte die Baixa. Art-déco-Häuser und die großen Gebäude rund um die Avenida da Liberdade 26 demonstrieren den ersten bürgerlichen Wohlstand, die Tejo-Brücken und der Bauboom im Parque das Nações 40 den Fortschritt.

Phönizier und Römer bestimmen die Anfänge Lissabons. Noch vor der maurischen Herrschaft auf der Iberischen Halbinsel führen die Westgoten in Portugal das Christentum ein. Die Wurzeln der Azulejo-Kultur, süße Nachspeisen mit Mandeln und die Namen der Stadtviertel Mouraria („Maurenviertel") und Alfama belegen jedoch **das maurische Erbe.**

1147 ernennt sich der burgundische Kreuzritter Dom Afonso Henrique (Alfons I.) zum ersten König von Portugal, 1256 wird Lissabon offiziell zur Landeshauptstadt. Ferdinand I. und Heinrich II. von Kastilien sind im 14. Jh. die ersten Verfechter der Streitigkeiten mit dem expansionshungrigen Nachbarn Spanien. König Manuel I. lässt im 15. Jh. das Hieronymus-Kloster (Mosteiro dos Jerónimos) 36 errichten, ein Symbol für die florierende Wirtschaft und Kultur im **Goldenen Zeitalter Portugals als Seemacht.**

Im 16. Jh. führen **Erdbeben, Pest, Inquisition und Kriege** zum Niedergang. Das Jahr 1580 läutet 60 Jahre Fremdherrschaft unter dem spanischen König Philipp II. ein. Mit Dom João IV. beginnt 1640 die bis 1910 währende Dynastie des Königshauses Bagrança. Nach dem **Großen Erdbeben von 1755** (s. Exkurs S. 108) organisiert der Marquês de Pombal, Premierminister von Dom João VI., den schachbrettartigen Wiederaufbau Lissabons mit breiten Straßen.

Anfang des 19. Jh. zwingt Napoleon König Dom João VI. ins Exil nach Brasilien. Er stirbt wenige Jahre nach seiner Rückkehr 1821, seine Nachfolger liefern sich einen erbitterten

Bruderkrieg. 1870 fährt in Lissabon die erste Dampfstraßenbahn, die Industrialisierung schreitet voran und 1910 wird die Republik ausgerufen. Nach zwei Weltkriegen folgt die mehr als 40-jährige **Salazar-Diktatur** („Estado Novo"), die im Jahr 1974 durch die **Nelkenrevolution** in den Straßen der Tejo-Metropole beendet wird.

Die **EU-Mitgliedschaft** ab 1986 bringt wirtschaftlichen Aufschwung mit sich. Die Expo 1998 erweist sich als Sprungbrett für die Stadtentwicklung. 2013 wird die parkartige Flaniermeile bis zum Cais do Sodré [U22] fertig und seit 2021 kann man vom frisch restaurierten Flussterminal Sul Sueste am modernisierten Flussufer entlang spazieren.

1200–1000 v. Chr. Iberer und Phönizier gründen den Handelshafen Alis Ubbo und besiedeln den Burghügel. Später soll Odysseus hier eine griechische Stadt gegründet haben.

218–201 v. Chr. Zweiter Punischer Krieg zwischen Karthago und Rom. Die Römer siegen und beherrschen die Provinz Lusitania. Lissabon hieß Olisipo.

Ab 48 v. Chr. Römisches Stadtrecht für Lissabon, nun Colonia Felicitas Iulia genannt. Errichtung einer römischen Stadtmauer.

472 n. Chr. Herrschaft der Westgoten und Beginn der Christianisierung

Ab 719 n. Chr. Eroberung durch die Mauren. Lissabon – Al-Aschbouna – zählt zu den wichtigsten Häfen im Kalifat von Córdoba. Aufschwung von Seefahrt, Handel, Medizin, Kunst und Architektur.

1147–1179 Lissabon wird 1147 von Kreuzrittern unter der Führung des Burgunders Dom Afonso Henriques (Alfons I.) zurückerobert. Papst Alexander III. erkennt das Königreich Portugal erst 1179 offiziell an.

11.–12. Jh. Dom Afonso Henriques Nachfolger Dom Sancho I. und II. sowie Alfons II. und III. setzen die Reconquista („Rückeroberung") fort. Mit dem Anschluss der Algarve an das Königreich 1250 ist etwa die Fläche des heutigen Portugals erobert.

1256 Alfons III. verlegt seine Residenz von Coimbra in die neue Hauptstadt Lissabon.

1288 Die erste Universität Portugals wird in Lissabon gegründet.

1344–1375 Erdbeben, Pest, Bau der Fernandinischen Stadtmauer unter Ferdinand I. (1375). Nachdem er 1367 König geworden ist, bricht er sein Versprechen, eine Tochter des Kastiliers Heinrich II. zu heiraten. 1373 plündert Heinrich II. Lissabon aus Rache.

028lb

Seefahrt zwischen Glaube und Legende, dokumentiert im Museu da Marinha *(s. S. 67)*

1383 Die Revolution von Lissabon ist der erste Bürgeraufstand Europas. Die Handwerkerzünfte und der niedere Adel erheben sich gegen die Regierung der Witwe von Ferdinand II., Leonore Teles de Menezes. Der spätere König Dom João I. (Johann I.), Vater von Heinrich dem Seefahrer, führt den Aufstand an.

1385 Beginn der Dynastie Avis mit König Dom João I., Großmeister des Christusritter-Ordens von Avis, der dem Templerorden nachfolgte. Bau des Convento do Carmo zum Dank für den Sieg über die Kastilier.

1415–1560 Heinrich der Seefahrer (1394–1460) begründet den Reichtum Portugals durch den Kolonialismus und den Aufstieg zur Seemacht.

1506 verursacht ein Pogrom gegen Lissabons zwangsgetaufte Juden eine Auswanderungswelle. König Dom Manuel I. (1495–1521) fördert Kunst, Wissenschaft und Architektur (Hieronymus-Kloster, Torre de Belém). 1511 verlegt er seine Residenz vom Castelo de São Jorge an die Praça do Comércio.

1531 Tausende sterben bei einem Erdbeben. König Dom João III. verliert das Kolonialreich im Fernen Osten.

1536 Inquisition und wirtschaftlicher Niedergang

1578 Der kinderlose König Dom Sebastião (Sebastian I.) fällt in einer Schlacht gegen die marokkanischen Berber.

1580 Der Adel nominiert den spanischen König Philipp II. zum Thronfolger. Es folgen 60 Jahre spanische Fremdherrschaft. Bau der Kirche São Vicente de Fora.

1640 Ende der spanischen Herrschaft. Mit dem Aufstand vom 1. Dezember (Nationalfeiertag) beginnt die bis 1910 währende Dynastie Bagrança. João IV. (Johann IV.) besteigt den Thron. In Lissabon wird die spanische Statthalterin Herzogin von Mantua gestürzt.

Seefahrernation jenseits des europäischen Horizonts

Heinrich der Seefahrer (1394–1460) schickte von Lissabon die ersten Eroberer mit Segelschiffen über den Atlantik, um sein Reich zu vergrößern. Durchaus mit Erfolg: Im Jahr 1415 kam Ceuta zu Portugal, 1419 Madeira, 1432 die Azoren, 1444 der Senegal und 1445 erreichte der Entdecker Dinis Dias das **Cabo Verde, den westlichsten Punkt Afrikas.** Ganze 15-mal versuchten die Portugiesen, das Kap Bojador an der Nordwestküste Afrikas südlich der Kanarischen Inseln zu umschiffen, um sich den afrikanischen Kontinent zu erschließen, bis es Gil Eanes 1432 gelang, das berüchtigte „Kap der Angst" zu bewältigen.

1456 spitzte sich der Streit zwischen Spaniern und Portugiesen um die Besitzrechte der neu entdeckten und kolonisierten Gebiete derart zu, dass Papst Nikolaus V. in einer Bulle den Spaniern die Kanaren zugestand. Die Portugiesen bekamen die **Gebiete ab dem Kap Bojador bis zur Südspitze Afrikas,** deren Ausmaße damals noch völlig unbekannt waren.

1488 umschiffte Bartolomeu Dias (um 1450–1500) das Kap der Guten Hoffnung. König Dom Manuel I. (1495–1521) setzte sich insbesondere für die **Entdeckung des Seewegs nach Indien** ein. Vasco da Gama (um 1469–1524) gelangte nach einer abenteuerlichen Eroberungsreise und Kämpfen gegen die Araber 1498 nach Kalikut an Indiens Westküste. 1500 entdeckte Pedro Álvares Cabral (um 1467–1526) **Brasilien,** 1508 erschloss Francisco de Almeida (um 1450–1510) mit der Entdeckung

1669 Friedensvertrag mit Spanien, nachdem mit englischer Hilfe zahlreiche Angriffe abgewehrt wurden

1699 Entdeckung der brasilianischen Goldminen und verschwenderische absolutistische Hofhaltung

1703 Methuen-Vertrag: Großbritannien darf Textilien in Portugal einführen und bekommt beim Portweinkauf die Exportsteuer erlassen.

1. November 1755 Beim Großen Erdbeben verlieren Zehntausende ihr Leben. Eine Tsunamiwelle reißt die Unterstadt nieder.

1750–1777 In die Regierungszeit von Dom José I. (Joseph I.) fällt der Wiederaufbau Lissabons nach dem Großen Erdbeben unter Marquês de Pombal.

1780 Stadtbeleuchtung mit Öllaternen

1807–1811 Die Truppen Napoleon Bonapartes besetzen Portugal. Dom João VI. verwaltet 1808–1822 Portugal vom Exil in Rio de Janeiro aus. 1816–1820 regiert der britische Gouverneur Beresford.

1821 Die Ära des Absolutismus endet mit der Rückkehr von Dom João VI.

1826 Tod von João VI. und Bürgerkrieg der Miguelisten

1831 Dom Pedro I. (Peter I.) kehrt aus Brasilien zurück und kämpft als Pedro IV. mit Briten und liberalen Bürgern gegen das konservative Regime seines Bruders Miguel (Michael I.).

1834 Auflösung der Klöster im Zuge der Reformation

1870–1901 Beginn der Industrialisierung. Lissabon erhält 1870 die erste Dampfstraßenbahn, 1878 elektrische Straßenlaternen, 1884 die erste Standseilbahn, den Ascensor do Lavra, und 1901 die erste elektrische Straßenbahnlinie.

1908 König Dom Carlos I. (Karl I.) und der Thronfolger Luís Filipe (Ludwig Philipp) sterben bei einem Attentat auf der Praça do Comércio – der Anfang vom Ende der Monarchie.

der Malediven den Weg zu den Gewürzinseln. Ab 1503 verwaltete und steuerte die Verwaltungsbehörde Casa da Índia von Lissabon aus den Handel im Kolonialreich. Überall in der Welt von Afrika über Brasilien bis Asien gründeten die Portugiesen Missionen und Handelsniederlassungen. Sie verschifften kostbare Ware, Gewürze, Seidenstoffe, Edelsteine, Pflanzen, Tiere und auch Sklaven nach Hause.

Mit seiner **Erdumseglung in weniger als drei Jahren** von 1519 bis 1522 bestätigte **Ferdinand Magellan** (1480–1521), dass die Erde rund ist wie eine Kugel, was Galileo Galilei bisher als These formuliert hatte. 1557 pachtete Portugal Macao von den Chinesen. **Lissabon war der Nabel des weltumspannenden Kolonialismus** und erlebte ein Goldenes Zeitalter. Portugals Könige machten zahlreiche ihrer segelfreudigen Eroberungshelfer zu Adeligen und schenkten ihnen zum Dank Ländereien. In Lissabons Museen erinnern heute noch wertvolle indoportugiesische Möbel, Madonnenfiguren mit Mandelaugen oder japanische Paravents mit langnasigen portugiesischen Seemännern an die vielfältigen **kulturellen Vermischungen** während der Kolonialzeit.

Bis heute erscheinen ehemalige Kolonien wie Angola als Retter in der Wirtschaftskrise. Angola ist neben Brasilien Portugals größter Kunde außerhalb der EU. Heute setzen viele Portugiesen ihre Hoffnung wieder auf Wirtschaftsbeziehungen mit fernen Ländern, jenseits des europäischen Horizonts.

1910 Der letzte Bragança-König, Dom Manuel II., flieht nach England. Am 5. Oktober wird auf dem Rathausplatz in Lissabon die Republik ausgerufen.

1916–1918 Portugal kämpft im Ersten Weltkrieg gegen Deutschland.

1926 Nach 44 Regierungswechseln bereitet ein Militärputsch dem späteren Diktator António de Oliveira Salazar (ab 1932 Ministerpräsident) den Weg zur Macht.

1933–1945 Salazar ruft 1933 den Estado Novo („Neuen Staat") aus. 1937 scheitert in Lissabon ein Attentat auf den Diktator. Im Zweiten Weltkrieg bleibt Portugal neutral. In Lissabons Hafen hoffen viele Juden auf eine Flucht in die USA.

1949 Portugal wird Gründungsmitglied der NATO.

1959 Eröffnung der Metro in Lissabon

1961 Beginn der portugiesischen Kolonialkriege in Afrika

1968 Salazar erleidet einen Schlaganfall. Zwei Jahre vor seinem Tod löst Marcelo Caetano ihn ab. Im Militär formiert sich eine Opposition.

1974 Nelkenrevolution („Revolução dos Cravos") in Lissabon am 25. April. Die Bevölkerung steckt den Soldaten rote Nelken in die Gewehrläufe, die Männer tragen Nelken im Knopfloch, um die Diktatur symbolisch zu verabschieden. Der „Estado Novo" geht damit zu Ende.

1975 Nach der Unabhängigkeit der Kolonien kommt es zu einer Fluchtwelle aus Angola und Mosambik nach Lissabon.

1976–1987 Bis 1987 lösen elf Regierungen einander ab.

1985–1995 Der „Cavaquismo", nach dem rechtsliberalen Politiker Aníbal Cavaco Silva (PDS) benannte Reformen, trägt zur Sanierung der Wirtschaft bei.

1986 Portugal wird EU-Mitglied.

1988 Großbrand im Viertel Chiado und Wiederaufbau bis 1999

1995 Lissabon wird Kulturhauptstadt Europas.

1998 Die 17 km lange Autobahnbrücke Vasco da Gama und das Ausstellungsgelände Parque das Nações entstehen anlässlich der Weltausstellung.

2000 Staatspräsident Jorge Sampaio gibt Macao an China zurück.

2004 Premierminister José Manuel Barroso tritt zurück und wird Präsident der EU-Kommission in Brüssel.

2005/2006 Die Sozialisten scheitern an Sparpaket-Abstimmungen.

2011 Portugal erhält von EU und IWF ein Hilfspaket in Höhe von 78 Mrd. €. Pedro Passos Coelho wird Premierminister. Der Fado wird UNESCO-Weltkulturerbe.

2012/2013 Restaurierung der Praça do Comércio. Eine neue Uferpromenade entsteht an der Avenida da Ribeira das Naus.

2014/2015 Portugal verlässt den Euro-Rettungsschirm, die Regierung fährt einen harten Sparkurs.

2016 Das Handelsdefizit des Landes sinkt.

2017 Eröffnung der Ausstellung Experiência Pilar 7 und der Aussichtsplattform auf der Ponte 25 de Abril

2018 Eröffnung des Kreuzfahrtschiffterminals vor der Alfama

2019 Die regierenden Sozialisten unter Ministerpräsident António da Costa, früher Bürgermeister von Lissabon, gewinnen erneut die Wahlen.

2020–2022 Eröffnung des Schiffsterminals Sul Sueste, der Docas de Marina und einer neuen Uferpromenade, trotz mehrfacher Corona-Lockdowns

2022 Vorgezogene Neuwahlen im Januar wegen des Haushaltsstreits um EU-Coronahilfen. Auch danach steht die Erholung der Wirtschaft im Vordergrund der Landespolitik.

2023/2024 Es herrscht Wohnraummangel und die Unterkünfte in der City werden immer teurer. Nachhaltige Wohnungsbauprojekte am Stadtrand im Viertel Marvila sollen Abhilfe schaffen.

Leben in der Stadt

In Lissabon leben viele Immigranten aus den ehemaligen portugiesischen Kolonien und deren Nachfahren. Touristen kommen daher in den Genuss, Livemusik, z. B. aus Brasilien und den Kapverden, zu hören und neben der portugiesischen Küche Gerichte aus anderen Teilen der Erde probieren zu können. Im Sommer füllen sich die Strände in der Nähe der Tejomündung. Lissabon und Umgebung bieten eine hohe Lebensqualität.

Etwa ein Viertel der portugiesischen Bevölkerung lebt in der Hauptstadt. Der Kreis *(distrito)* Lissabon grenzt Richtung Atlantik an Oeiras und im Norden an Loures und Odivelas und ist in 53 Gemeinden aufgeteilt. Politische Entscheidungen treffen der Stadtrat *(Câmara Municipal)* und der Gemeinderat. Als Hauptstadt ist Lissabon **Sitz des portugiesischen Parlaments,** das im Palácio de São Bento [S20] tagt. Es wird alle vier Jahre gewählt, der Präsident alle fünf Jahre. Die Regierung führt der Premierminister.

Zugpferd für ganz Portugal

Lissabon ist **Sitz einiger EU-Institutionen,** etwa der Europäischen Agentur für die Sicherheit des Seeverkehrs. Ein bedeutender Wirtschaftsfaktor ist der Seehafen. **Containerterminals** liegen an den Docks von Alcântara. In Santa Apolónia vor der Alfama legen Kreuzfahrtschiffe an. Privatjachten liegen an den Docas de Santo Amaro [M24], in Belém und in Bom Sucesso. Von der Doca de Marinha (s. S. 131) starten Ausflugsboote.

Neben der Hochschule von Coimbra zählt die **bereits 1288 in Lissabon gegründete Universität** zu den wichtigsten in Portugal. Der naturwissenschaftlichen Fakultät gehört die Sternwarte und auch das Hospital de Santa Maria. Neben den staatlichen gibt es zahlreiche private Hochschulen sowie eine deutsche Schule.

Ein Drittel des portugiesischen Bruttoinlandsprodukts wird in Lissabon erwirtschaftet, vorwiegend im Dienstleistungssektor. Zur Weltausstellung 1998 entstand im Parque das Nações (40) ein neues Viertel mit futuristischer Architektur. Der zweifelhafte Charme der verfallenen Häuser in der Innenstadt hat seine Wurzeln in der jüngeren Geschichte Portugals. Diktator Salazar fror in den 1930er-Jahren die Mieten ein. Seither ließ die Inflation die Mieteinnahmen so gering werden, dass viele Eigentümer **kein Geld für Renovierungen** hatten. Mitte der 1980er-Jahre kam es zu einer Gesetzesänderung, aber bis heute leben alteingesessene Bewohner mit alten Mietverträgen in Wohnungen, die dringend modernisiert werden müssten. Enteignete Immobilien und Grundstücke wurden nach der

029lb Abb.: ps

Schuhputzer am Rossio (6), Symbol für die Kluft zwischen Arm und Reich

Nelkenrevolution 1974 an die früheren Besitzer zurückgegeben, liquides Vermögen hingegen nicht.

Nach der **Wirtschaftskrise** von 2008 brauchte Portugal Jahre, um sich durch Sparmaßnahmen wieder zu erholen. Erst 2017 war die Wende geschafft, im selben Jahr gewann Lissabon erstmals den World Travel Award als bestes Städtereiseziel der Welt. Seither wird mit großem Elan saniert – bis zum Beginn der **Coronapandemie** erlebte die Stadt ihren größten touristischen Boom. Dank seiner vielen **grünen Oasen** und einem unter Naturschutz stehenden **Feuchtgebiet am Mündungsdelta** des Tejo wurde Lissabon 2020 zur Grünen Hauptstadt Europas. Über das Umweltbewusstsein an beiden Flussufern informiert eine Multimediapräsentation im Centro Tejo im Terminal Sul Sueste [X22].

Aufgeschlossen und mobil

José aus Porto hat in Lissabon Design studiert. Er hofft auf einen Berufseinstieg in der portugiesischen Hauptstadt, findet die Leute hier aber hektisch und weniger kommunikativ als in seiner Heimatstadt im Norden.

Angesichts der multikulturellen Bevölkerung und Gesellschaftsunterschiede ist es nicht leicht, **den typischen „Lisboeta“** zu beschreiben. Touristen gegenüber sind die meisten Leute sehr freundlich. Viele können zumindest etwas Englisch, Ältere tendenziell eher Französisch. Spanisch wird verstanden, aber nicht gern gesprochen. Die historischen Konflikte mit dem expansionsfreudigen Nachbarland, aus dem einem jahrhundertealten Sprichwort zufolge nichts als schlechte Winde und schlechte Ehen zu erwarten sind, scheinen nicht völlig vergessen zu sein.

Viele **Angehörige der Lissabonner Oberschicht** haben Vorfahren, die im Zeitalter der Entdeckungsfahrten zum Dank für ihre Dienste **zu Adeligen erhoben** wurden. Ihre Besitztümer bekamen sie nach der Salazar-Diktatur zurück und heute pendeln sie von Lissabon aus zu ihren Ländereien im Alentejo, ihren Häusern am Meer oder in Sintra.

Immer mehr der **weniger gut situierte „Lisboetas“** wohnen im Umland und am anderen Tejo-Ufer, weil dort die Mieten günstiger sind. Sie pendeln täglich mit den öffentlichen Verkehrsmitteln in die Hauptstadt. Nicht nur zur Arbeit sind die Bewohner der Tejo-Metropole häufig unterwegs. Freizeit- und Kulturangebote locken an die stadtnahen Strände an der Costa da Caparica und in das magische Dreieck der Städte Estoril, Cascais und Sintra (s. S. 61).

141lb Abb.: ps

Der Zé Povinho – eine Volkskarikatur

Eine Figur, die fast jeder Bewohner der portugiesischen Hauptstadt kennt, ist der „Zé Povinho". Dieser **„Sepp aus dem einfachen Volk"** trat erstmals 1875 in einer Satirezeitung auf. Der **Karikaturist Rafael Bordalo Pinheiro** stellte einen dummen Bauern dar, der von der Steuererhöhung eines schamlosen Finanzministers ausgebeutet wird. Politische Satire und ein scharfsinniger Blick für menschliche Schwächen prägten die Zeichnungen und Keramiken Bordalos. Seine Figur Zé Povinho steht bis heute für derben Humor und gilt längst nicht mehr nur im einfachen Volk als Identifikationsfigur. Er steckt voller gegensätzlicher Eigenschaften, von eifrig, gutgläubig und gastfreundlich bis zu vernascht und träge. Wenn es darauf ankommt, hat er eine scharfe Zunge und setzt sich über alles hinweg. Ganz anders als oft im wirklichen Leben. Vielleicht ist er gerade deshalb so beliebt.

Saudade und Fado

Saudade ist eine vielzitierte Seite der portugiesischen Volksseele. Das Wort steht für tiefe Melancholie, Wehmut und Sehnsucht. Diese Gefühle werden in Lissabon vor allem in der Musik intensiv gelebt. Ausdruck des **kollektiv zelebrierten Hangs zur Schwermut** ist der im 19. Jh. entstandene Fado, seit 2011 immaterielles UNESCO-Welterbe. Als kulturell hochwertig und emotional mitreißend galten die leidenschaftlichen Gesänge aus Lissabon aber nicht zu allen Zeiten. Der Fado drücke den Status der sentimentalen Minderwertigkeit aus, in die das Land seit langen Jahren gesunken sei und aus der man ausbrechen müsse. Er sei eine Krankheit, die das Land daran hindere, das moderne Leben einer zivilisierten Nation zu führen, schrieb der portugiesische Schriftsteller António Arroio (1856–1934) im Jahr 1909.

Der Fado – wörtlich übersetzt **„trauriges Schicksal"** – entstand in düsteren Hafenvierteln und Armenquartieren wie Alfama und Mouraria. Damals sangen hier Prostituierte für Seeleute, Zuhälter und Bohemiens über Sehnsucht, Armut, Alltagsleid, verlorene Liebe, aber auch über die Schönheit ihrer Stadt. Lange Zeit war Fado verpönt, der „Aufschrei der

079lb Abb.: ps

Feiern an der frischen Luft: Rooftop-Bars stehen hoch im Kurs

Mit Leidenschaft und Hingabe gibt diese Sängerin auf der Straße Fado zum Besten

Seele" gehörte in die Unterwelt und wer jemanden *Fadista* (Fado-Sänger) nannte, meinte es beleidigend.

Kritik an politischen Missständen verschwand während der Diktatur aus den Fado-Texten. Notgedrungen thematisierten Fado-Sänger unter Salazar ausschließlich das Lebensgefühl. In Coimbra machten die Studenten den Fado zu ihrer Musik.

Die **legendäre Amália Rodrigues** (1920–1999) gilt als „Stimme und Seele des Fado". Sie machte das portugiesische Volkslied auch international bekannt. Amália hatte neun Geschwister und ersang sich schon im Alter von vier Jahren die ersten Münzen. Die in Armut geborene Autodidaktin schaffte den Aufstieg zur international gefeierten Fado-Ikone. Sie sang in Rio und in Mexiko, tourte durch die Sowjetunion und trat in Tokio auf. François Mitterand überreichte ihr 1990 in Paris den Orden der französischen Ehrenlegion. Seit 2001 ruht Amália im Panteão Nacional 17. Damit sie nicht wie üblich erst vier Jahre nach ihrem Tod in dieser ruhmreichen Stätte beerdigt werden konnte, änderten die Portugiesen sogar ein Gesetz.

Heute ist Fado nicht nur gesellschaftsfähig, sondern regelrecht in. Immer mehr junge Portugiesen erträumen sich eine Karriere als Fado-Musiker. Dank der **Fado-Tradition in Familie und Gesellschaft** sind viele *Lisboetas* selbst hervorragende Musiker mit einem unvorstellbaren autodidaktischen Eifer – und bei Fado-Konzerten zugleich passionierte und tolerante Zuhörer. Es kann durchaus passieren, dass ein wartender Taxifahrer vor dem Fado-Museum spontan einen Fado mit selbst gedichtetem Text anstimmt. Im Anschluss an die *Festas Populares,* bis zu vier Wochen nach dem Stadtfest des heiligen Antonius am 12. Juni, treten die *Fadistas* der Viertel auch auf kleinen Bühnen in den Gassen der Viertel Alfama, Santa Engrácia und da Bica auf. Bei diesen sozialen Ereignissen mischen sich alle Schichten.

Fado-Kenner und Interpreten pflegen ihre eigene Szene aus halbprivaten Clubs und *Tertúlias* (gemeinsamen Treffen). Auch nach ihren offiziellen Auftritten kommen sie zusammen, um zu improvisieren. Gastmusiker, etwa aus Mexiko oder Kolumbien, lassen exotische Elemente in den Fado einfließen.

Unter den **um die 150 musikalischen Grundstrukturen des Fado** gibt es schnelle und langsame, extatisch traurige, aber auch naive, fröhliche und satirische. Eine zwölfseitige *guitarra portuguesa* und eine klassische Gitarre begleiten in der Regel eine Sängerin oder einen Sänger. Noch wichtiger als eine gute Stimme ist die authentische Ausstrahlung. Während des Auftritts herrscht im Publikum stets andächtiges Schweigen.

Fußball und Volksheilige

Fußball ist für viele *Lisboetas* so etwas wie **eine zweite Religion**. Lernt man sich kennen, wird als Erstes gefragt, für welchen Fußballverein man ist: Benfica oder Sporting, Rot-Weiß oder Grün-Weiß? Manchmal scheint es, es sei erblich, welchem der beiden Lager man angehört. Sporting hat bis heute das Image, versnobter zu sein, denn sein Gründer José Alvalade war adelig und steckte 1906 das gesamte Vermögen seines Großvaters in den Verein. Benfica hingegen gründeten 1904 Schüler einer Realschule. Der Verein, heute einer der größten der Welt, litt lange Zeit

unter finanziellen Engpässen. In den 1960er-Jahren wurde er dank des Starspielers Eusébio berühmt. Die beiden größten Fußballclubs besitzen heute Abteilungen für zahlreiche andere Sportarten von Basketball bis Radsport, aber nur der Fußball bestimmt die Gespräche der Lissabonner so sehr wie das Wetter.

Mindestens denselben Stellenwert wie ihre Fußballlegende hat **Santo António, der portugiesische Schutzheilige.** Nicht nur in der Alfama gehört seine kleine Statue auf das Fensterbrett all jener, die sich frisches Eheglück wünschen. Als Franziskanermönch soll der Heilige einer mittellosen Braut einst zur Mitgift verholfen haben. Heute glauben viele, er helfe auch bei der Suche nach dem richtigen Partner. Jedes Jahr zum **Antoniustag am 12. Juni** spendiert die Stadt 20 Lissabonner Paaren an der Armutsgrenze die Hochzeit. Ob Jung oder Alt, die Heiligenverehrung reicht von tiefer Religiosität bis zu humorvollem Aberglauben.

Eine Pilgerstätte der Hoffnung ist für viele *Lisboetas* die **Statue des Arztes José Tomás de Sousa Martins** (1843–1897) auf einem Hügel oberhalb des Ascensor do Lavra. Sie befindet sich auf dem Platz Campo dos Mártires da Pátria [V18] unmittelbar vor der medizinischen Fakultät. Hierher bringen die Lissabonner Kerzen, Blumensträuße, Votivtafeln mit Fotos und Danksagungen. Der Tuberkulose-Arzt behandelte auch die Armen, die ihn nicht bezahlen konnten. Er war Wissenschaftler mit Herz, nicht besonders gläubig und ganz sicher kein Wunderheiler. Am Ende fiel er selbst der Krankheit zum Opfer, der er sein Lebenswerk gewidmet hatte. Nach seinem Tod wurde er so etwas wie ein Volksheiliger. Bis heute erbitten zahlreiche Menschen am Fuß seiner Statue die Heilung ihrer Angehörigen oder ihrer eigenen Leiden.

⌃ *Altar für den Schutzheiligen Santo António in der Alfama*

⌃ *Soziales Leben: im Clube de Futebol gemeinsam Fußball gucken*

Erst Krise, dann Aufschwung

Seit dem EU-Beitritt 1986 folgte in Portugal ein Modernisierungsschub, doch die globale Finanzkrise machte den Staat neben Griechenland und Spanien zu den **Sorgenkindern der EU.** Die sprunghaft von 11 auf 16,5 % gestiegene Arbeitslosigkeit und das Staatsdefizit, das 2011 in Folge der Finanzkrise ein EU-Darlehen von 78 Mrd. Euro erforderte, um den Staatsbankrott zu verhindern, hinterließen auch in der Hauptstadt ihre Spuren.

Lissabon war seither oft Schauplatz von **Großdemonstrationen** gegen Gehaltskürzungen, Steuererhöhungen und Kürzungen im Sozialbereich. In Massen ging die **„Verlorene Generation"** *(geração à rasca)* der arbeitslosen 20- bis 30-Jährigen auf die Straße. Taxifahrer, Pflegekräfte und Beamte der öffentlichen Verkehrsbetriebe traten in Generalstreik.

Staatspräsident Cavaco Silvá und Premierminister Pedro Passos Coelho griffen zu **drastischen Sparmaßnahmen**, nachdem Portugal 2013 den Euro-Rettungsschirm verließ. Gleichzeitig verarmten immer mehr Angehörige der Mittelschicht und konnten ihre Eigentumswohnungen oder Mieten nicht mehr bezahlen. Mehrmals zwang das portugiesische Verfassungsgericht die Mitte-Rechts-Regierung, ihre Sparpläne zu revidieren. Rentner, Arbeitslose, Behinderte und Studenten zählten zu den Verlierern, Angestellte bekamen weniger Lohn und die Steuern stiegen.

Das Kabinett des Premierministers **Passos Coelho** wurde am 10. Oktober 2015 gestürzt, nur elf Tage nach den Parlamentswahlen für die Amtszeit bis 2019. Der Missmut über seine Sparmaßnahmen führte zu einem Misstrauensvotum. Am 26. November wurde Lissabons früherer Bürgermeister **António Costa** (Sozialistischen Partei) sein Nachfolger.

In der Folge besserte sich die Lage. Deutschland zählt zu den wichtigsten Handelspartnern. Das VW-Werk Auto Europa vor den Toren Lissabons schaffte Arbeitsplätze. Lissabons Kreuzfahrtterminal wurde erweitert und am Tejo staunt man über eine Neuerung nach der anderen, vom **MAAT** (s. S. 67), einem futuristischen Bau in Wellenform der britischen Architektin Amanda Levete, bis zur Uferpromenade an den Docas de Marinha (s. S. 131). Für die Einwohner ist Lissabon jedoch auch immer **teurer** geworden und viele Lisboetas zogen in weniger zentrale, preiswertere Viertel oder ans andere Tejo-Ufer um.

Bevor 2020 die Coronapandemie einsetzte, hatte der Tourismussektor in Lissabon einen Jahresumsatz von 14,7 Mrd. € erwirtschaftet und für über 200.000 Arbeitsplätze gesorgt. Im November 2021 wurden alle pandemiebedingten Beschränkungen aufgehoben. Im selben Monat ordnete der Staatspräsident Neuwahlen für Januar 2022 an. Der Grund: Streit um Haushaltsplan und Coronahilfen. In Sachen Haushalt klaffen immer noch Löcher, aber inzwischen steht Lissabon bei Touristen wieder hoch im Kurs.

Die Standseilbahn da Bica erleichtert den Anwohnern viele Wege

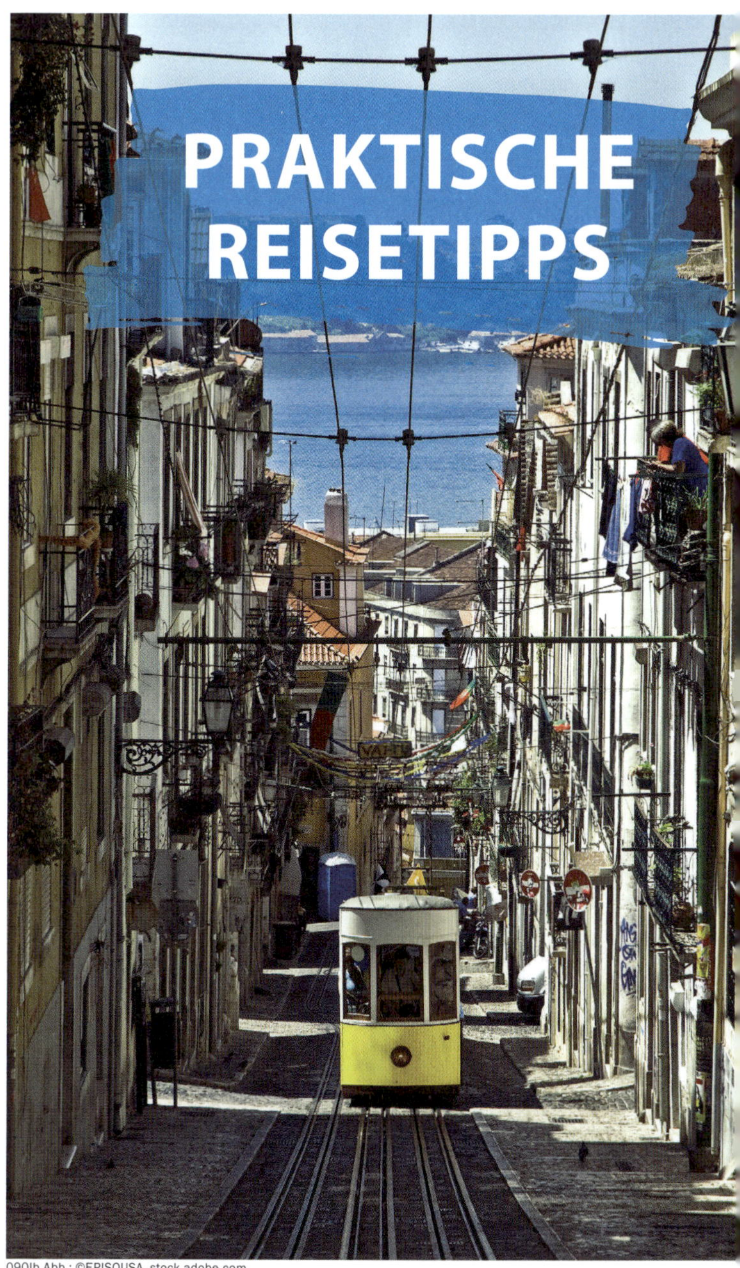

090lb Abb.: ©EPISOUSA, stock.adobe.com

An- und Rückreise

Mit dem Flugzeug

Neben TAP Portugal fliegen viele Fluggesellschaften Lissabon an, darunter Eurowings, Lufthansa, Swiss, Easy Jet (Basel) und Vueling. Transavia fliegt auch von Eindhoven, für manchen nur ein Steinwurf über die niederländische Grenze. Internationale Flüge landen und starten in der Regel vom Terminal 1, Easy Jet und Ryanair von Terminal 2. Zwischen den Terminals fährt alle 10 Minuten ein kostenloser Shuttlebus und es gibt eine Busverbindung zum/vom Cais do Sodré [U22]. Infos rund um den Flughafen **Aeroporto de Lisboa** gibt es unter www.aeroportolisboa.pt.

Der Flughafen liegt 7 km vom Stadtzentrum entfernt. Eine Taxifahrt ins Zentrum kostet ca. 20 €. Außerdem verbindet die **rote Metrolinie** den Flughafen mit der Station Saldanha (Dauer 21 Min., tgl. 6.30–1 Uhr, Einzelticket 1,45 € plus obligatorische wiederaufladbare Metrokarte Viva Go/Viva Viagem 0,50 €, s. S. 138) und es fahren mehrere **Busse** in die Stadt, z. B. Bus 208 zum Cais do Sodré und Bus 744 bis Marquês de Pombal (Preis wie Metro, beim Fahrer Einzelfahrt 1,80 €).

Mit dem Bus, Zug oder Schiff

Wer mit dem **Bus** nach Lissabon anreist, benötigt von Deutschland aus rund 35 Std. Die Reise mit Nachtfahrten und Umsteigen ist selbst mit dem Flixbus (www.flixbus.de/fernbus/lissabon) eine Strapaze. Sinnvoll sind Busreisen eher als preiswerte Pauschalreisen mit auf Busreisen spezialisierten Reiseveranstaltern in Kombination mit anderen Zielen in Spanien und Portugal (z. B. www.buswelt.de). Oder man bucht einen Last-Minute-Flug nach Faro an der Algarve und gelangt von dort mit dem Bus oder Zug nach Lissabon.

Mit dem **Zug** fährt man von Deutschland aus nach Paris und wei-

134lb Abb.: ps

ter mit dem „Südexpress“ über Bordeaux nach Lissabon. Aus Österreich und der Schweiz gelangt man über Straßburg oder Saarbrücken und dann durch Frankreich, Nordspanien und Nordportugal in die Stadt am Tejo. Im Zentrum von Lissabon kommen die Züge am **Bahnhof Santa Apolónia** [Z20] an.

Lissabon ist ein beliebtes Ziel vieler **Kreuzfahrten** (z.B. mit Aida). Die Schiffe legen im Hafen Santa Apolónia an.

Autofahren

Mietwagen sind meist günstiger, wenn man sie im Internet oder vom Heimatort aus bucht und direkt am Flughafen übernimmt. Ein Auto bietet im Großraum Lissabon und für Ausflüge an den Atlantik und nach Sintra mehr Flexibilität. Lissabons Brücken sind mautpflichtig (Ponte 25 de Abril: 2 € pro Strecke für Pkw, Ponte Vasco da Gama: 3,05 €). Die Gebühr kann an den Mautstationen bar, mit Karte oder alternativ mithilfe elektronischer Systeme wie Via Verde bezahlt werden.

Das **Parken** ist im Zentrum außer im Parkhaus nicht einfach. Auf den Straßen der Stadt gibt es Mo.–Fr. von 8–20 Uhr und Sa. 9–14 Uhr fast nur gebührenpflichtige Parkplätze (1 Std. ca. 3 €, 2–4 Std. Höchstparkdauer). **Zentral gelegene Parkhäuser** befinden sich an den großen Plätzen Lissabons:

073lb Abb.: ps

- **P190** [W20] **Parkhaus Pr. da Figueira**
- **P191** [V19] **Parkhaus Pr. dos Restauradores**
- **P192** [U21] **Parkhaus Pr. Luís de Camões**
- **P193** [T17] **Parkhaus Pr. Marquês de Pombal**
- **P194** [W19] **Parkhaus Pr. Martim Moniz**

In der Stadt beträgt die **Geschwindigkeitsbegrenzung** 50 km/h, auf Landstraßen 90 bis 100 km/h, auf Autobahnen 120 km/h. Portugals blau beschilderte Autobahnen sind **mautpflichtig** (Maut = *portagem,* ca. 4 € pro 100 km).

24-Stunden-Pannenhilfe für den Großraum Lissabon leistet der **Automóvel Club de Portugal (ACP)** unter Tel. 707509510. Unbedingt die Leuchtweste anziehen, wenn man das Fahrzeug nach einer Panne verlässt – andernfalls zahlt man Strafen ab 120 € aufwärts.

Das Kreuzfahrtschiffterminal direkt vor der Alfama

Bahnhof Santa Apolónia am Fuß der Alfama

Barrierefreies Reisen

Von Fahrzeugen versperrte Bürgersteige, unregelmäßiges Straßenpflaster, starke Steigungen und alte Straßenbahnen ... mit Behinderungen wird einem die Fortbewegung in Lissabon **alles andere als einfach** gemacht. Im Zentrum senden immerhin die meisten Ampeln Lautsignale für Sehbehinderte. Flughafentransfers für Rollstuhlfahrer, Stadtbesichtigungen und Tagestouren sowie die Vermittlung behindertengerechter Hotelzimmer bietet:

› **Accessible Portugal,** www.accessibleportugal.com, Tel. 211338693 und 917626726

Diplomatische Vertretungen

•195 [V18] **Botschaft der Bundesrepublik Deutschland,** Campo dos Mártires da Pátria, 38, 1169-043 Lisboa, www.lissabon.diplo.de, Tel. 218810210, Mo.-Fr. 9-12 Uhr

•196 [P22] **Botschaft der Republik Österreich,** Av. Infante Santo, 43, 4. Stock, 1399-046 Lisboa, www.bmeia.gv.at/oeb-lissabon, Tel. 213943900, nur nach Terminvereinbarung

•197 [Q20] **Botschaft der Schweiz,** Tv. do Jardim, 17, 1350-185 Lisboa, www.eda.admin.ch/lisbon, Tel. 213944090, Mo.-Fr. 9-12 Uhr, nur nach Terminvereinbarung

Elektrizität

Die Stromspannung beträgt 220 Volt. Die Zweistiftstecker entsprechen dem europäischen Standard, einen Adapter braucht man nicht.

Geldfragen

Portugal gehört zur **Eurozone.** Mit der **Debit-(Giro-) bzw. VPAY-Karte** kann man in Lissabon an Bankautomaten (z. B. Multibanco) Geld abheben und in den meisten Geschäften und Restaurants bezahlen. Es gibt viele Möglichkeiten, in Lissabon vergleichsweise **preiswert zu essen,** zum Beispiel in den zahlreichen *Pastelarias.* Ein kleiner Softdrink am Kiosk kostet 2,50 €. In den kleinen lokalen Restaurants der Viertel kostet ein Gericht zwischen 12,80 und 16,50 €. Auch der **Museumseintritt** liegt häufig unterhalb des europäischen Durchschnitts.

Lissabon preiswert

› Die Museen bieten **Ermäßigungen** für **Rentner und Studenten.** Für **Kinder bis 12 Jahre** ist der **Eintritt oft frei.**

› Die **Kombitickets** der Museen machen den Museumsbesuch nicht nur preiswerter, sie verkürzen auch die Wartezeiten.

› Getränke und Snacks gibt es günstig an den zahlreichen Kiosken auf Plätzen, in Parks und an den Avenidas, den sog. **Quiosques de Refresco** (s. S. 76).

› Dienstags und samstags kann man auf dem **Flohmarkt Feira da Ladra** (s. S. 96) Secondhandware, Antiquitäten und Kleidung oder günstige Fado-CDs erstehen.

› **Mittags** sind **Menüs preiswerter** als abends. In manchen kleinen Stehbars bekommt man an der Theke einfache Gerichte ab 6,50 €. Günstig sind auch die Mittagsmenüs in den Tascas.

Mit der **Lisboa Card** kann man die öffentlichen Verkehrsmittel nutzen und hat freien Eintritt in viele Museen und Sehenswürdigkeiten. Zudem bietet die Karte weitere Ermäßigungen in kooperierenden Geschäften. Sie kostet für 24 Std. für Erwachsene (über 15 J.) 21 € (Kinder 13,50 €), für 48 Stunden 35 € (Kinder 19,50 €) und für 72 Stunden 44 € (Kinder 23 €) und ist an den Ask-me-Lisboa-Schaltern der Tourist-Infos und, etwas ermäßigt, online unter https://shop.visitlisboa.com erhältlich.

Informationsquellen

Infostellen in der Stadt

Die Informationsbüros von **Ask me Lisboa** in oft großzügigen Räumen mit angeschlossenem Shop bieten Kartenmaterial und Informationen zu Sehenswürdigkeiten, Events und Unterkünften. Im Flughafen und im Bahnhofsgebäude Santa Apolónia handelt es sich um Infoschalter, in der Fußgängerzone Rua Augusta 3 und in Belém stehen Informationskioske.

- **198** [W22] **Ask me Lisboa am Pr. do Comércio,** Pátio da Galé, tgl. 10–19 Uhr
- **199** [W21] **Ask me Lisboa in der R. Augusta,** 2, tgl. 10–19 Uhr, letzter Einlass 18.45 Uhr
- **200** [U19] **Turismo de Lisboa im Palácio Foz,** Praça dos Restauradores, **derzeit wegen Renovierung geschlossen**
- **201** [G25] **Ask me Lisboa in Belém,** am Hieronymus-Kloster 36, Di.–So. 9–13, 14–18 Uhr, jeden 1. und 3. So. im Monat geschlossen
- **202** [V19] **Ask me Lisboa in der R. Jardim do Regedor,** 50, tgl. 10–18.30 Uhr
- **203** [Y3] **Ask me Lisboa in der Ankunftshalle des Flughafens,** tgl. 7–22 Uhr
- **204** [Z20] **Ask me Lisboa im Bahnhof Santa Apolónia,** Mi.–So. 10–13 u. 14–19 Uhr

Die Stadt im Internet

- **www.visitlisboa.com:** Website des Fremdenverkehrsamts (auch auf Deutsch)
- **www.visitportugal.com:** Internetseite des portugiesischen Fremdenverkehrsamts zu Portugal, ebenfalls mit vielen Infos zu Lissabon (auch auf Deutsch)
- **www.carris.pt:** Internetpräsenz des Nahverkehrsunternehmens Carris mit Preisen, Fahr- und Netzplänen (auf Englisch)

Publikationen und Medien

Deutsche Zeitungen findet man an vielen Kiosken in der Baixa (zum Beispiel in der Rua Augusta 3), in Bahnhöfen und Einkaufszentren. Auf Englisch informiert die kostenlose, von Turismo de Lisboa monatlich herausgegebene Broschüre **„Follow me Lisboa“** über Museen, Unterkünfte, praktische Adressen und Events. Internetausgabe zum Download über www.visitlisboa.com.

Internet

Kostenloses **WLAN** ist in Lissabon weit verbreitet: in Einkaufszentren, am Flughafen, im Fährterminal Cais do Sodré, in Metrostationen, vielen Hotels, Museen, Cafés etc. Man findet auch Möglichkeiten, das eigene Gerät ans Stromnetz anzuschließen.

LGBT+

In den Stadtvierteln Chiado und Bairro Alto sowie rund um die Praça Príncipe Real finden Schwule und Lesben etliche Ausgehmöglichkeiten.

Meine Literaturtipps

- Brizuela, Leopoldo: **Nacht über Lissabon.** Insel, 2010. Lissabon 1942 in der Nacht des britischen Ultimatums an Salazar. Flüchtlinge, Tango, Fado und Intrigen.
- Cardoso Pires, José: **Lissabonner Logbuch.** Hanser, 1997. Ein Dichter porträtiert seine Stadt.
- Heinemann, Ellen (Hrsg.): **Lissabon. Ein literarisches Porträt.** Insel Taschenbuch, 1997. Inspirierende Lissabon-Eindrücke berühmter Reisender der Geschichte.
- Jorge, Lídia: **Nachricht von der anderen Seite der Straße.** Suhrkamp, 1996. Roman über ein Frauenschicksal und die Ernüchterung nach der Nelkenrevolution.
- Mercier, Pascal: **Nachtzug nach Lissabon.** Hanser, 2004. Ein Schweizer Lateinlehrer verfolgt die Spuren eines Arztes während der Salazar-Diktatur. 2013 verfilmt.
- Muñoz Molina, Antonio: **Schwindende Schatten.** Penguin Verlag, 2019. Der Roman erzählt die Lebensgeschichte des Martin-Luther-King-Attentäters James Earl Ray, der im wundervoll beschriebenen Lissabon auf den Autor trifft.
- Saramago, José: **Claraboia oder Wo das Licht einfällt,** Hoffmann und Campe. 1953 schrieb der Nobelpreisträger den Roman, der erst 2013 erschien, über die Bewohner eines Lissabonner Mietshauses.
- Tabucchi, Antonio: **Erklärt Pereira.** Der historische Roman über Zensur und Unterdrückung im Lissabon der 1930er-Jahre wurde mit Marcello Mastroianni verfilmt.
- Wurster, Gaby (Hrsg.): **Lissabon. Eine literarische Einladung.** Klaus Wagenbach, 2010. Literarische Streifzüge mit Auszügen aus Werken von über 20 Autoren.
- Zweig, Stefan: **Magellan. Der Mann und seine Tat.** Fischer, 2011. Einfühsame Beschreibung der ersten Weltumseglung des Portugiesen Magellan.
- Lübbe, Sascha: **Spaziergang durch Lissabon.** CD, 79 Min., 12,90 €, www.geophon.de. Atmosphärische Hörreportagen aus Lissabon.

In der Buchhandlung Bertrand (s. S. 100) im Chiado

057lb Abb.: ps

Ausführliche Tipps und Informationen – auch zu Aktivitäten, Hotels und Ausstellungen – sind erhältlich unter www.lisbongaycircuit.com. Lissabons schwul-lesbische Parade Arraial Pride (bei Facebook) wird in der Regel Ende Juni gefeiert. Alljährlich im September findet das Filmfestival Queer Lisboa (www.queerlisboa.pt) statt.

- **205** [T20] **Finalmente Club,** R. da Palmeira, 38, www.finalmenteclub.com, tgl. 18–2 Uhr. Kleine Schwulenbar mit Disco und Dragshows.
- **206** [V14] **Opus Diversidades Association,** R. Ilha Terceira, 34, 2. Stock, https://opusdiversidades.org, Tel. 924467485
- › **Portas Largas** (s. S. 88). Größte, in der Gayszene beliebte Location für Livemusik im Bairro Alto.

Medizinische Versorgung

In Lissabon sollte man auf jeden Fall eine **Auslandsreisekrankenversicherung** haben. Nicht überall wird die **Europäische Versicherungskarte** (European Health Insurance Card) akzeptiert – dann muss man in Vorkasse treten und sich den Betrag zu Hause zurückerstatten lassen.

Bei Notfällen und wenn man einen Krankenwagen braucht, sollte man die **Notrufnummer 112** wählen.

Adressen deutschsprachiger Fachärzte bekommt man bei der Deutschen Botschaft (s. S. 124) und auf der Website https://doclista.com/deutsche-aerzte-in-portugal/deutsche-aerzte-in-lissabon.

Gut sortierte **Apotheken** *(farmácia)* findet man in allen größeren Straßen. In den Fenstern hängt auch die Adresse der Apotheke, die im jeweiligen Viertel gerade Nachtdienst hat.

Krankenhäuser mit Notfallstationen:

- **207** [Q9] **Hospital de Santa Maria,** Av. Professor Egas Moniz, Metro: Cidade Universitária, Tel. 217805000
- **208** [W19] **Hospital de São José,** R. José António Serrano, Metro: Martim Moniz, Tel. 218841000

Mit Kindern unterwegs

Lissabons Restaurants und Museen sind in der Regel kinderfreundlich. Zudem gibt es zahlreiche **Grünflächen und Parks mit Spielplätzen** wie den Jardim da Estrela (siehe Basílica da Estrela 32) und den Jardim do Príncipe Real [T19]. Vom Wasserspeicher **Reservatório da Patriarcal** 24 in der Mitte des Príncipe Real starten spannende Führungen durch die unterirdischen Galerien des Wasserversorgungssystems, die für die ganze Familie ein echtes Erlebnis sind. Sie enden an dem Miradouro im Bairro Alto.

Nebenan fährt die Standseilbahn **Ascensor da Glória** [U20]. Jugendlichen macht es sicher Spaß, ein Stück zu Fuß hinunterzulaufen und die **Graffiti-Ausstellung an der Calçada da Glória** [U19/20] zu erkunden.

Einen aufregenden Panoramablick über die Stadt bietet ein Spaziergang auf dem **Aquädukt** (s. S. 44). Gut geeignet für Familienausflüge sind auch Radtouren am Tejo oder **Ausflüge mit der Fähre** ab Cais do Sodré (s. S. 131) nach Cacilhas an der Südseite des Tejo oder zu den **Stränden** der Costa da Caparica (s. S. 62).

Am Wochenende stehen im **Castelo de São Jorge** 13 oft besondere Veranstaltungen für Kinder auf dem

Programm, aber auch sonst kommt Lissabons Burgruine beim Nachwuchs gut an. Im **Museu da Marioneta** (s.S.66) gibt es manchmal **Kasperletheater.** Lissabons großes **Aquarium Oceanário de Lisboa** 41 besucht man mit Kindern am besten zu den Fütterungszeiten. Oder man betrachtet den **Parque das Nações** 40 am Tejo von der **Seilbahn** aus. Auch über **Lissabons Zoo** schweben die Gondeln einer Seilbahn, sodass kleine Gäste die Tiere auch von oben beobachten können:

★**209** [P11] **Jardim Zoológico de Lisboa,** Estrada de Benfica, 158–160, Metro: Jardim Zoológico, www.zoo.pt, Tel. 217232920, tgl. 10–18 Uhr, Eintritt inkl. Seilbahn 27,50 €, Kinder 3–12 J. 17 €

Notfälle

- **Notrufnummer:** Tel. 112
- **Apothekennotdienst:** Tel. 118

210 [U19] **Touristenpolizei,** Pr. dos Restauradores im Palácio Foz neben der Touristeninformation, Metro: Restauradores, Tel. 213421634. Hilfe für Touristen auch unter Tel. 808781212.

•**211** [a5] **Fundbüro der Polizei,** Pr. Cidade Salazar, Lote 180, EG, Metro: Olivais, Tel. 218535403, Mo.–Fr. 9–12.30 u. 14–16 Uhr

- **Fundbüro der Metro** in der Station Marquês de Pombal [T17]

Kartensperrung

Bei **Verlust der Debit-/Giro-, Kredit- oder SIM-Karte** gibt es für Kartensperrungen eine **deutsche Zentralnummer** (unbedingt vor der Reise klären, ob die eigene Bank bzw. der jeweilige Mobilfunkanbieter diesem Notrufsystem angeschlossen ist). **Aber Achtung:** Mit der telefonischen Sperrung sind die Bezahlkarten zwar für die Bezahlung/Geldabhebung mit der PIN gesperrt, nicht aber für das **Lastschriftverfahren mit Unterschrift.** Man sollte daher auf jeden Fall den Verlust zusätzlich **bei der Polizei zur Anzeige bringen,** um ggf. auftretende Ansprüche zurückweisen zu können.

In **Österreich** und der **Schweiz** gibt es keine zentrale Sperrnummer, Besitzer von entsprechenden Debit- oder Kreditkarten sollten sich vor der Abreise bei ihrem Kreditinstitut über den zuständigen Sperrnotruf informieren.

Generell sollte man sich immer die **wichtigsten Daten** wie Kartennummer und Ausstellungsdatum **separat notieren,** da diese unter Umständen abgefragt werden.

- **Deutscher Sperrnotruf:** Tel. +49 116116 oder Tel. +49 3040504050
- **Weitere Infos:** www.kartensicherheit.de, www.sperr-notruf.de

Öffnungszeiten

Die meisten **Geschäfte** haben in der Regel montags bis samstags von 10 bzw. 11 bis 19 oder 20 Uhr geöffnet. Einige kleinere Läden machen von 13 bis 14.30 Uhr Pause. Im Bairro Alto haben viele Geschäfte auch abends auf. Die großen **Einkaufszentren** sind täglich von 10 bis 23 bzw. 24 Uhr geöffnet. Große **Supermärkte** *(hipermercados)* sind abends ebenfalls länger offen, teils bis 20, teils sogar bis 23 Uhr. Die **Museen** haben montags geschlossen und in der Regel Di. bis So. 10 bis 18 Uhr ihre Kernöffnungszeiten. An **Feiertagen,** z.B. Ostersonntag, sind die meisten Museen geschlossen, am besten informiert man sich vorher über Einzelheiten. **Postämter** und **Banken:** 9 bis 18 Uhr.

Post

Lissabons **Hauptpost** liegt an der **Praça dos Restauradores** (Tarife und Angebote: www.ctt.pt). Weit verbreitet sind **Automaten für Briefmarken**, die zugleich als Briefkästen dienen. Die Farbe der Post und der Briefkästen ist in Portugal nicht Gelb, sondern Rot.

✉212 [V19] **Hauptpost,** Pr. dos Restauradores, 58, Metro: Restauradores, Mo.–Fr. 8–22, Sa. 9–18 Uhr

Radfahren

Auf einer Strecke von sieben Kilometern haben Radler **am Tejo-Ufer,** zwischen dem Cais do Sodré und Belém, freie Fahrt bei frischer Brise. Für **Mountainbiker** eignet sich der hügelige **Monsanto-Park** [K12]. In der Nähe des Parque das Nações 40 gibt es mehrere schöne **Radwege**, die vom Torre Vasco da Gama zum Fluss Trancão führen.

Lissabons Innenstadt ist wegen der zahlreichen Steigungen, Straßenbahnschienen und fehlenden Radwege nicht zum Radfahren geeignet.

› **Biclas Belém,** Tel. 937406316, www.biclas.com (unter Bike Rentals), tgl. 10–19 Uhr, Kosten je nach Rad 20–30 € pro Tag, Kart 4 €. Fahrradverleih aus einem weißen Lkw-Anhänger an der Tejo-Promenade heraus (Avenida de Brasilia, gegenüber vom Café In). Weitere Filialen in anderen Stadtteilen (Chiado, Monsanto), siehe Website.

› **Bike A Wish,** Tel. 961277877, Preise und Touren unter www.bikeawish.com. Bike A Wish bietet Leihräder und Touren in Lissabon und Umgebung an. Lieferung der Räder zum Hotel, vorher anrufen.

•213 [V22] **Bike Iberia,** Lg. do Corpo Santo, 5, www.bikeiberia.com, Tel. 213470347, tgl. ab 9.30 Uhr geöffnet, Metro: Cais do Sodré. Hier bekommt man Tipps, kann Fahrräder leihen und geführte Radtouren in Lissabon sowie nach Cascais, Sintra und an die Costa da Caparica buchen.

Sicherheit

Wie in jeder Großstadt ist auch in Lissabon Vorsicht angebracht, aber Angst zu haben braucht man nicht. In der Metro, den Bussen, der Tram 28E und auf dem Flohmarkt Feira da Ladra (s. S. 96) kommt es gelegentlich zu **Diebstählen,** aber Raubüberfälle sind selten. Gegenden wie das ehemalige Prostituiertenviertel am Cais do Sodré und die Mouraria sind längst nicht mehr so gefährlich wie noch vor einigen Jahren, aber dennoch ist es ratsam, einsame Straßen oder Parks im Dunklen zu meiden. Wie überall gilt: **Wertgegenstände** nicht im Auto oder am Strand liegen lassen.

Adressen der Polizei und Notrufnummern siehe Notfälle S. 128.

Sprache

Die *Lisboetas* sprechen ein schnelles, für ein nordeuropäisches Gehör im Vergleich zum Brasilianischen schwer verständliches Portugiesisch. In Restaurants und Hotels kann man sich gut auf **Englisch** verständigen. Die meisten jungen Portugiesen können Englisch, ältere tendenziell eher **Französisch.** Hilfreich sind die Sprachhilfe (s. S. 142) und der kulinarische Wortschatz (s. S. 73) in diesem Buch.

157lb Abb.: ps

Stadttouren

Turismo de Lisboa organisiert keine Stadtführungen oder Ausflüge. Dafür gibt es zahlreiche **private Anbieter** (Preise ca. 15–55 € je Führung). Die meisten Stadtführungen starten an der Praça do Comércio 1 oder am Rossio 6. Man kann sich über das Internet anmelden oder anrufen, um Termine oder Treffpunkte auszumachen. Kostenlos und individuell ist eine Führung mit einem **Greeter** (https://internationalgreeter.org/de).

Wer nicht so gut zu Fuß ist, kann Lissabon auch vom **Doppeldeckerbus** aus besichtigen (Erw. 21 €, Kinder 16 €). Neben Bustouren im Doppeldecker nach Belém gibt es auch Kombiangebote Bus-Tram-Boot.

› www.yellowbustours.com/en/lisbon

Auch auf Segways lässt sich die Stadt erkunden

Günstiger als die Colinas-Tour, eine Stadtrundfahrt mit den roten Straßenbahnwagen über die steilen Strecken der Altstadt (Startpunkt an der Praça do Comércio 1, Erw. 26 €, Kinder 19 €), ist die Fahrt mit der **historischen Tram 28E** oder der **Tram 12E** (3 €).

Lissabon lässt sich auch mit dem **Tuk-Tuk**, dem **E-Bike, Roller** oder per **Segway** erkunden. Infos zu den Sehenswürdigkeiten gibt es auch auf Deutsch.

› https://boostourism.rezdy.com

Anbieter thematischer Stadtrundgänge sind zum Beispiel:

- **Eat, Drink, Walk**, www.eatdrinkwalk.pt, Tel. 912252391. Dreistündige kulinarische Tour mit *petiscos,* Getränken und einem Essen mit Bewohnern Lissabons, die sehr gut Englisch sprechen und die Teilnehmer in netten Locations typische Spezialitäten probieren lassen.
- **Lisboa Autêntica**, www.lisboaautentica.com/de, Tel. 913221790. Dreistündige Thementouren mit sympathischen Stadtführern aus Lissabon. Neben einer Tour zu den wichtigsten Sehenswürdigkeiten gibt es individuelle Touren (auch auf Deutsch).
- **Lisbon Spirit**, www.lisbon-spirit.pt, Tel. 911786954. Große Auswahl an englischsprachigen Touren Mo.–Do. u. Sa. jeweils um 10 und 14 Uhr, So. nur um 10 Uhr, aber auch individuelle Termine möglich.
- **Lisbon Walker**, www.lisbonwalker.com, Tel. 218861840, tgl. 10 oder 14.30 Uhr ab Treffpunkt. Bietet eine große Auswahl an Touren zu Stadtvierteln und Themen. Alle lohnen sich und sind sehr informativ. Standardsprache Englisch. Führungen auf Deutsch vorab reservieren.

MEIN TIPP

Bootsfahrten auf dem Tejo

- Am Terreiro do Paço [W-X22] eröffnete 2021 der sanierte historische **Flussterminal Sul Sueste.** Ab hier starten die Taxiboote, Sightseeingtouren und Hop-on-Hop-off-Touren mehrerer Anbieter, in der Sommersaison von 9 bis 20 Uhr. Fotogen, auch von den Terrassen aus, sind die bunten historischen Boote, die vom **Doca da Marinha** aus zu Flussfahrten mit tollem Blick starten.
- Am preiswertesten sind die **Fahrten mit den Fähren des Lissabonner Metronetzes** (s. S. 138). Sie fahren vom Terreiro do Paço nach Montijo und Barreiro, vom Cais do Sodré nach Calcilhas (20 Min., von hier Busse zum Cristo Rei, s. S. 102, und an die Costa Caparica, s. S. 62) und Seixal. Von Belém gibt es Fähren nach Porto Brandão and Trafaria, Fahrpläne unter https://ttsl.pt.

061lb Abb.: ps

Telefonieren

Für Telefonate aus Deutschland, Österreich und der Schweiz nach **Portugal** wählt man die **Vorwahl 00351**, die **Ortsvorwahl für Lissabon** (21) ist fester Bestandteil der Telefonnummer. Von Portugal nach Deutschland 0049, nach Österreich 0043 und in die Schweiz 0041. Das Telefonieren mit dem eigenen Handy ist die preiswerteste Lösung, zumal die Roaming-Gebühren innerhalb der EU abgeschafft wurden und man mit Diensten wie WhatsApp, Signal, Viber etc. kostenlos telefonieren kann. Die Nummer der **Telefonauskunft** in Portugal lautet **118.**

Toiletten

An der Metrostation Cais do Sodré [U22] gibt es Toiletten, genau wie im Time-Out-Market Mercado da Ribeira (s. S. 96). Manche Cafés nehmen Geld, wenn man zur Toilette möchte und kein Gast ist.

Uhrzeit

Das ganze Jahr über besteht zwischen Portugal und Mitteleuropa, also Deutschland, Österreich und der Schweiz, **eine Stunde Zeitdifferenz.** In Portugal ist es eine Stunde früher, d. h. man stellt die Uhr bei der Einreise eine Stunde zurück.

Empfehlenswert:
Ausflüge mit der Fähre oder Booten

Unterkunft

In Lissabon gibt es **über 300 Hotels und Pensionen** – für jeden Geldbeutel ist das Passende dabei.

Apartments und **Ferienwohnungen** sind eine häufig preiswerte Übernachtungsvariante. Viele **Hostels** sind gesellige Unterkünfte für junge Gäste. Neben Bar oder Café bieten viele auch ein Kulturprogramm sowie eine begrenzte Anzahl günstiger Doppelzimmer.

Praktisch, in schönem Ambiente und zentral wohnt man im **Chiado** und in der **Baixa.** Die meisten modernen und eleganten Hotels konzentrieren sich entlang der Avenida da Liberdade 26 und rund um die Avenidas Novas (s. S. 46). Viele **gehobene Hotels** bieten von ihren Dachterrassen eine tolle Aussicht über die Stadt, während Pools eher eine luxuriöse Ausnahme sind.

Mit der Hotelrechnung wird eine **Bettensteuer** (2 €/Nacht) berechnet. Wer länger als 7 Tage bleibt, zahlt maximal 7 €.

Über die folgenden **Onlineportale** lassen sich Unterkünfte vorab buchen:

- www.lissabon-altstadt.de
- www.fewo-direkt.de/d/1090/lissabon
- www.lisbondreams.com
- www.visitlisboa.com

Unterkunftstipps

Günstig

214 [U20] **Alface** €, R. do Norte, 96, Metro: Baixa-Chiado, http://alface-hostel.lisbon-hotel.org, Tel. 213433293. Das trendige **Boutiquehostel im Bairro Alto** (einst Sitz einer Zeitungsredaktion), gegenüber vom Miradouro de São Pedro de Alcântara, besitzt DZ, Schlafsäle und eine Küche mit Kühlschrank für Selbstversorger. Im EG gibt es ein Bar-Café und im Hinterhof ein Restaurant mit Terrasse.

215 [Y14] **Apartment Baldaques** €€, R. dos Baldaques, 9, Metro: Arroios, Tel. 919067444, www.book-travel.net/de/lissabon/appartement-rua-baldaques, Geschmackvoll und modern eingerichtete, 60 m² große Ferienwohnung für 1–4 Personen im 2. Stock eines Wohnhauses mit schönem Vorgarten. **Herrliche Aussicht über die Dächer der Stadt** – hier kann man sich wie zu Hause fühlen. Der sympathische Vermieter spricht gut Englisch und gibt seinen Gästen gern Tipps zu Lissabon oder dem besten Bäcker um die Ecke.

216 [S16] **Hotel Miraparque** €, Av. Sidónio Pais, 12, Metro: Marquês de Pombal, www.miraparque.com, Tel. 213524286. Solides Hotel mit 96 Zimmern und **Sicht auf den Parque Eduardo VII.** Relativ zentral zwischen Av. da Liberdade u. Gulbenkian-Stiftung, preislich in Ordnung. Bar in der Lobby.

217 [V19] **Hotel Portuense** €€, R. das Portas de Santo Antão, 149–157, Metro: Rossio oder Restauradores, www.hotelportuense.com, Tel. 213464197. Das Hotel in der Baixa Pombalina liegt hervorragend **zentral und ruhig in einer beliebten Straße** mit vielen Restaurants, die parallel zur Av. de la Liberdade verläuft. Die Zimmer (kleine EZ, DZ und Dreibettzimmer mit Klimanlage) sind ansprechend funktional und modern eingerichtet, mit Stuhl, kleinem Schreibtisch und

Preiskategorien

€	bis 110 €
€€	110–160 €
€€€	160–250 €

Die Preiskategorien gelten für ein Doppelzimmer mit Frühstück.

Garderobe. Gutes Frühstück und von den freundlichen Mitarbeitern an der Rezeption (24 Std. geöffnet, hier gibt es einen Safe) bekommt man gute Tipps (auf Englisch).

218 [V20] **Lisbon Destination Hostel** €, Lg. do Duque de Cadaval, 17, Metro: Rossio, http://lisbon-destination-hostel.lisbon-hotel.org/de, Tel. 213466457. Das Hostel liegt **zentral und praktisch** im zweiten Stock des Bahnhofs Rossio. Die Zimmer für 2–6 Personen umgeben auf zwei Etagen ein helles Atrium. Kaffee und Tee gratis. Bar, Events und Ausstellungen.

219 [S18] **Lisbon Dreams Guesthouse** €, Rua Rodrigo da Fonseca, 29, Metro: Rato, Tel. 213872393, https://dreams-guesthouse.inlisbonhotels.com/en. Sehr hübsche DZ und EZ mit Gemeinschaftsbädern auf zwei Etagen eines Altbaus mit Salon, Küche und zwei Innenhöfen. **Ambiente wie in einem Boutiquehotel** und sehr gutes Frühstück. Es werden auch Appartments vermietet.

220 [W21] **Lisbon Lounge Hostel** €, R. de São Nicolau, 41, Metro: Terreiro do Paço, www.lisbonlounge.com, Tel. 937877102. Auf 3 Stockwerken bietet dieses Hostel 9 Zimmer mit 2–8 Betten. **Küche zum selbst Kochen,** Lounge auf jeder Etage, Internet gratis. TV in den Doppelzimmern. Es werden auch Fahrräder vermietet.

221 [V19] **Lisbon Story Guesthouse** €€, Lg. de São Domingos, 18, Metro: Rossio, www.lisbonstoryguesthouse.com, Tel. 218879392. 2 Apartments für 4 Personen und **farbenfroh dekorierte Zimmer,** z. B. im Ethno-, Fado- oder Tejo-Look. Mit schuhfreier Lounge, kostenlosem Tee, Kaffee und Küchenbenutzung.

222 [V21] **Living Lounge Hostel** €, R. do Crucifixo, 116, Metro: Baixa-Chiado, Tel. 213461078, www.livingloungehostel.com. Liegt in einem Altbau mit geräumigen Zimmern und bietet neben Schlafsälen **14 DZ mit Werken portugiesischer Künstler.**

223 [T16] **Pousada de Juventude de Lisboa** €, R. Andrade Corvo, 46, Metro: Picoas, www.pousadasjuventude.pt, Tel. 213570470. Wer in der **Jugendherberge mit 31 Zimmern** (4–6 Betten) übernachten möchte, braucht einen internationalen Jugendherbergsausweis. Es gibt ein behindertengerechtes Zimmer und 12 DZ, mit Kantine und Frühstück.

224 [U19] **Safira** €, Rua da Alegria, 5, Metro: Restauradores, https://safira-guest-house.inlisbonhotels.com/de, Tel. 213469869. Die **Pension portugiesischen Stils mit Kacheln** im Eingangsbereich hat fünf geräumige, saubere DZ mit Bad und Fön. Kein Frühstück, kein Aufzug, aber herzlicher Empfang.

225 [T21] **Santa Bica** €, Travessa do Cabral, 37–39, Tel. 218234089, www.santabica.com, Di.–So. 18–1 Uhr. **In Toplage essen und schlafen:** sehr nettes, modern eingerichtetes B&B, das in ehemaligen Fabrikräumen untergebracht ist. Vermietet werden vier helle DZ mit Bad (je nach Saison ab 65 €). Die zugehörige Bar in einer früheren Bäckerei hat eine wunderschöne Terrasse am Fuß des Elevador da Bica, wo man sich mit leckerem Wein, Tapas und frischen Reisgerichten mit Gambas auf das Nachtleben einstimmen kann.

226 [U20] **The Independente Hostel and Suites** €€, R. São Pedro de Alcântara, 81, Metro: Restauradores, https://independente.eu, Tel. 213461381. 3 Brüder, selbst passionierte Traveller, gründeten das Hostel mit 90 Betten in 11 großen Zimmern **in einem Altbau mit Stuck an der Decke.** Es gibt eine Bar, ein Restaurant und einen Biergarten.

227 [W21] **Traveller's House** €€, R. Augusta, 89, Metro: Terreiro do Paço, https://travellers-house-hostel.inlisbonhotels.com/de, Tel. 210115922. Das Hostel **im 1. Stock eines Altbaus aus dem**

18. Jh. mit Fachwerk und Azulejos liegt sehr zentral. Es hat 10 Zimmer, darunter 4 DZ mit eigenem Bad. Internet gratis, hübscher TV- und Gemeinschaftsraum, Küche und Waschservice. Fast jeden Abend vom Hostel organisierte kulturelle Events.

Mittelklasse

228 [X18] **Albergaria Senhora do Monte** €€, Cç. do Monte, 39, Tram 28E bis Graça, www.hotelsenhoradomonte.com, Tel. 218866002. Die Pension mit 28 Zimmern bietet eine tolle Aussicht. Das Frühstück gibt es bei schönem Wetter in der **Panoramabar auf der Dachterrasse.** Der Clou sind die Zimmer mit eigener Terrasse. Man wohnt beinahe wie in einem Miradouro mit Blick über die Baixa und den Tejo, doch der Aufstieg vom Zentrum ist schweißtreibend. Oder man fährt eine halbe Stunde mit der Tram. Online manchmal Rabatte buchbar.

229 [V21] **Borges Chiado** €€, R. Garrett, 108, Metro: Baixa-Chiado, www.hotelborges.com, Tel. 210456400. Das zentral im Chiado gelegene 4-Sterne-Hotel hat **96 geräumige Zimmer mit großen Fenstern** und bietet auch Sonderpakete an. Auch Drei- und Vierbettzimmer.

230 [U18] **Britania Art Deco** €€-€€€, R. Rodrigues Sampaio, 17, Metro: Avenida, www.heritage.pt, Tel. 213155016. **Charmantes Art-déco-Hotel** mit nur 30 Zimmern, von dem Architekten Cassiano Branco errichtet und größtenteils originalgetreu erhalten, so z. B. die Fußböden aus Kork. Es verströmt bis heute das Flair der 1940er-Jahre. Online oder über Reisebüros sind Zimmer oft auch zu erschwinglichen Preisen zu bekommen.

231 [T20] **Casa das Janelas com Vista** €, R. Nova do Loureiro, 35, Metro: Restauradores, www.casadasjanelascomvista.com, Tel. 213429110. Sympathische Pension im Bairro Alto mit **individuell eingerichteten Zimmern,** Gemeinschaftsküche und einem Wohnzimmer.

232 [U19] **Heritage Av. Liberdade** €€, Av. da Liberdade, 28, Metro: Restauradores, https://lisbonheritagehotels.com, Tel. 213404040. Das Boutiquehotel der Heritage-Gruppe hat 40 helle, **große Zimmer in einem renovierten Stadtpalast aus dem 16. Jh.** Türen mit Eisenbeschlägen und pombalinische Kacheln zeugen von der Vergangenheit.

233 [V21] **Hotel do Chiado** €€, R. Nova do Almada, 114, Metro: Baixa-Chiado, www.hoteldochiado.pt/en, Tel. 213256100. Das 4-Sterne-Hotel auf 2 Stockwerken ist **farbenfroh eingerichtet** und verfügt auch über Familienzimmer. Die Bar im 7. Stock (tgl. 12–23 Uhr) bietet einen herrlichen Ausblick. Drinnen stehen gemütliche, rote Sofas. Ideal, um sich mit einem Drink auf eine lange Nacht einzustimmen.

234 [W20] **Hotel Mundial** €€, Pr. Martim Moniz, 2, Metro: Martim Moniz u. Rossio, www.hotel-mundial.pt, Tel. 218842000. Jean-Paul Sartre und Simone de Beauvoir haben schon hier übernachtet. Das 4-Sterne-Hotel wurde 1958 eröffnet, immer wieder modernisiert und erweitert und nimmt inzwischen die komplette Stirnseite des Platzes Martim Moniz ein. Es hat 349 Zimmer, eine **Dachterrasse mit herrlicher Aussicht** und das Panoramarestaurant Varanda de Lisboa. Online immer wieder Sonderangebote.

235 [W20] **Hotel Portugal** €€, R. João das Regras, 4, Metro: Martim Moniz u. Rossio, www.hotelportugal.com, Tel. 218842120. Blau-Weiß, Kachelkunst, Stuckdecken und ein Flatscreen-TV in einem großen Spiegel prägen die 53 individuell von der Innenarchitektin Cristina Santos Silva dekorierten 53 Zimmer, während sich die Rezeption des Boutique-Hotels in goldenen Glanz hüllt. Frühstück gibt es auf der Terrasse im Innenhof. **Schöne zentrale Lage** zwischen Hotel Mundial und Pr. Figueras.

236 [U17] **Inspira Libertade Boutique Hotel** €€-€€€, R. de Santa Marta, 48,

Metro: Marquês de Pombal, www.inspirahotels.com, Tel. 210440900. **Feng-Shui und ökologische Nachhaltigkeitskriterien** prägen dieses 4-Sterne-Hotel mit 89 Zimmern und Spa nahe der Av. da Liberdade, das sich zu Recht als „urban retreat" bezeichnet.

237 [W20] **My Story Hotel Rossio** €€, Praça Dom Pedro IV 59, 2, Metro: Rossio, www.mystoryhotels.com, Tel. 213400380. Hotel in zentraler Lage mit 46 Zimmern auf vier Etagen **in einem renovierten historischen Haus,** das früher das Café Portugal beherbergte, nach dem heute das Hotelrestaurant benannt ist. Auch Familienzimmer buchbar.

238 [V15] **Neya Lisboa Hotel** €€, R. D. Estefânia, 71–77, Metro: Saldanha, www.neyahotels.com, Tel. 218413051. **Das 4-Sterne-Hotel in Laufnähe zum Goethe-Institut** hat 76 Zimmer, darunter 5 Suiten, und ein kleines Spa. Es wird nach ökologischen Kriterien geführt. Neben der Rezeption gibt es eine Bar und im Hotelrestaurant Viva Lisboa direkt nebenan kann man die mediterrane Küche aus frischen Produkten der Saison genießen (12–23 Uhr).

Gehoben

239 [U20] **9Hotel Mercy** €€€, R. da Misericórdia, 76, Metro: Baixa-Chiado, www.9-hotel-collection.com, Tel. 212481480. Das Viersternehotel mit schicken, modern gestalteten und komfortablen Zimmern trumpft mit seiner **Toplage zwischen Bairro Alto und Chiado** und modernem Schick auf. Ab und zu günstige Angebote.

240 [Q22] **As Janelas Verdes** €€€, R. das Janelas Verdes, 47, Tram 15E bis Santos, https://lisbonheritagehotels.com/as-janelas-verdes, Tel. 213968143. In diesem Gebäude aus dem 18. Jh. soll früher der Schriftsteller Eça de Queirós gewohnt und sich Inspiration für das Fantasiehaus „Ramalhete" in seinem Roman „Die Maias" geholt haben. Heute ist es ein **romantisches Boutiquehotel** mit 29 Zimmern, viel historischem Flair und einem idyllischen Garten.

241 [U15] **Fontana Park Hotel** €€€, R. Engenheiro Vieira da Silva, 2, Metro: Saldanha, www.hilton.com/en/hotels/lisfpdi-doubletree-lisbon-fontana-park, Tel. 210410600. Die Architektin Nini Andrade Silva aus Madeira gestaltete das **4-Sterne-Designhotel mit 139 komfortablen Zimmern in einer früheren Schlosserei.**

242 [U18] **Lisboa Plaza** €€, Tv. Salitre, 7, Metro: Avenida, https://lisbonheritagehotels.com, Tel. 213218218. Das Boutiquehotel in einer Seitenstraße der Av. da Liberdade ist ein **traumhaftes, verwinkeltes Haus** mit 91 Zimmern. Die erstaunliche Verbindung aus gediegenen, antiken Möbeln und traditionellen Materialien mit modernem Komfort (Marmorbäder) schuf die portugiesische Innenarchitektin Graça Viterbo. Schöne Dachterrasse, ruhige, zentrale Lage.

243 [X21] **Memmo Alfama** €€, Travessa Merceeiras, 27, Tram 28E, Metro: Santa Apolónia, www.memmohotels.com, Tel.

Buchungsportale

Neben Buchungsportalen für **Hotels** (z. B. www.booking.com, www.hrs.de oder www.trivago.de) bzw. für **Hostels** (z. B. www.hostelworld.com) gibt es auch Anbieter, bei denen man **Privatunterkünfte** buchen kann. Portale wie www.airbnb.de oder www.wimdu.de vermitteln Wohnungen, Zimmer oder auch nur einen Schlafplatz auf einer Couch. Diese oft recht günstigen Übernachtungsmöglichkeiten sind nicht unumstritten, weil manchmal normale Wohnungen gewerblich missbraucht werden. Einige Städte greifen deshalb regulierend ein.

155lb Abb.: ps

210495660. Das 4-Sterne-Boutique-Hotel mit 42 Zimmern ist zeitgenössisch eingerichtet und lädt zum **Wohlfühlen in bester Lage** in der Alfama ein. Mit Salon und riesiger Terrasse mit Weinbar und Pool und herrlichem Blick auf den Tejo. Eine Fassade mit Wandmalerei gestaltete der junge Künstler Alexandre Farto.

244 [g1] **Myriad** €€€, R. dos Cais das Naus, Lote 2.21.01, Metro: Oriente, www.sanahotels.com/de/hotel/myriad-by-sana, Tel. 211107600. Das luxuriöse 5-Sterne-Hotel der Sana-Gruppe im Parque das Nações (oft Rabatte) ist mit 140 m Höhe und einem futuristischen Turm auch nur für den **Ausblick über den Tejo** eine Attraktion. Ein hippes Design, 186 Zimmer und Suiten, Konferenzräume, ein Wellnesscenter mit Sauna und Hamam und ganz oben ein Panoramarestaurant gehören zur Ausstattung.

245 [P22] **Olissippo Lapa Palace** €€€, R. do Pau de Bandeira, 4, Tram 15E bis Alcântara, www.olissippohotels.com, Tel. 213949494. Das 5-Sterne-Hotel der Olissippo-Gruppe mit 109 Suiten **zählt zu den luxuriösesten Hotels des Landes.** Garten, Pool, türkisches Bad, alte, handbemalte Azulejos und höchster Komfort.

246 [X21] **Palacete Chafariz d'El Rei** €€€, Tv. Chafariz de El-Rei, 6, Metro: Santa Apolónia, www.chafarizdelrei.com, Tel. 218886150. **Sechs Suiten in einem authentisch restaurierten Adelspalast aus dem 19. Jh.** in der Alfama. Tejo-Sicht und Terrasse, Kronleuchter und Jugendstilfenster, Stuckdecken in hohen, weitläufigen Räumen, Kunst an den Wänden – bezaubernd und exklusiv.

247 [X20] **Palácio Belmonte** €€€, Páteo de Dom Fradique, 14, Tram 28E u. 12E bis Largo Portas do Sol, http://palacio-belmonte.lisbon.hotels-pt.net/de, Tel. 218816600. Der französische Unternehmer Frederic Coustols hat diesen **Palast neben der Burg,** einem der Drehorte von Wim Wenders „Lisbon Story", in eine Luxusherberge verwandeln lassen. Das Haus ist ein Traum, es wurde im Mittelalter auf der maurischen Stadtmauer errichtet und hat heute 10 individuell eingerichtete Suiten zwischen 30 und 160 m² Größe. Mit Hallenbad und Wellnessräumen.

248 [K23] **Pestana Palace** €€€, R. Jau, 54, Tram 15E oder 18E bis Santo Amaro, www.pestana.com, Tel. 213615600. Das 5-Sterne-Hotel ist **Mitglied der Lea-**

Gemütlichkeit vor aufwendigem Kachelbild im Palácio Belmonte

ding Hotels of the World. Der prachtvolle Palast aus dem 19. Jh. und seine Gartenanlage sind Nationaldenkmal. 173 luxuriöse Zimmer in einem modernen Anbau des Palasts und 2 Schwimmbäder.

249 [X20] **Solar do Castelo** €€€, R. das Cozinhas, 2, Tram 28E u. 12E bis Largo Portas do Sol, https://lisbonheritagehotels.com/solar-do-castelo, Tel. 218806050. Eingeweihte bezeichnen das Hotel der Heritage-Gruppe als „Küchenschlösschen", weil sich hier früher die Küchen des Königspalasts befanden. Das Haus erstreckt sich auf zwei Etagen mit **Dachgeschoss in der Festungsmauer** und verfügt über einen schönen Innenhof mit Garten und 14 Zimmer. Romantischer Ort mit Tejo-Panorama.

250 [T18] **Tivoli Lisboa** €€, Av. da Liberdade, 185, Metro: Avenida, www.minorhotels.com/de/tivoli, Tel. 213198900. **5-Sterne-Tagungshotel** mit über 300 Zimmern, Spa und rundem Outdoorpool. Ab und zu gibt es online Sonderangebote und es ist auch bei Reiseveranstaltern günstig buchbar. Von den gemütlichen Sofas und Barhockern der auf dem Dach gelegenen Sky Bar (Mai–Okt. tgl. 17–1 Uhr, Sa., So. 11–16 Uhr Brunch) hat man einen herrlichen Blick über die Stadt.

251 [R22] **York House** €€€, R. das Janelas Verdes, 32, Cascais-Linie bis Santos, www.yorkhouselisboa.com, Tel. 213962435. Über eine Treppe gelangt man in den lauschigen Innenhof des Hotels i**m ehemaligen Kloster der Barfüßigen Karmeliterinnen** aus dem 16. Jh. Hier wird im Sommer abends für die Gäste gegrillt. Die 32 Zimmer entlang der dunklen Flure bieten modernen Komfort in traditioneller Architektur mit Arkaden, Kacheln, Stein- oder Holzfußböden.

072lb Abb.: ps

Residieren im Stil der Belle Époque in der Baixa

Verhaltenstipps

In Lissabon sprechen die Leute mit Touristen **lieber Englisch oder Französisch als Spanisch,** wobei Englisch vor allem bei jungen Portugiesen weiter verbreitet ist. Ein spanisches *gracias* kommt nicht gut an. Frauen bedanken sich auf Portugiesisch mit *obrigada,* Männer mit *obrigado.*

An **Bus- und Straßenbahnhaltestellen** wartet man in der Schlange – Drängeln gilt als sehr unhöflich.

Wenn in einem **Restaurant** Fado gesungen wird, verstummen die Gespräche. Unterhaltungen gelten als grob unhöflich gegenüber den Musikern. In besseren Restaurants werden die Gäste an ihren Platz geführt – so lange wartet man am Eingang.

Verkehrsmittel

Allgemeines, Tickets und Preise

Straßenbahnen, Busse und Aufzüge betreibt das staatliche Verkehrsunternehmen **Carris** (www.carris.pt, inkl. Netzplan), für die U-Bahn ist die Gesellschaft **Metropolitano de Lisboa** zuständig.

In allen Verkehrsmitteln und auch auf den Fähren gelten die elektronischen Guthabenkarten **Viva Go** bzw. **Viva Viagem Zapping.** Sie haben einen aufladbaren Speicherchip und man zahlt beim Ersterwerb 0,50 € für die Karte. Danach werden sie mit mindestens 3 € aufgeladen. Der höchste Aufladebetrag liegt bei 40 €. Kaufen und aufladen kann man sie an den **Automaten und Schaltern in den U-Bahn-Stationen.** Die Aufladung der Viva-Go-Karte ist dort auch kontaktlos mit der Bankkarte möglich. Die Automaten lassen sich auf Englisch umstellen; davor stehen auch häufig hilfsbereite Mitarbeiter. Eine **Einzelfahrt** mit Umsteigen innerhalb einer Stunde kostet 1,65 € (Tarif Viagem Carris Metro und mit der Zapping-Variante 1,47 € statt 1,65 €). Der Betrag wird vor dem Betreten des Bahnsteigs beim Durchqueren des Drehkreuzes von der Karte abgezogen. Löst man ein **Einzelticket** beim Busfahrer, so kostet dies 2 € und in der Straßenbahn 3 €. Dies ist also teurer als die Bezahlung mit der Guthabenkarte.

Alternativ kann man ein **24-Stunden-Ticket** für 6,50 € erwerben (für 9,70 € inkl. Fähre zwischen Cacilhas und Cais do Sodré, für 10,70 € inkl. Nahverkehrszüge nach Sintra und Cascais). Die **Lisboa Card** (Preise s. S. 125) bietet freie Fahrt mit allen Verkehrsmitteln, inklusive der Fähren.

⊡ *Auf ins Bairro Alto: mit der Standseilbahn Ascensor da Glória*

Metro, Fähre und Bus

Am schnellsten kommt man in Lissabon mit der **Metro** von A nach B. Sie fährt täglich von 6.30 bis 1 Uhr. Infos rund um die Lissabonner U-Bahn erhält man unter www.metrolisboa.pt. Schöne Kachelbilder schmücken viele der Stationen, die Wege sind gut ausgeschildert. Es gibt **vier Linien,** die mit Farben und Symbolen gekennzeichnet sind: *amarela* (gelb, Sonnenblume), *azul* (blau, Möwe), *verde* (grün, Schiff) und *vermelha* (rot, Kompass). Mit dem Ticket oder der Karte passiert man die Zugangssperren. Ticketschalter und Automaten gibt es an jeder Station.

Die **Fähren** *(barcas)* des Unternehmens Soflusa & Transtejo starten von den drei Fähranlegern Cais do Sodré, Terreiro do Paço und Belém. Es gelten die Tickets Viva Lisboa und Viva Go, Option Zapping. Weitere Informationen sind unter www.transtejo.pt abrufbar. Unter dem Menüpunkt „Turismo" findet man auch verschiedene **Flusskreuzfahrten** auf dem Tejo (s. S. 131).

Im Stadtgebiet fahren von 5.30 bis 0.30 Uhr **rund 100 Buslinien.** Einzeltickets sind direkt beim Fahrer erhältlich. Von 6–20 Uhr wartet man in der Regel nur 10 Minuten an einer Bushaltestelle, bis 24 Uhr verlängert sich die Wartezeit auf etwa 20 Minuten. An Sonn- und Feiertagen fahren die Busse weniger häufig. **Nachtbusse** (*ônibus da madrugada* oder *noturno*) verkehren zwischen 0.30 und 5.30 Uhr. Über das Busnetz, das

077lb Abb.: ps

Nachtbusnetz *(mapa da rede nocturna)*, die Haltestellen sowie die Abfahrtszeiten einzelner Linien und Nachtbusse informiert die Website der Betreibergesellschaft Carris (www.carris.pt).

Straßenbahn

Die berühmteste der fünf Straßenbahnlinien *(eléctrico)* ist die **Linie 28E.** Sie fährt zwischen Campo Ourique (Friedhof Prazeres) und dem Stadtviertel Graça Lissabons die wichtigsten Sehenswürdigkeiten ab. Oft ist sie jedoch sehr voll. Um dem Gedränge zu entgehen, kann man auf dem Weg in die Alfama, zur Kathedrale Sé ⓬ oder zum Castelo de São Jorge ⓭ auch an der Praça da Figueira ❽ in die **Tram 12E** einsteigen, die den Burgberg umrundet.

Die Bahnen fahren in der Regel alle zehn Minuten. Entweder man kauft das Ticket direkt beim Fahrer (3 €) oder man entwertet die bereits gekaufte elektronische Guthabenkarte (s. S. 138) an den Lesegeräten.

Die Carris bietet auch **touristische Fahrten,** z. B. nach Belém, an. Für die-

Aufzüge und Standseilbahnen

Lissabons **Aufzüge** (elevador) und **Standseilbahnen** (teleférico oder funicular) gelten seit 2002 als nationale Denkmäler und sind bei Touristen beliebte Attraktionen. Sie werden wie die Straßenbahnen von der Carris betrieben. Eine Hin- und Rückfahrt mit dem **Aufzug Elevador de Santa Justa** ❺ kostet 5,30 € (inkl. Aussichtsplattform). Die drei weiteren Aufzüge – der **Ascensor da Glória** [U20], der **Ascensor da Bica** [U21] und der **Ascensor do Lavra** [V19] – sind technisch gesehen Standseilbahnen. Hier kostet eine Hin- und Rückfahrt 3,80 €.

Die Standseilbahnen erleichterten es ab Ende des 19. Jh., steile Straßen zu bewältigen, die selbst Kutschpferde kaum schafften. Heute werden sie wie elektrische Straßenbahnen betrieben. Die fotogenen gelben Wagen winden sich etwas ächzend und oft mit Gebimmel aufwärts. Die kurzen Fahrten machen Spaß und schonen die Beinmuskeln.

se **roten Straßenbahnen** sind die regulären Tickets nicht gültig.

Zug

Mit den **Vorortzügen** kommt man alle 20 bis 30 Minuten an die Küstenorte und nach Sintra. Die **Cascais-Linie** *(Linha de Cascais,* Fahrtzeit 40 Min., Express 30 Min., einfache Fahrt mit dem Vierzonenticket 2,30 €) fährt ab Cais do Sodré und hält an den Orten entlang des Tejo (so auch in Belém), in Estoril und zum Schluss in Cascais.

Nach Sintra kommt man vom Bahnhof Rossio mit der **Sintra-Linie** *(Linha de Sintra).* Einsteigen kann man z. B. auch in Entrecampos oder Sete Rios (Jardim Zoológico). Fahrzeit ca. 40 Min., einfache Fahrt 2,30 €.

Taxi

Mo.–Fr. gilt **Tarif 1** (Grundgebühr 3,25 €, 0,47 € pro km). Zwischen 21 und 6 Uhr, samstags, sonntags und an Feiertagen gilt **Tarif 2** (Grundgebühr 3,90 €, 0,56 € pro km). Ein Taxi zum Flughafen kostet rund 15 €. Man sollte darauf achten, dass die Fahrer Grundgebühr und Tarif am Taxameter richtig einstellen (Preis pro Min. 0,25 €). Es darf nur ein Gepäckzuschlag (1,80 €) je Fahrzeug berechnet werden.

› **Rádio Táxis de Lisboa,** Tel. 218119000
› **Teletáxis,** Tel. 218111100
› **Antlitur,** Tel. 218122796

Die Fahrdienste **Uber, Free Now** und **Bolt** kann man in Lissabon über die jeweiligen Apps nutzen.

Wetter und Reisezeit

Eine Reise nach Lissabon lohnt zu jeder Jahreszeit. **Mai und Juni** sind noch nicht zu heiß und es lockt das Stadtfest des heiligen Antonius (s. S. 104). Im **Juli und August** ist es in der Stadt sehr heiß, aber Ausflüge an den Stadtstrand oder nach Sintra können für Erfrischung sorgen. Oft kann man bis ca. **Mitte November** mit etwas Glück noch schöne, warme Tage genießen oder sogar im Meer baden, aber dann kühlt es sich für mindestens drei Monate ab. Im dennoch milden, aber auch oft regnerischen **Winter** bewegen sich die Temperaturen meist um 10 bis 15 °C, unter 0 °C sinken sie nie. Im **Dezember** lockt das Weihnachtsshopping bei farbenfroher Beleuchtung.

Straßenmusiker sorgen in Lissabon für gute Stimmung

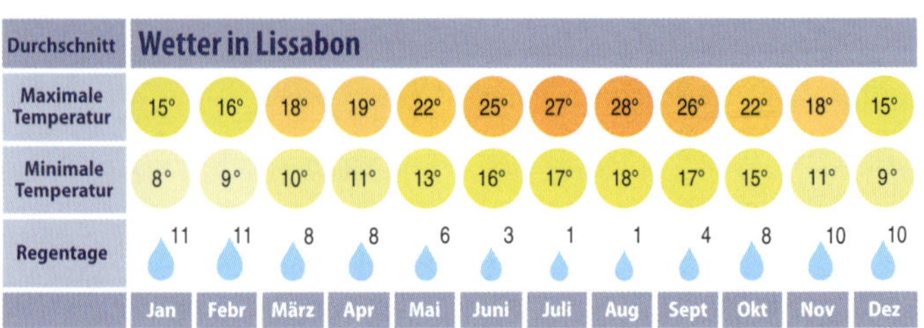

Durchschnitt	Wetter in Lissabon											
Maximale Temperatur	15°	16°	18°	19°	22°	25°	27°	28°	26°	22°	18°	15°
Minimale Temperatur	8°	9°	10°	11°	13°	16°	17°	18°	17°	15°	11°	9°
Regentage	11	11	8	8	6	3	1	1	4	8	10	10
	Jan	Febr	März	Apr	Mai	Juni	Juli	Aug	Sept	Okt	Nov	Dez

ANHANG

006lb Abb.: ps

Kleine Sprachhilfe Portugiesisch

Wichtige portugiesische Vokabeln und Redewendungen speziell für den typischen Reisealltag findet man im Kauderwelsch-Sprachführer „Portugiesisch – Wort für Wort“ des Reise Know-How Verlages.

Aussprache

a, e, i, o, u	Betonte Vokale werden so ausgesprochen wie geschrieben, e und o gibt es aber jeweils offen wie in „Bett“ / „Bock“ und geschlossen wie in „Beet“ / „Boot“. Unbetonte Vokale werden oft abgeschwächt, das e wird dabei vielfach kaum hörbar gehaucht, das o wird zu „u“ und z. T. ebenfalls gehaucht
ai, ei, eu	In Doppelvokalen werden die Bestandteile einzeln ausgesprochen (Ausnahme: ou nur als langes „oo“)
ã, õ	Vokal mit Tilde (~) durch die Nase sprechen: lã (Wolle); ebenso nasal in em, ens, om, ons, um, uns, im, ins; in ão und õe sind beide Laute nasal
c	wird vor a, o und u zu „k“: *cavalo* (Pferd); vor e und i aber zu „ss“: *cedo* (früh)
ç	wird zu „ss“: *almoço* (Mittagessen)
ch	wird zu stimmlosem „sch“: *cheque* (Scheck)
g	vor e und i wie stimmhaftes „sch“ (z. B. wie zweites „g“ in „Garage“): *gelado* (Speiseeis)
h	bleibt immer stumm: *hora* (Stunde)
j	stimmhaftes „sch“ wie in „Journal“: *hoje* (heute)
lh	wird zu „lj“: *espelho* (Spiegel)
m, ns	zeigt am Wortende nur die Nasalisierung des vorangehenden Vokals an, das s in ns wird zu „sch“: *homem* (Mann, Mensch), *homens* (Mehrzahl)
nh	wird zu „nj“: *vinho* (Wein)
qu	wird vor e und i zu „k“: *quente* (warm)
s	am Wortanfang immer stimmlos („ss“), zwischen Vokalen immer stimmhaft wie in „Rose“, am Wortende wie stimmloses „sch“: *dois* (zwei)
x	meist wie stimmloses „sch“: *xadrez* (Schach)
v	immer wie stimmhaftes „w“: *dever* (sollen)
z	am Wortanfang und zwischen Vokalen wie stimmhaftes „s“ in „Rose“: *zero* (Null), am Wortende wie stimmloses „sch“: *voz* (Stimme)

Zahlen

0	zero	6	seis
1	um, uma	7	sete
2	dois, duas	8	oito
3	três	9	nove
4	quatro	10	dez
5	cinco	100	cem

+++ Die wichtigsten Wörter mit dem Bonus-Audiotrack des Kauderwelsch-

Wichtige Floskeln und Redewendungen

sim	ja
não	nein
(se) faz favor, ...	bitte ... (um etwas bitten)
Por favor!	Bitte! (auffordern)
De nada!	Keine Ursache!
Obrigado/a.	Danke.
Bom dia!	Guten Tag!
Boa tarde!	Guten Nachmittag!
Boa noite!	Gute Nacht!
Boa viagem!	Gute Reise!
Bem-vindo!	Herzlich willkommen!
Como estas?	Wie gehts?
Vou bem, obrigado/a.	Danke, gut.
Mais ou menos./vai-se andando.	So la la.
Até à próxima!	Auf Wiedersehen!
Olá! - Tchau!	Hallo! - Tschüss!
Até outra vez!	Bis zum nächsten Mal!
O. k.!	In Ordnung!
Eu não sei.	Ich weiß nicht.
Bom apetite.	Guten Appetit.
Saúde!	Auf uns(er Wohl)!
A conta, por favor!	Die Rechnung, bitte!
Desculpe!	Entschuldigung!
Lamento muito!	Ich bedaure es sehr!
Esqueça isso!	Schon gut!
Ajude-me, por favor!	Helfen Sie mir bitte!

Die wichtigsten Fragen

Há ...?	Gibt es ...?
Ainda há ...?	Gibt es noch ...?
Eu procuro ..	Ich suche ...
Eu preciso de ...	Ich brauche ...
(Por favor) queria ...	Ich hätte gerne ...
Onde posso comprar ...?	Wo kann man ... kaufen?
Quanto custa ...?	Wie viel kostet ...?
O que é isso?	Was ist das hier?
Quero ir a ...	Ich möchte nach ... gehen/fahren.
Quanto custa viagem a ...?	Wie viel kostet die Fahrt nach ...?
Por favor, leve-me a ...	Bitte bringen Sie mich zu/nach ...
Quero telefonar.	Ich möchte telefonieren.
Preciso de ajuda!	Ich brauche Hilfe!
Este lugar está ocupado?	Ist dieser Platz besetzt?
Onde é a casa de banho?	Wo ist das WC?
A que hora sai a camioneta para ...?	Wann fährt der Bus nach ... ab?
Este é o comboio que vai para ...?	Ist das der Zug nach ...?

Fragewörter

onde?	wo?
(o) que?	was?
aonde?	wohin?
com quê?	womit?
donde?	woher?
com quem?	mit wem?
porquê?	warum?
quando?	wann?
para que?	wofür?
qual?	welche(-r/-s)?

Zeitangaben

segunda-feira	Montag
terça-feira	Dienstag
quarta-feira	Mittwoch
quinta-feira	Donnerstag
sexta-feira	Freitag
sábado	Samstag
domingo	Sonntag
hoje	heute
amanhã	morgen
diariamente	täglich

Ortsangaben

à esquerda	(nach) links
à direita	(nach) rechts
em frente	geradeaus
para trás	zurück
em frente de	gegenüber
ao lado de	neben
diante de	vor
atrás de	hinter
longe	weit
perto	nah
aqui	hier

lá	dort
para cá	hierher
para lá	dorthin
fora du cidade	außerhalb
no centro	im Zentrum
cruzamento	Kreuzung
ao fundo	am Ende
esquina	Ecke
semáforo	Ampel
em direcção a	in Richtung
largo	(kleiner) Platz

161lb Abb.: ps

Register

Blick vom Elevador de Santa Justa 5 über die Dächer zum Tejo

T

U

V

W

Z

Impressum

Petra Sparrer

CityTrip Lissabon

6., neu bearbeitete und aktualisierte Auflage 2024

ISBN 978-3-8317-3880-9

Printed in Germany

Druck und Bindung:
mediaprint solutions GmbH, Paderborn

Herausgeber: Klaus Werner
Layout: amundo media GmbH (Umschlag, Inhalt), Peter Rump (Umschlag)
Lektorat: amundo media GmbH
Karten: Ingenieurbüro K. Wendler, amundo media GmbH
Anzeigenvertrieb: KV Kommunalverlag GmbH & Co. KG, Alte Landstraße 23, 85521 Ottobrunn, Tel. 089 928096-0, info@kommunal-verlag.de
Kontakt: Osnabrücker Str. 79, 33649 Bielefeld, info@reise-know-how.de

Alle Angaben in diesem Buch sind gewissenhaft geprüft. Preise, Öffnungszeiten usw. können sich jedoch schnell ändern. Für eventuelle Fehler übernehmen Verlag wie Autorin keine Haftung.

Bildnachweis

Umschlagvorderseite: © aterrom, stock.adobe.com | Umschlagrückseite: © antonel, stock.adobe.com | Umschlagklappe rechts: Petra Sparrer
Soweit ihre Namen nicht vollständig am Bild vermerkt sind, stehen die Kürzel an den Abbildungen für die folgenden Fotografen, Firmen und Einrichtungen. Petra Sparrer: ps

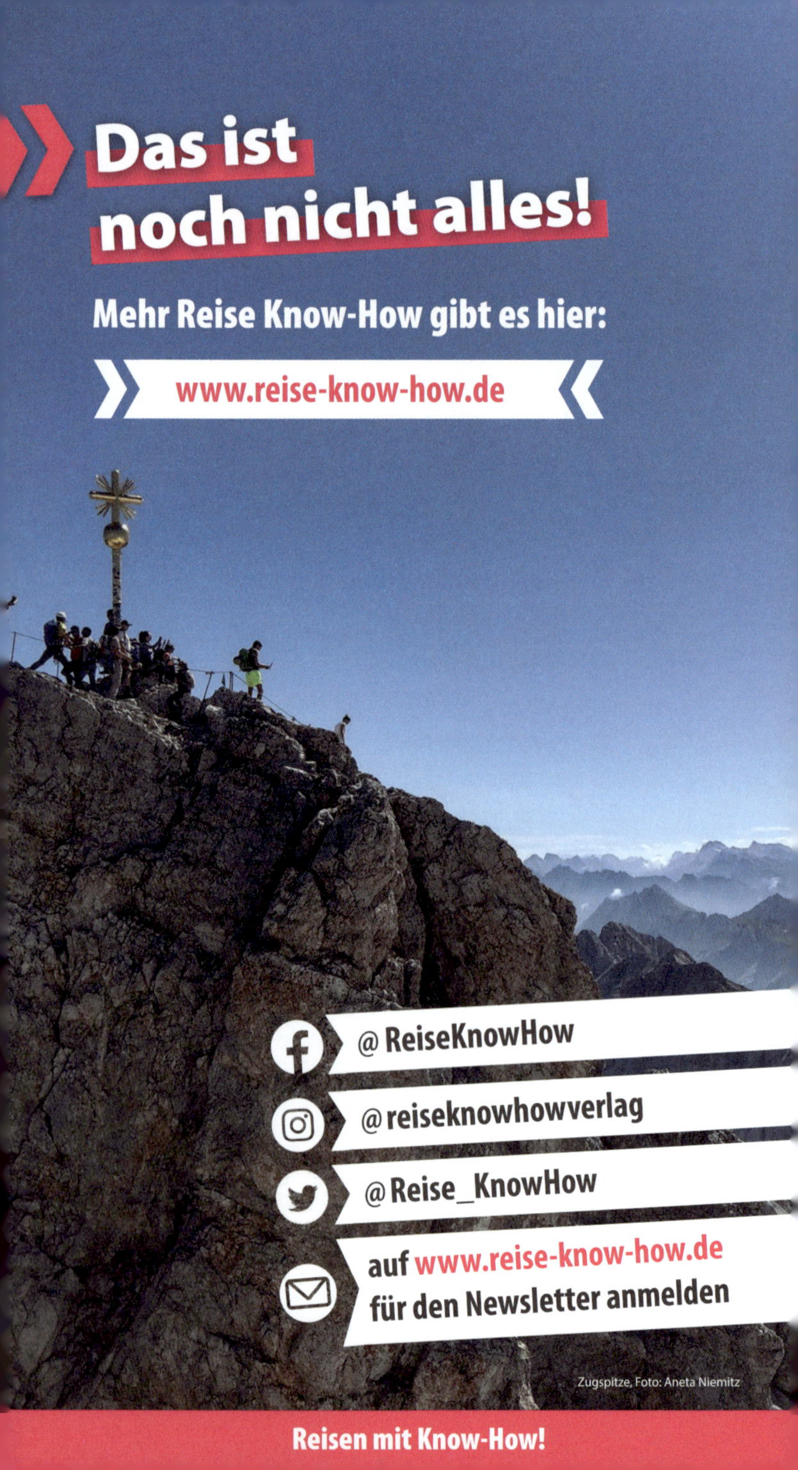

Zugspitze, Foto: Aneta Niemitz

Lissabon mit PC, Smartphone & Co.

QR-Code auf dem Umschlag scannen oder **www.reise-know-how.de/citytrip/lissabon24** eingeben und die **kostenlose Web-App** aufrufen (Internetverbindung zur Nutzung nötig)!

★ **Anzeige der Lage und Satellitenansicht aller** beschriebenen Sehenswürdigkeiten und touristisch wichtigen Orte
★ **Routenführung** vom aktuellen Standort zum gewünschten Ziel
★ **Exakter Verlauf** der empfohlenen Stadtspaziergänge
★ **Audiotrainer** der wichtigsten Wörter und Redewendungen
★ **Updates** nach Redaktionsschluss

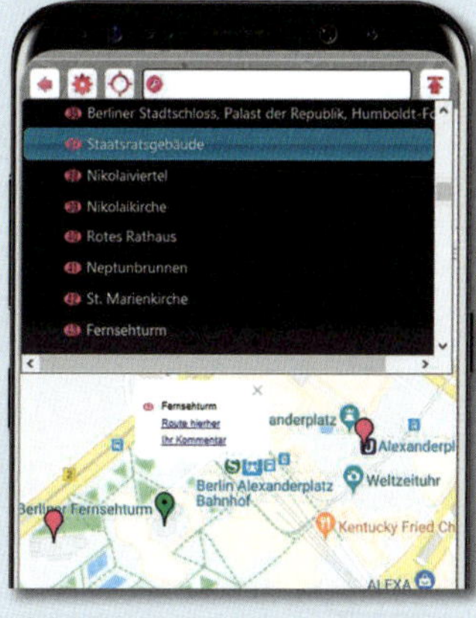

GPS-Daten zum Download

Die GPS-Daten aller Ortsmarken und Spaziergänge stehen auf der Produktseite des Titels auf www.reise-know-how.de zum Download zur Verfügung.

Stadtplan für mobile Geräte

Um den Stadtplan auf Smartphones und Tablets nutzen zu können, empfehlen wir die App „Avenza Maps“ der Firma Avenza™. Über die Funktion „Store“ kann die „Citymap Lisbon 2024“ kostenlos geladen werden.

Unsere App-Empfehlungen zu Lissabon

› **Metro LX:** Detaillierte Informationen zur Benutzung der U-Bahn in Lissabon, mit aktuellem Metroplan, Fahrplänen, Routenplaner, Wegbeschreibung vom Standort zur nächsten Station etc. (Deutsch wählbar, kostenlos für Android und iOS).
› **Lisboa Cool:** Viele Tipps zum Ausgehen, Shoppen und Entdecken, mit Offlinekarte (kostenlos für Android und iOS).
› **Lisbob:** Eine App, die sich an Expats oder Menschen richtet, die sich länger als nur für ein paar Tage in Lissabon aufhalten möchten, die aber auch Ausgeh- und Aktivitätentipps bietet (kostenlos für Android und iOS).

Liste der Karteneinträge

Hier nicht aufgeführte Nummern liegen außerhalb der abgebildeten Karten. Ihre Lage kann aber wie die von allen Ortsmarken im Buch mithilfe der Web-App angezeigt werden (s. S. 151).

Zeichenerklärung

22 Hauptsehenswürdigkeit, fortlaufend nummeriert
[V20] Verweis auf Planquadrat im Kartenmaterial

Arzt, Apotheke, Krankenhaus
Bar, Tanzbar
Bed and Breakfast, Pension
Café, Eiscafé
Denkmal
Fischrestaurant
Friedhof
Galerie
Geschäft, Kaufhaus, Markt
Hotel, Unterkunft
Imbiss
Informationsstelle
Jugendherberge, Hostel
Kirche
Metrostation
Museum
Musikszene, Disco, Club, Fado
Parkhaus
Polizei
Post
Restaurant
Sehenswertes
Sonstiges
Synagoge
Theater, Oper
Vegetarisches Restaurant
Windmühle
Weinbar

Shoppingareal
Gastro- und Nightlife-Areal

Stadtspaziergänge (s. S. 13, S. 17, S. 19 und S. 23)
Str.-Bahn-Halt